왜
아무도
알려주지
않은 거죠?

우울과 불안에서
나 자신을 구하는
인생 심리 기술

왜
아무도
알려주지
않은 거죠?

Why Has Nobody Told Me This Before?

줄리 스미스 지음 | 권혜림 옮김

지식서가

매튜에게

내가 잉크라면 당신은 종이예요.
함께했던 모든 모험처럼 우리는 여기 함께 있어요.

들어가며

나는 내 치료실에 앉아 한 젊은 여성을 마주하고 있다. 여성은 의자에 편안하게 앉은 채 팔을 벌리고 느릿하게 움직이면서 나에게 말한다. 처음 나를 찾아왔을 때 잔뜩 긴장하고 신경이 곤두서 있던 모습과 비교하면 엄청난 변화다. 치료는 십여 차례 진행됐을 뿐이다. 그녀는 나와 눈을 마주치며 고개를 끄덕이고 웃으며 말한다. "있잖아요. 힘들 거라는 거 알지만, 전 제가 해낼 수 있다는 것 또한 알아요."

눈에 뭔가가 들어간 느낌이 들어 나는 목에 걸린 것을 삼킨다. 얼굴의 모든 근육이 미소로 씰룩거린다. 그녀는 변화를 느꼈고, 나 또한 그랬다. 얼마 전 이 방에 들어왔을 때 그녀는 세상과 자신이 마주해야 하는 모든 것을 두려워했다. 곳곳에 배어 있는 자기 회의는 그녀가 새로이 도전하고 변화하는 것에 두려움을 느끼게 했다. 그리고 그날, 그녀는 고개를 조금 더 높이 들어 올린 채 치료실을 나갔다. 나 때문이 아니다. 나는 누군가를 치유하거나 누군가의 삶을 바꿔줄 마법 같은 능력이 없다. 그녀는 어린 시절에 엉킨 실타래를 풀기 위한, 수년에 걸친 치료가 필요하지 않았다. 이런 상황에서 다른 많은 이들과 마찬가지로, 내가 할 수 있는 역할의 대부분은 가르쳐주는 일이었다. 나는 과학에서 하는 이야기와 다른 사람들에게 효과가 있던 것에 대한 통찰력을 전수했다. 그녀가 개념과 기술을 이해하고 사용하기 시작하자, 커다란 변화가 시작되었다. 그녀는 미래에 대해 희망을 느꼈다. 자신의 힘을 믿기 시작했다. 그리고 어려운 상황에 건강한 방식으로 새롭게 대처하기 시작했다. 그럴 때마다 대처 능력에 대한 자신감이 조금 더 커졌다.

다가올 한 주를 마주하기 위해 그녀가 기억해야 할 것들을 함께 짚어보면서, 그녀는 고개를 끄덕이며 나를 쳐다보더니 말했다. "왜 지금껏 아무도 알려주지 않은 거죠?"

그 말이 머릿속에 맴돌았다. 그런 말을 한 사람이 그녀가 처음도 마지막도 아니었다. 같은 시나리오가 계속해서 반복됐다. 사람들은 각자 자신이 느끼는 강렬하고 고통스러운 감정이 자신의 뇌나 성격의 결함에서 오는 것이라고 믿으며 치료를 받으러 왔다. 그들은 스스로를 변화시킬 힘이 없다고 생각했다. 어떤 이들에게는 장기적으로 좀 더 심도 있는 치료를 하는 것이 적절할 수 있지만, 단순히 우리의 몸과 마음이 어떻게 작용하는지, 일상에서 정신 건강을 관리할 수 있는 방법은 무엇인지에 대한 교육이 필요한 경우가 아주 많았다.

나는 변화를 이끌어내는 기폭제는 내가 아니라 그들이 알게 된 지식이라는 것을 알고 있었다. 하지만 그렇다고 자신의 몸과 마음이 어떻게 돌아가는지를 배우기 위해서 돈을 내고 나같은 심리치료사를 찾아올 필요는 없다. 정보는 어디서든 찾을 수 있으니까. 하지만 잘못된 정보가 넘쳐 나는 세상에서 자신이 찾고자 하는 것이 무엇인지는 정확히 알아야 한다.

나는 가엾은 남편의 귀에 딱지가 앉도록 상황이 어떻게 달라져야 하는지에 대해 설명하기 시작했다. 남편이 말했다. "좋아, 해봐. 유튜브 같은 데 동영상도 올리고."

그래서 그렇게 했다. 우리는 정신 건강에 대해 이야기하는 영상을 만들기 시작했다. 알고 보니 나만 이런 이야기를 하고 싶었던 것이 아니었다. 나도 모르는 사이에 나는 소셜미디어를 통해 수백만 명의 구독자를 위한 동영상을 거의 매일 만들고 있었다. 하지만 가장 많은 사람들에게 다가갈 수 있는 방식은 짧은 형식의 영상을 다루는 플랫폼 같았다. 다시 말해 나에게는 말하고자 하는 요점을 전달하는 데 60초가 넘지 않는 영상들이 아주 많다.

나는 그동안 사람들의 이목을 끌고, 통찰력을 공유하며 정신 건강에 대해 이야기하도록 이끌어내는 데 성공해 왔지만 여전히 한 걸음 더 나아가고 싶었다. 60초짜리 영상에는 다 담지 못하는 내용이 너무 많다. 속속들이 놓치는 것들이 너무 많아진다. 그래서 이렇게 준비했다. 이 책을 통해 심리치료에서 쓰이는 몇 가지 개념을 상세히 풀어 설명하고 이를 활용하는 방법에 대한 간단한 지침을 단계별로 소개하고자 한다.

이 책에서 다루는 방법의 대부분이 심리치료에 활용되기는 하지만, 이것들은 단지 치료 기술만은 아니다. 이것들은 삶의 기술이다. 우리 모두가 어려운 시기를 헤쳐 나가고 더 잘 살아가도록 도와주는 도구이다.

이 책을 통해 내가 심리학자로서 배운 것들을 정리하고, 나와 함께했던 이들과 나의 삶을 바꾸어놓은 가장 값진 지식과 지혜, 실천 기법을 모두 소개하려고 한다. 여기서 독자는 정서적 경험의 실체를 명확하게 이해하고 그것에 대해 무엇을 해야 하는지를 분명히 파악할 수 있을 것이다.

마음이 어떻게 작용하는지를 이해하고 감정을 건강한 방식으로 다루는 방법에 대한 지침을 가지고 있다면 회복력을 기를 수 있을 뿐만 아니라 점점 더 잘 살아갈 수 있을 것이며 그렇게 우리 자신이 성장하고 있음을 느낄 수 있을 것이다.

많은 사람들이 첫 번째 심리치료가 끝나기 전에 자신의 고통을 덜어내는 데 사용할 수 있는 일종의 도구를 얻을 수 있기를 바란다. 그렇기 때문에 이 책에서는 우리의 어린 시절을 파헤치거나 어쩌다 또는 왜 어려움을 겪게 됐는지를 알아내는 데 목적을 두지 않는다. 그런 이야기는 다른 좋은 책들에서 다루고 있다. 하지만 심리치료에서 중요한 점은, 과거의 정신적 외상들을 치료하려고 하기 전에 치료 대상자가 회복력을 기르는 데 필요한 도구와 고통스러운 감정을 안전하게 견딜 수 있는 능력을 갖추도록 하는 것이다. 감정의 주체가 되고 건강한 정신을 기르기 위한 다양한 방법을 이해함으로써 그러한 힘을 얻을 수 있다.

이 책은 바로 그런 이야기를 담고 있다.

신체 건강을 극대화하는 방법을 다룬 책이 약이 아닌 것처럼, 이 책 자체로 치료가 되지는 않는다. 이것은 다양한 문제를 위한 다양한 도구로 가득한 도구 상자이다. 여기 담긴 도구들을 동시에 사용하는 법을 터득하는 일은 불가능하므로 그러려고 애쓰지 말자. 지금 당장 해결해야 할 문제에 적합한 도구를 고르고 그것을 잘 적용하는 데 시간을 투자하라.

모든 기술은 효과가 나타나기까지 시간이 걸리므로, 선택한 도구를 폐기하기 전에 사용해 보고 그 과정을 충분히 반복해 보자. 도구 하나로 집을 지을 수는 없다. 각 작업마다 필요로 하는 것이 약간 다르다. 그리고 도구 사용법을 아무리 능숙하게 익힌다고 해도 다른 것보다 유난히 어려운 과제가 있기 마련이다.

나에게 정신 건강을 최상의 상태로 끌어올리기 위해 노력하는 일은 신체 건강을 위해 애쓰는 일과 다를 게 없다. 0점을 기준—아픈 것은 아니지만 아주 건강한 것은 아닌—상태로 잡고 건강을 숫자 저울 위에 올리면, 0보다 작은 숫자는 건강에 문제가 있음을 나타내고 0보다 큰 숫자는 양호한 상태를 나타낸다. 지난 수십 년 동안 영양 섭취와 운동을 통해 신체 건강을 극대화하는 일이 용인되고 심지어 유행이 되었다. 최근에 들어서야 정신 건강을 위해 공개적이고 눈에 띄는 노력을 하는 것이 받아들여졌다. 이는 당신이 아주 힘든 상황이 되어서야 비로소 이 책을 집어 들 수 있는 것이 아님을 의미한다. 지금 당장 상태가 나쁜 게 아니거나 고통받고 있지 않더라도 정신 건강과 회복력을 기르는 것은 괜찮은 생각이기 때문이다. 몸에 좋은 영양을 공급하고 규칙적인 운동으로 체력과 힘을 기르다 보면 부상을 입게 되어도 몸은 염증을 이겨내고 치유한다. 정신 건강도 마찬가지다. 모든 것이 다 잘 돌아가고 있을 때 자신을 잘 알아가고 회복력을 증진하는 훈련을 더 많이 할수록, 우리 삶에 도전의 순간이 닥쳤을 때 더 잘 대처할 수 있다.

이 책에서 선택한 기술이 유용하다고 느낀다면, 어려운 시기에 모든 것이 나아지기 시작했다고 여겨지는 순간에도 그 기술을 연습하는 일을 멈추지 말자. 기분이 좋고 그런 것이 필요하지 않다고 생각될 때조차도, 그러한 기술들은 우리 정신을 위한 자양이 된다. 말하자면 집세라기보다는 담보대출금을 내는 것과 같다. 미래의 건강에 투자를 하고 있는 것이다.

이 책에 포함된 내용은 연구 증거자료를 기반으로 하고 있다. 하지만 나는 그것에만 기대지는 않는다. 또한 이 책에 담긴 기술들이 도움이 필요한 사람들에게 실제로 도움이 되는 사례를 아주 많이 보아왔기에 분명히 유용할 것임을 안다. 희망이 있다. 약간의 안내를 받고 자기 인식이 가능해지면, 어려움을 통해 힘을 기를 수 있다.

소셜미디어에 사진이나 글 따위를 공유하거나 자기 계발서를 쓰기 시작하면, 많은 이들은 그 사람이 모든 것을 섭렵하고 있다는 인상을 받는다. 나는 자기 계발서를 낸 저자 중 다수가 그러한 생각을 계속 이어가고 있음을 보아왔다. 그들은 마치 인생이 자신에게 던지는 시련들에 전혀 상처나 고통을 입지 않은 것처럼 보여야 한다고 생각한다. 그들은 자신의 책에 해답, 즉 우리 인생에 필요할 모든 답이 들어 있다고 말한다. 지금 바로 그 이야기를 풀어보겠다.

나는 심리학자다. 다시 말해 이 주제에 대한 많은 연구 결과를 접했고 그것을 다른 사람들이 긍정적인 변화를 좇는 데 도움을 주는 일에 사용하도록 훈련받은 사람이다. 동시에 나는 한 인간이다. 내가 얻은 이 도구들은 인생이 우리를 힘들게 하지 못하도록 막아주지는 않는다. 하지만 길을 찾고 방향을 바꾸고 바닥을 치고 그러다가 다시 일어설 수 있게 도와준다. 그 도구들이 우리가 길을 헤매지 않도록 해주지는 못한다. 하지만 길을 잃었을 때 길을 잃었음을 알아차리고 용감하게 뒤돌아 스스로에게 의미가 있고 목적이 있는 삶을 향해 다시 걸어 나갈 수 있도록 도와준다. 이 책은 문제가 없는 인생을 위한 열쇠가 아니다. 나를 비롯한 많은 이들이 길을 찾는 데 도움을 주는 다양한 도구의 저장소이다.

지금까지의 여정…

나는 우주에 대한 모든 답을 알고 있는 전문가가 아니다. 이 책은 한편으로는 일지이고 한편으로는 안내서이다. 어떤 면에서 나는 이 모든 것이 어떻게 함께 결합되는지 알아내기 위해 늘 개인적인 탐구를 해왔다. 그래서 이 책은 인간으로 존재하는 일, 그리고 우리가 여기 있는 동안 도움이 되는 것을 조금 더 잘 이해하기 위해 내가 실제 치료 중에 있는 사람들과 함께 읽고, 쓰고, 말하는 모든 시간을 담고 있다. 이는 지금까지의 여정일 뿐이다. 나는 앞으로도 계속 배우고 내가 만나는 사람들에게 놀라움을 느낄 것이다. 과학자들은 계속 더 나은 질문을 던지고 더 나은 답을 발견한다. 그러므로 이 책을 통해, 지금까지 나 자신을 비롯해 상담으로 내가 만난 사람들 모두가 인간으로서 치르는 투쟁에서 길을 찾도록 도움을 준 가장 중요한 것들에 대한 모음집을 소개하려고 한다.

이 책이 우리 모두가 웃는 얼굴로 남은 날들을 살아가도록 보장하지는 않을 것이다. 그러나 웃을 때만큼은 진정으로 무언가를 느껴서 웃는 것임을 확실히 하기 위해서 어떤 도구를 사용할 수 있는지를 알려줄 것이다. 더 건강한 습관과 자기 인식으로 계속 재평가를 하고 방향을 찾는 데 필요한 도구에 대해 설명할 것이다.

　도구들은 상자 안에서도 멋져 보일 수 있다. 하지만 우리가 그것을 꺼내서 실제로 사용하는 연습을 시작할 때만 비로소 도움이 된다. 각각의 도구는 꾸준한 연습을 필요로 한다. 이번에 망치로 못을 치다가 빗나가면, 다음에 다시 해보라. 같은 인간으로서 나 역시 이 과정을 반복하고 있으며, 내가 시도해본 결과 나와 상담을 진행한 사람들과 나 자신 모두에게 유용하다고 판단한 기법과 기술만을 여기 실었다. 따라서 이 책은 읽고 있는 독자에게만큼이나 나에게도 중요한 자료이다. 필요할 때면 몇 번이고 되돌아올 것이다. 이 책을 읽고 있는 여러분도 그렇게 하기를, 또 이것이 삶이 더 나아지게 도와주는 도구가 될 수 있기를 바란다.

1부

어둠에
관하여

1장

우울한 기분이란
무엇인가

누구나 우울한 날이 있다.

누구나 그렇다.

그러나 우울한 날의 빈도와 우울한 기분의 정도는 모두 다르다.

수년간 심리학자로 일하면서 깨달은 점은 사람들이 우울한 기분으로 인해 그토록 힘들어하면서도 아무에게도 털어놓지 않는다는 사실이다. 친구들도 가족들도 결코 알지 못할 것이다. 사람들은 그것을 가리고 밀어내며 다른 이들의 기대에 부응하는 데 몰두한다. 때때로 수년간 그런 과정을 겪은 후에야 치료를 받으러 온다.

그들은 뭔가 잘못되어가고 있다고 느낀다. 항상 모든 걸 갖고 있는 것처럼 보이는 이들과 자신을 비교한다. 항상 웃고 있고 에너지가 넘치는 듯 보이는 사람들.

그들은 어떤 사람들은 원래 그런 것이고 행복은 일종의 성격 유형 같은 거라고 믿는다. 가지고 있거나 가지고 있지 않거나, 둘 중 하나라고.

우울감이 드는 것을 순전히 뇌의 결함으로 보게 되면 그 기분을 바꿀 수 없다고 믿게 되므로, 우리는 거기서 벗어나는 대신 숨기려고 하게 된다. 하루 종일 옳은 일을 하고 중요한 사람들에게 미소를 짓지만, 충분히 하라는 대로 즐기지 못한 채 공허하고 우울한 기분에 끌려 다닌다.

잠시 시간을 내어 자신의 체온을 의식해 보자. 완전히 편안하다고 느낄 수도 있고, 너무 덥거나 춥다고 느낄 수도 있다. 덥거나 춥다고 느끼는 정도의 변화는 감염과 질병의 징후일 수 있지만, 그것은 그저 우리 주변의 사물들이 보내는 신호일 수 있다. 우리는 보통 자신을 추위로부터 보호해 줄 만한 재킷을 깜박했을지 모른다. 아마도 하늘이 흐려지고 비가 내리기 시작했을 것이다. 아마도 배가 고프거나 탈수가 왔을 수 있다. 우리의 체온은 내적·외적 환경의 영향을 받으며, 우리 스스로에게도 그것에 영향을 줄 수 있는 힘이 있다. 기분도 마찬가지다. 우울한 기분을 느낄 때, 그것은 우리 내부와 외부 세계의 몇 가지 요인에 의해 영향을 받았을지도 모르지만, 그 영향이 무엇인지 이해한다면 그 지식을 이용하여 우리 자신이 원하는 방향으로 그것을 바꿀 수 있다. 때로는 옷을 겹겹이 껴입고 버스를 향해 달려가는 것이 답이다. 때로는 답이 다른 것일 때가 있다.

과학이 우리에게 확인시켜 주고 있는 것, 그리고 사람들이 치료를 통해 종종 배우는 것은 감정에 영향을 줄 수 있는 우리의 힘이 우리가 생각했던 것보다 더 크다는 사실이다.

이는 우리가 자신의 안녕을 위해 노력하기 시작하고 우리 자신의 정서적 건강을 스스로에게 맡기게 됨을 의미한다. 또한 그것은 우리의 기분이 고정되어 있지 않으며 기분으로 우리가 누구인지 정의하지 않음을 상기시킨다. 기분은 우리가 경험하는 감각이다.

이는 우리가 우울감이나 우울증을 뿌리 뽑을 수 있다는 뜻이 아니다. 삶은 여전히 우리에게 고난과 고통, 상실을 안겨주고 그것은 항상 우리의 정신적, 육체적 건강에 반영될 것이다. 대신 이것은 우리가 도움이 되는 도구들로 도구 상자를 채워 나갈 수 있음을 의미한다. 우리가 도구를 사용하는 연습을 하면 할수록 우리는 그것들을 더 능숙하게 다룰 수 있게 된다. 그러다 보면 삶이 기분을 무너뜨리는 문제들을 떠안길 때 우리는 의지할 것이 생긴다.

이 책에서 다루는 개념과 기술은 우리 모두를 위한 것이다.

연구 결과에 따르면 이것들이 우울증 환자에게 도움이 되기는 하지만, 처방전이 필요한 규제 약물은 아니다. 그것들은 삶의 기술이다. 크고 작은 기분의 변화를 겪으며 살아가는 동안 우리 모두가 사용할 수 있는 도구들이다. 지속적이고 심각한 정신 질환을 겪고 있는 사람이라면 항상 전문가의 도움을 받아 새로운 기술을 익히는 것이 최선이다.

감정은 어떻게 만들어지는가

잠은 그 자체로 행복이다. 그때 알람이 내 귀를 거슬리게 한다. 너무 시끄럽고 그 음 자체가 싫다. 알람은 내가 아직 받아들일 준비가 되지 않은 충격파를 내 몸으로 보낸다. 나는 스누즈 버튼(아침에 잠이 깬 뒤 조금 더 자기 위해 누르는 라디오의 타이머 버튼-옮긴이 주)을 누르고 다시 눕는다. 빨리 일어나지 않으면 아이들이 학교에 늦을 것이다. 나는 회의 준비를 해야 한다. 눈을 감고 사무실 책상에 놓여 있는 할 일 목록을 떠올린다. 두려움. 짜증. 피로. 오늘은 하기 싫다.

이것이 우울감인가? 이것은 나의 뇌로부터 온 것인가? 내가 어쩌다 이렇게 일어났지? 기억을 더듬어보자. 어젯밤 나는 늦게까지 일했다. 잠자리에 들 때쯤에는 너무 피곤해서 아래층에 내려가 물 한 잔을 마실 기력도 없었다. 거기다가 아기가 밤에

두 번이나 깼다. 잠을 충분히 자지 못한 데다가 탈수 상태다. 시끄러운 알람은 내가 깊이 잠든 와중에도 나를 깨운다. 일어나는 순간 스트레스 호르몬이 내 몸 전체를 흐르고 지나가는 것이다.

이러한 각각의 신호는 뇌로 정보를 보낸다. 우리 괜찮지 않아. 그러므로 뇌는 왜 그러는 것인지 이유를 찾아다닌다. 찾아다니다가, 찾아낸다. 수면 부족과 탈수로 인한 신체적 불편함이 우울한 기분을 일으키는 데 한몫했던 것이다.

모든 우울감이 정체불명의 탈수증은 아니지만, 감정을 다룰 때 그것이 전부 우리 머릿속에서 일어나는 현상만은 아님을 기억하는 것이 중요하다. 우울감은 우리의 몸의 상태, 인간관계, 우리의 과거와 현재, 생활환경, 생활 방식에서 오기도 한다. 우울감은 내가 하거나 하지 않는 모든 것, 나의 식단과 생각, 움직임, 기억과 관련이 있다. 우리가 어떻게 느끼는지는 단순히 뇌의 산물이 아니다.

우리의 뇌는 무슨 일이 일어나고 있는지 이해하기 위해 끊임없이 작동한다. 그러나 뇌가 작업에 쓸 수 있는 단서는 그 수가 정해져 있다. 뇌는 우리 몸에서 정보(심박수, 호흡, 혈압, 호르몬 등)를 얻는다. 우리가 보고 듣고 만지고 맛보고 냄새를 맡을 수 있는 것과 같은, 각각의 감각으로부터 정보를 얻는다. 또 뇌는 우리의 생각과 행동으로부터 정보를 가져간다. 이 모든 단서와 자신이 과거에 비슷한 느낌을 받았던 때의 기억을 연결시켜 제안하는데, 이는 지금 무슨 일이 일어나고 있으며 그에 어떻게 대처하는지에 대한 가장 그럴듯한 추측이다. 그 추측은 때로 감정이나 기분으로 느껴진다. 우리가 그 감정에 대해 만들어내는 의미와 그것에 반응하는 방식은 결국 우리 몸과 마음으로 다음에는 무엇을 해야 하는지에 대한 정보를 다시 돌려보낸다(펠드먼 배럿Feldman Barrett, 2017). 그러므로 기분이 바뀔 때 들어가는 재료에 따라 무엇이 나올지가 결정된다.

양 갈래 길

많은 자기 계발서에서 마음 자세를 바로잡으라고 말한다. 우리에게 "당신이 생각하는 것이 당신의 기분을 바꿀 것이다"라고 말한다. 하지만 여기에는 종종 중요한 것이 빠져 있다. 거기서 끝이 아니다. 관계는 양방향으로 작동한다. 당신이 느끼는 방식은 머릿속에 불쑥 떠오르는 생각의 유형에도 영향을 미치므로 부정적으로 자기 비판적인 생각이 드는 데 더 취약해진다. 우리 자신이 사고하는 패턴이 도움이 되지 않음을 알면서도 우울할 때면 다른 방향으로 생각을 전환하는 일은 너무 힘들고, 소셜미디어에서 자주 제안하는 '긍정적인 생각만 하기'의 규칙을 따르기란 더더욱 힘들다. 그런 부정적인 생각이 든다고 해서 그것이 먼저 와서 우울한 기분이 들게 만든 것은 아

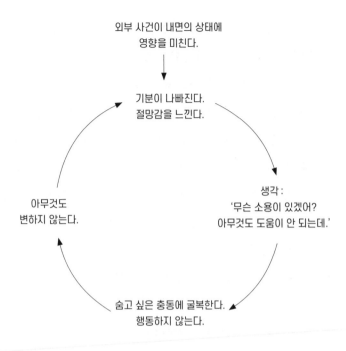

외부 사건이 내면의 상태에
영향을 미친다.

기분이 나빠진다.
절망감을 느낀다.

생각 :
'무슨 소용이 있겠어?
아무것도 도움이 안 되는데.'

아무것도
변하지 않는다.

숨고 싶은 충동에 굴복한다.
행동하지 않는다.

그림 1 우울한 기분의 하향 나선. 며칠간 지속된 우울한 기분이 어떻게 우울증으로 발전할 수 있는가. 우리가 우울감을 더 빨리 인지하고 행동한다면 악순환의 고리를 깨는 일이 더 쉬워진다. 폴 길버트의 원본(1997)을 수정한 그림.

니다. 그러니 다르게 생각하는 것이 유일한 해답은 아닐 수도 있다.

우리가 어떤 식으로 생각하는지가 전체 그림을 결정하지는 않는다. 우리가 하거나 하지 않는 모든 일 또한 우리 기분에 영향을 준다. 기분이 우울할 때, 당신은 그저 숨어버리고 싶다. 평소에 즐기던 어떤 것도 하고 싶지 않고, 그래서 하지 않는다. 하지만 너무 오랫동안 그렇게 멀리 떨어져 있으면 우울감은 오히려 더 악화된다. 그러한 악순환은 우리 몸의 상태와 맞물려 일어난다. 너무 바빠서 몇 주간 운동을 할 수 없었다고 해보자. 피곤하고 기분도 별로이므로 운동은 가장 하기 싫은 일 중 하나가 된다. 운동을 오래 안 할수록 더 무기력해지고 당신은 기운이 없어진다. 기력이 떨어지면 기분이 안 좋아지는 것과 동시에 운동을 할 기회도 줄어든다. 기분이 우울하면 거기서 더 우울해질 만한 일을 하려는 충동을 느끼게 된다.

우리가 경험한 일들의 각기 다른 모든 면들이 서로 영향을 미치기 때문에 우리는 이 악순환에 쉽게 휘말려 들어간다. 하지만 이것은 우리가 어떻게 틀에 갇히게 되었는지를 보여주는 동시에 빠져나갈 길 또한 보여준다.

이 모든 것들이 상호작용하여 경험을 만들어낸다. 하지만 우리는 생각, 신체 감각, 감정과 행동을 따로따로 경험하지 않는다. 하나로 같이 경험한다. 고리 모양의 가닥이 서로 엮여 있듯이, 각각의 가닥을 따로 분리해 보기는 어렵다. 우리는 다만 바구니 전체를 경험한다. 우리가 이를 분리하는 연습을 해야 하는 이유가 이것이다. 그렇게 하면 우리가 어떤 변화를 만들 수 있는지 더 쉽게 볼 수 있다. 다음에 제시되는 〈그림 2〉는 경험을 분류하는 간단한 방법을 보여준다.

우리가 이런 식으로 대상을 나누어 보면, 우리를 틀에 가두는 것뿐 아니라 우리에게 도움이 되는 일이 무엇인지 또한 알

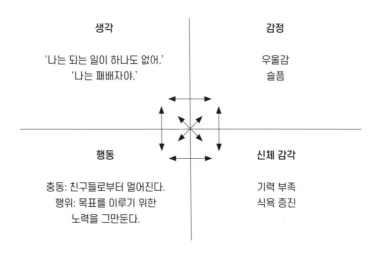

생각	감정
'나는 되는 일이 하나도 없어.' '나는 패배자야.'	우울감 슬픔
행동	신체 감각
충동: 친구들로부터 멀어진다. 행위: 목표를 이루기 위한 　　　노력을 그만둔다.	기력 부족 식욕 증진

그림 2 부정적인 생각을 하며 시간을 보내면 기분이 우울해질 가능성이 높다. 하지만 기분이 우울하면 부정적인 생각을 더 많이 하게 되는 것도 사실이다. 이는 우리가 우울감이라는 악순환에 갇히게 되는 경로를 잘 보여준다. 하지만 거기서 빠져나오는 길 또한 보여준다. 그린버그와 파데스키의 원본(2016)을 수정한 그림.

아채기 시작할 수 있다.

대부분의 사람들은 다른 기분을 느끼고 싶어 한다는 사실을 인지한 채 치료를 받으러 온다. 그들은 더 이상 느끼고 싶지 않은 (때로는 매우 고통스러운) 불쾌한 감정을 품고 있으며 그들이 더 느끼기를 바라는 풍부한 감정(예를 들어 기쁨과 흥분)을 놓치고 있다. 그냥 버튼을 눌러 그날 우리가 원하는 감정을 만들어낼 수는 없다. 하지만 우리는 우리의 기분이 우리 몸의 상태, 우리가 품고 사는 생각, 그리고 우리가 하는 행동과 밀접하게 연관되어 있음을 알고 있다. 우리가 하는 경험의 다른 부분들은 우리가 영향을 미치고 변화시킬 수 있는 것들이다. 우리 뇌와 신체, 그리고 우리가 처한 환경이 끊임없이 의견을 주고받는다는 것은 우리가 어떤 기분을 느낄지에 영향을 주는 데 이들을 활용할 수 있다는 뜻이다.

어디서 시작을 해야 할까

우울한 기분이 무엇인지 파악하기 시작하는 첫 번째 단계는 경험의 각 측면에 대한 인식을 쌓아가는 것이다. 이는 단순히 각각의 경험을 알아차리는 일을 의미한다. 이러한 인식은 이미 일어난 일을 관찰하는 데서 시작된다. 하루를 되돌아보고 자세히 살펴볼 순간을 선택한다. 그러고 난 뒤 시간과 연습의 축적을 통해 그 순간 그것들을 알아차릴 수 있는 능력을 키운다. 여기서 우리는 변화를 이루어낼 기회를 얻게 된다.

심리치료를 하면서 우울한 기분을 느끼고 있는 치료 대상에게 신체 중 어느 부위에서 그러한 감정이 느껴지는지 알아차려보도록 권유할 수 있다. 그들은 자신이 피곤하고 무기력함을 느끼고 있거나 식욕을 잃었다는 사실을 알아차릴 수 있다. 또한 우울감이 들 때면 다음과 같은 생각이 들 수 있다. '오늘은 아무것도 하고 싶지 않아. 난 정말 게을러. 난 절대 성공 못 할 거야. 완전 패배자야.' 회사에서 일하다가 잠시 화장실에 숨어서 소셜미디어의 글과 사진을 탐닉하고 싶은 충동을 느끼고 있을지도 모른다.

자신의 몸과 마음 안에서 일어나는 일에 익숙해지면, 그 알아차림의 영역을 확장해 자신의 환경과 관계의 현재 상태, 그리고 그것이 내적 경험과 행동에 미치는 영향을 살펴볼 수 있다. 시간을 가지고 천천히 자세히 알아가도록 하자. 내가 이런 기분이 들 때, 나는 무슨 생각을 하고 있는가? 내가 이런 기분이 들 때, 내 몸은 어떤 상태인가? 이런 감정을 느끼기까지 며칠 또는 몇 시간 동안 나는 나 자신을 어떻게 돌보았는가? 이것은 일종의 감정인가 아니면 그저 충족되지 않은 욕구에서 오는 신체적 불편인가? 아주 많은 질문거리가 있다. 어떤 때는 분명한 답이 있을 것이다. 또 어떤 때에는 모든 게 너무 복잡하게 느껴질 것이다. 그래도 괜찮다. 계속해서 탐색하고 경험을 기록해 나가면, 어떤 것이 상황을 더 좋게 하고 어떤 것이 상황을 악화시키는지에 대한 자기 인식을 쌓는 데 도움이 될 것이다.

도구 상자
우울한 기분의 원인이 무엇인지 생각해 보기

단면 공식(《그림 2》, 29쪽 참조)을 사용하여 긍정적이고 부정적인 경험의 다양한 측면을 이해하는 기술을 연마하자. 398쪽에 스스로 공식의 빈칸을 채워 넣을 수 있도록 되어 있다.

10분만 시간을 내어 특정한 날의 한 순간을 선택해 곰곰이 되짚어보자. 어떤 칸은 다른 칸보다 채우기가 더 수월하다고 여겨질 수 있다.

일이 발생한 뒤에 지나간 순간을 되돌아보는 것은, 그것이 일어나는 순간의 경험이 가진 다양한 측면들 간의 연관성을 알아차리는 기술을 점진적으로 쌓아가는 데 도움이 될 것이다.

 이렇게 해보자

다음의 주제를 사용하여 공식의 빈칸을 쉽게 작성할 수 있다. 또는 단순히 일기의 주제로 활용할 수도 있다.

- 지나간 일을 되짚어보는 순간까지 어떤 일이 일어나고 있었는가?
- 새로운 느낌을 알아차리기 직전에 어떤 일이 일어나고 있었는가?
- 그 당시 무슨 생각을 하고 있었는가?
- 어떤 것에 주의를 기울였는가?
- 어떤 감정이 들었는가?
- 몸의 어느 부분에서 그 감정이 느껴졌는가?
- 다른 신체 감각은 무엇이었는가?
- 어떤 충동이 일었는가?

- 그 충동에 따라 행동했는가?
- 그렇지 않다면, 대신 무엇을 했는가?
- 행동은 감정에 어떤 영향을 미쳤는가?
- 행동이 그 상황에 대한 자신의 생각과 신념에 어떤 영향을 미쳤는가?

1장 요약

- 감정의 기복은 정상이다. 항상 행복한 사람은 없다. 그러나 감정 기복을 한없이 용인할 필요 또한 없다. 도움이 되도록 우리가 할 수 있는 일들이 있다.
- 우울한 기분은 뇌 기능 이상이라기보다는 충족되지 않은 욕구를 반영하는 것일 가능성이 더 크다.
- 우리 삶의 매 순간은 경험의 여러 측면으로 나눌 수 있다.
- 그것들은 모두 서로 영향을 미친다. 그것은 우리가 어떤 식으로 우울감이나 심지어 우울증의 하향 나선에 갇히게 되는지를 보여준다.
- 우리의 감정은 우리가 영향을 줄 수 있는 많은 것들을 통해 만들어진다.
- 우리는 감정을 직접 선택하고 감정의 전원을 끄고 켤 수는 없지만 우리가 제어할 수 있는 다른 것을 사용하여 감정을 바꿀 수는 있다.
- 단면 공식(29쪽, 〈그림 2〉 참조)을 사용하면 무엇이 우리 기분에 영향을 미치고 우리를 꼼짝 못하게 하는지에 대한 인식을 높이는 데 도움이 된다.

2장

경계해야 할
감정의 함정

일시적 해방감이 주는 문제

우울감은 우리의 기분을 더 악화시킬 만한 일을 하고 싶은 충동을 일으킨다. 불편함과 우울감이 주는 위협이 느껴지면 우리는 다시 가벼운 마음 상태로 돌아가고 싶어 한다. 우리의 뇌는 경험을 통해 무엇이 가장 빠르게 도움이 되는지를 이미 알고 있다. 그래서 가능한 한 빨리 이런 우울한 기분을 모두 쫓아내기 위해 무엇이든 하고 싶은 충동을 느낀다. 스스로를 감각이 없는 상태에 빠지게 하거나 주의를 딴 데로 돌리고, 감정을

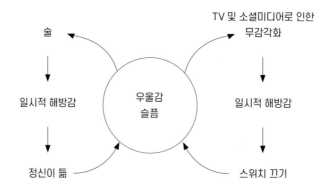

그림 3 일시적 해방감의 악순환. 이사벨 클라크의 원본(2017)을 수정한 그림.

밀어낸다. 누군가에게는 술이나 마약, 음식이 그 수단이 된다. 오랜 시간 텔레비전을 보거나 소셜미디어에 빠져 지내는 방법을 쓰는 이들도 있다. 그런 것들은 단기적으로 효과가 있기 때문에 매우 매력적이다. 우리가 갈망하는 순간적인 일탈감과 무감각함을 맛보게 해준다. 다시 말해, 우리가 텔레비전을 끄고, 소셜미디어 앱을 닫고, 제정신이 들면, 사라졌던 그 기분이 되돌아온다. 그 주기를 반복할 때마다 우울감은 훨씬 더 강해져서 돌아온다.

우울한 기분을 다스리는 방법을 찾는 일은, 우리 자신이 그러한 감정에 어떻게 반응하는지를 돌아보고 안도감에 대한 인간의 기본적인 욕구에 연민을 갖는 동시에, 이를 해결하기 위한 여러 노력 중에 멀리 봤을 때 오히려 상황을 악화시키는 것은 무엇일지에 대해 스스로 정직해지는 것을 포함한다. 장기적으로 가장 효과가 좋은 방법은 종종 효과가 빠르게 나타나지 않는다.

 이렇게 해보자

아래 질문들을 일기 주제로 활용하여 현재 가지고 있는 우울한 기분에 대한 자신의 대처 전략을 되돌아보자.

- 우울할 때 어떻게 대처하는가?
- 그 방법은 고통과 불편함으로부터 일시적 해방감을 느끼게 해주는가?
- 그 방법은 장기적으로 어떤 영향을 미치는가?
- 그 방법을 씀으로써 치르는 (돈이 아닌 시간, 노력, 건강, 발전적 측면의) 대가는 무엇인가?

우울감을 악화시키는 사고 패턴

앞 장에서 논의했듯이 생각과 감정은 서로 영향을 주는 쌍방향 관계에 있다. 우리가 평소 하는 생각은 감정에 영향을 미치지만, 우리가 느끼는 감정 또한 머릿속에 떠오르는 사고 패턴에 영향을 준다. 아래에 열거된 내용은 우리가 우울할 때 보통 경험하는 사고 편향의 일부이다. 아마도 익숙하게 들릴지 모른다. 편견적 사고는 흔히 존재하기 때문이다. 정도의 차이는 다양하지만 누구에게나 일어나는 일이다. 하지만 이 사고 편향은 우리 기분과 감정 상태에 큰 변화가 있을 때 발생할 가능성이 더 높다. 사고 편향이 무엇인지 잘 이해하고 모습을 드러낼 때 알아차리는 것은 그것이 가진 힘을 빼앗기 위한 중요한 걸음이다.

마음 읽기

우리 인간에게는 주변 사람들이 무엇을 생각하고 느끼는지를 파악하는 일이 매우 중요하다. 우리는 무리를 지어 살며 서로에게 의지하므로, 다른 사람이 생각하고 느끼는 것을 짐작하는 데 인생의 상당 부분을 쓴다. 하지만 기분이 우울할 때는 그러한 추측들이 사실이라고 생각할 가능성이 더 높다. '친구가 나를 이상하게 쳐다봤을 때, 난 걔가 날 싫어한다는 걸 바로 알았어.' 하지만 다른 날, 우울감에 시달리고 있지 않을 때라면 무슨 일 때문인지 좀 더 알아보고자 했을 것이고, 심지어 친구에게 직접 물어보려고 했을 수도 있다.

우리는 기분이 우울할 때 스스로 다른 사람들로부터 안심이 되는 말을 더 많이 들어야 한다고 느끼고 있음을 알아차릴지 모른다. 여러 차례 안심이 되는 말을 듣지 못하면 자동적으로 그들이 나에 대해 부정적으로 생각하고 있다고 추측하게 될 것이다. 하지만 그것은 편견이며, 나 스스로가 자신에 대한 최악의 비평가일 가능성이 매우 크다.

과잉일반화

우울한 기분에 빠져 허덕이는 상황에서는 한 가지만 잘못 돼도 그 하루가 통째로 잘못될 것처럼 생각하는 경향이 있다. 아침에 우유를 엎지른다. 엎지른 우유는 사방으로 흐른다. 지 각하고 싶지 않기 때문에 스트레스를 받고 좌절감을 느낀다. 과잉일반화는 이렇게 우리가 한 사건을 오늘이 '그런 날들 중 하나'가 될 신호로 볼 때 일어난다. 뜻대로 되는 일이 하나도 없다. 절대 그렇지 않다. 우리는 숨 쉴 틈을 달라고 우주에 사 정하기 시작한다. 오늘은 확실히 모든 게 나에게 불리하게 돌아 가는 것 같으므로.

상황이 이렇게 흘러가면 우리는 더 많은 것이 잘못되리라고 예상하기 시작하는데, 그것은 절망의 나락으로 떨어지는 미끄러 운 비탈길이다. 과잉일반화가 깔린 생각은 특히 이별의 아픔과 함께 나타나는 것을 좋아한다. 한 관계가 끝나면 우리의 생각은 이 이별은 앞으로도 결코 제대로 된 관계를 맺지 못하게 할 것이 고 타인과 결코 행복할 수 없음을 의미한다고 여기는 쪽으로 흘 러가기 시작한다. 이런 생각이 드는 것은 당연하지만, 손 쓰지 않 고 그냥 놔두면 더 많은 고통과 우울감을 유발할 수 있다.

자기중심적 사고

힘들고 컨디션이 좋지 않을 때는 시야가 좁아지기 마련이다. 다른 이의 의견과 관점을 고려하거나 그들이 나와 다른 가치관을 가질 수 있음을 생각하는 일은 더 어려워진다. 이러한 편견은 우리가 다른 사람들과 어떻게 연결되어 있는지 느끼는 것을 방해할 수 있기 때문에 관계에 문제를 일으킬 수 있다. 예를 들어, 우리는 스스로 '나는 모든 일에 항상 시간을 지켜야 한다'와 같은 생활 규칙을 정한다. 그러고 나서 그 규칙을 타인에게도 적용하고 그들이 그것을 지키지 못하면 기분이 상하거나 상처를 받는다. 이를 통해 우리는 다른 사람들에게 덜 관대하게 되고, 우리 기분은 더욱더 망가지고 관계에 긴장을 불어넣어 혼란에 빠지게 할 수 있다. 이는 통제할 수 없는 것을 통제하려고 애쓰는 것과 같으며, 어쩔 수 없이 우울한 기분을 더 깊은 늪으로 빠지게 한다.

감정적 추리

생각이 사실이 아닌 것처럼 감정도 사실이 아니다. 감정은 정보이지만, 감정이 그럴 수 있듯이 그 정보가 강력하고 강렬하며 존재감이 크면 우리는 그것이 현재 상황을 실제로 반영하는 것이라고 더 쉽게 믿게 된다. 내가 사실이라고 느끼므로 그것은 틀림없이 사실이다. 감정적 추리는 우리가 느끼는 것을 어떤 대상이 사실이라고 주장하는 증거로서 사용하도록 유도하는 사고의 편향이다. 예를 들어, 풀이 죽고 우울하고 자신감이 부족한 상태로 시험장을 걸어 나간다. 감정적 추리에 따르면 이것으로 나는 이미 실패했다. 사실은 시험에서 그럭저럭 잘했을지도 모르지만, 뇌는 내가 느끼는 기분에서 정보를 얻고 나는 지금 승자가 아니라고 느끼고 있다. 스트레스로 인한 피로감 때문에 우울감이 들었을 수도 있지만, 그 감정은 당시 상황을 어떻게 해석하는지에 영향을 주고 있다.

정신 필터

인간 두뇌의 놀라운 점은, 우리가 무언가를 믿으면 뇌는 그 믿음이 사실이라는 어떤 신호가 있는지를 확인하기 위해 환경을 살핀다는 것이다. 우리 자신과 세상에 대한 믿음에 도전하는 정보는 심리적으로 위협이 된다. 상황을 갑자기 예측할 수 없게 되고 안전하다고 느껴지지 않는다. 그래서 뇌는 그 상황을 무시하고 이전의 경험에 맞는 믿음을 고수하려고 한다. 그 믿음이 고통을 초래한다고 할지라도. 그래서 힘든 시기에 기분이 우울해지고 자신이 실패작이라는 생각이 들면, 우리 마음은 체처럼 기분과 반대인 내용의 정보는 모두 걸러내고 스스로가 기대에 부응하지 못했음을 드러내는 신호만 끝까지 담고 있을 것이다.

소셜미디어에 사진을 게시하고 많은 구독자들이 긍정적인 댓글을 남긴다고 가정해 보자. 그러나 우리가 찾고 있는 것은 긍정적인 댓글들이 아니다. 좋은 이야기들은 대충 훑고, 부정적인 댓글은 없는지 찾아본다. 만약 부정적인 댓글을 하나라도 발견하면 그것에 대해 골똘히 생각하고 상처받고 스스로를 의심하면서 하루의 상당 시간을 보낼지도 모른다.

진화론적 관점에서 보면, 자신이 취약하다고 느낄 때 위협의 징후를 더욱 경계하는 것은 이치에 맞는 일이다. 하지만 어두운 곳에서 빠져나와 제자리로 돌아가려고 애쓰는 중이라면 정신 필터에 대해 알아두는 것이 중요하다.

반드시 해야 할 일

반드시 해야 할 일을 경계하라! 우리가 지역사회의 일원으로서 해야 할 건전하고 정상적인 의무를 말하는 것이 아니다. 우리를 불행의 소용돌이로 내몰고 있는 가혹한 기대를 의미하는 것이다. 나는 더 이런 사람이 되어야 해. 나는 저걸 느껴야 해.

'반드시 해야 할 일'이라는 표현은 완벽주의와 단단히 얽혀 있다. 만약 절대 실패해서는 안 된다고 느낀다면, 실수를 하거나 어려움에 부딪힐 때 스스로 감정의 롤러코스터에 탑승해 감정과의 힘겨운 투쟁을 하게 된다. 우리는 성공을 위해 노력할 수 있고, 그 과정에서 겪는 실패를 받아들일 수 있다. 하지만 비현실적인 기대를 하면 스스로 그 안에 갇히게 된다. 즉 그 기대에 부응하지 못할 것 같은 징후가 있을 때마다 고통을 겪는다는 것을 의미한다.

그러므로 반드시 해야 할 일을 경계해야 한다. 이미 우울감으로 힘들고 나름대로 최선을 다하고 있는 상황에서 자신이 모든 것을 해내고 모든 것이 되고 모든 것을 갖게 되리라고 기대하는 것은 현실적이지 않으며 도움이 되지도 않는다.

이분법적 사고

흑백논리적 사고라고도 알려진 이분법적 사고는 방치하다 보면 우울감을 악화시킬 소지가 있는 또 다른 종류의 사고 편향이다. 이것은 우리가 절대적 혹은 극단적인 방향으로 생각할 때 나타난다. 나는 성공한 사람이거나 완전히 실패한 사람이다. 완벽하게 생긴 게 아니면 못생긴 거다. 실수를 하더라도 절대 신경 쓰이게 하지는 않았어야 했다. 이처럼 양극화된 사고방식은 대체로 현실에 가까운 회색 영역을 위한 여지를 남기지 않는다. 이러한 사고 패턴이 모든 것을 어렵게 만드는 이유는 우리가 더 감정적으로 격렬하게 반응하게끔 만들기 때문이다. 시험에 한 번 실패하는 것이 한 인간으로서의 실패를 의미한다면, 그로 인해 떠안아야 하는 감정적인 타격은 더 극단적이고 훨씬 더 빠져나오기 힘들 것이다.

기분이 우울할 때는 그렇게 양극화된 방식으로 생각하기 쉽다. 하지만 우울한 감정은 우리 뇌가 어떤 식으로든 잘못되거나 오작동해서 생기는 현상이 아님을 기억하는 것이 중요하다. 우리는 스트레스를 받으면 이것 아니면 저것이라는 이분

사고의 편향	정의	예
마음 읽기	다른 사람이 생각하고 느끼는 것을 짐작함	'그녀가 한동안 전화를 안 한 건 나를 싫어해서야.'
과잉일반화	하나의 사건을 가져다가 다른 것들을 일반화하는 데 사용함	'시험에서 망했으니 내 미래도 망한 거야.'
자기중심적 사고	다른 사람들도 자신과 같은 관점과 가치관을 가지고 있다고 추정하고 그 시각으로 그들의 행동을 판단함	'나는 절대 저렇게 늦지는 않을 거야. 그는 나한테 크게 신경 쓰지 않는 게 분명해.'
감정적 추리	내가 사실이라고 느끼므로 그것은 틀림없이 사실이다.	'나는 죄책감을 느끼므로 형편없는 부모다.'
반드시 해야 할 일	매일을 실패처럼 느끼게 만드는 비현실적이고 가혹한 기대들	'난 항상 완벽해 보여야 해.' '내가 할 수 있는 만큼 전부 다 해내지 않으면 절대 안 돼.'
이분법적 사고	절대적 또는 극단적 사고	'100점을 맞지 못하면 실패한 거야.' '완벽해 보이지 않으면 나가지 않을 거야.'

그림 4 사고 편향 예시 표

법적 사고가 발동해 세상에 대한 확신을 갖거나 예측을 하게 된다. 그런데 그렇게 할 때 우리는 좀 더 논리적으로 생각해 보고 주장의 다른 측면을 따져보며 정보에 입각한 판단을 내릴 수 있는 기회를 놓친다.

사고 편향을 어떻게 할 것인가

이제 우리는 우울감을 악화시키는 일반적인 사고 편향이 어떤 것인지 안다. 그다음 할 일은? 편향적인 생각이 드는 것을 막을 수는 없지만, 실질적인 힘은 그 생각을 있는 그대로(편향적으로) 보고 그에 대한 대응 방식을 마련하는 데 있다. 만약 우리가 하는 각각의 생각이 여러 개의 생각 중 하나만을 보여주는 것임을 인정할 수 있다면, 다른 생각들을 고려할 가능성을 스스로에게 열어두게 된다. 이는 원래의 생각이 우리의 감정 상태에 행사하는 힘이 약하다는 것을 의미한다.

우리가 원하는 방식으로 편향적인 생각에 대응하고 있음을 분명히 하려면, 먼저 그 안에 들어 있는 편견을 알아차릴 필요가 있다. 한 발짝 물러서서 그 생각이 편견이라는 사실을 보지 못하면, 그것이 현실을 그대로 반영하고 있다고 믿게 된다. 그러면 그 생각은 우울감을 더욱 부추기고 우리가 다음에 할 행동에도 영향력을 행사할 수 있다.

사고 편향은 아주 잘 드러나서 알아차리기 쉬워 보이며, 실제로도 그렇다. 하지만 그것이 항상 쉬운 일은 아니다. 현실에서 우리는 눈에 분명하게 보이는 생각만 경험하는 것이 아니다. 복잡한 감정과 몸의 감각, 이미지, 기억, 충동을 동시에 경험한다. 우리는 모든 일을 자동조종 모드로 처리하는 것에 너무 익숙해서 그 과정 안의 세부 사항을 점검하기 위해 잠시 멈춰

서기까지 많은 연습이 필요할 수 있다.

　다음은 사고 편향과 그것이 미치는 영향을 파악하기 위해 사용할 수 있는 몇 가지 방법이다.

시작하기

- 감정이 고조된 상태에서는 명료하게 생각하기 힘들 수 있으므로 순간의 감정이 지나간 후에 사고 편향에 대해 돌아보는 것이 더 쉬울 수 있다. 뒤를 돌아봄으로써 인식을 쌓아가는 것인데, 점차 돌아보지 않아도 인식하게 되는 지점으로 나아가게 된다.
- 일기를 쓰기 시작하고 (긍정적이든 부정적이든) 집중할 만한 특정 순간을 선택하라. 그 당시 생각하고 있던 것, 알아차린 감정, 그리고 그 감정과 함께 온몸의 감각을 구분하라. 떠오른 생각을 기록했다면, 편향적 사고의 목록을 훑어보고 그때 그 생각들이 편향적이었는지 살펴보라.
- 만약 그 순간에 있고 무언가를 적을 기회가 있다면, 종이에 펜을 대고 자신의 생각, 감정, 그리고 몸의 감각을 표현해 보자. 하지만 그렇게 할 때 그러한 생각과 감정으로부터 거리를 두도록 돕는 언어를 사용하라. 예를 들어, 나는 …라는 생각을 가지고 있다라든지 나는 이런 감각들을 알아차

리고 있다와 같은 표현을 써보자. 이런 식의 언어를 사용하면 자신의 생각과 감정에서 한 발짝 물러서서 관찰하고, 그것들을 절대적 진실이 아닌 스쳐 지나가는 경험으로 여기는 데 도움이 된다.

- 신뢰하고 비밀을 털어놓는 사람이 있다면, 머리에 자꾸 떠오르는 사고 편향을 그들과 공유할 수 있으며 그들은 당신 생각 속에 들어 있는 편향적 요소를 찾아내 불러내도록 도와줄 수 있다. 하지만 이를 위해서는 타인을 잘 수용해 주고 존중해 주며 변화와 성장을 위해 노력하고자 하는 당신의 선택을 지지해 주는 사람과 매우 좋은 관계를 맺는 것이 필요하다. 그 순간 자신의 사고 편향을 찾아내고 드러내는 일은 쉽지 않기 때문에, 그것이 스스로에게 효과가 있는지 확실히 하기 위해서는 신중하게 계획을 세워야 한다.

- 자신의 생각이 무엇을 하고 있는지를 조망하고 싶을 때 마음 챙김 수련을 시작하면 한 발짝 앞으로 나아갈 수 있다. 하루 중 생각에 온전히 집중하는 시간을 정해두고 실천하는 것은 아주 좋은 방법이다. 생각에서 한발 물러나 판단 없이 관찰하는 능력을 기르는 것이 자신만의 규칙적인 수행 습관이 되는 것이다.

몇 가지 지침

우리는 자신이 하는 생각에 대한 인식을 쌓아가는 동시에, 그 사고의 패턴을 세상을 해석하기 위한 하나의 가능성으로 여기고 우리 스스로 대안을 고민할 수 있도록 노력해야 한다. 이러한 일반적인 사고 편향을 찾아내고 이름을 붙여 분류하는 것이 그렇게 하는 데 도움이 된다.

이것은 한 번 하고 나면 끝인 일회성의 이벤트가 아니다. 지속적인 노력과 연습이 필요한 일이다. 우리는 때로 자신의 생각이 편향되어 있음을 알아차리지 못할 수도 있다. 어떤 때는 그런 편향적인 생각들을 발견하고 그에 더 유용한 대안으로 대응할 수도 있을 것이다.

대안을 찾으려고 할 때, 어떤 사람들은 정답을 찾으려고 한다. 대안으로서의 관점을 얼마나 정확하게 표현하느냐는 그렇게 중요한 문제가 아니다. 더 중요한 것은 어떤 생각을 사실로 받아들이기 전에 잠시 멈추고 다른 관점을 적극적으로 고려하는 습관이다. 일반적으로 더 균형 잡히고 공정하고 연민이 있으며 이용 가능한 모든 정보를 고려하는 관점을 찾는 것이 도움이 된다. 감정은 극단적이고 편향된 생각을 유도하는 경향이 있다. 하지만 삶은 종종 그보다 더 복잡하며 회색 영역으로 가득 차 있다. 하나의 이야기가 지니고 있는 여러 다른 측면에 대해 생각할 시간을 갖는 동안, 어떤 것에 대해 명확한 의견을 갖지 않아도 괜찮다. 그러니 울타리에 앉아 필요한 만큼 충분히 생각할 시간을 가지도록 스스로에게 허락하라. 모르는 것을 견딜 능력을 길러라. 그렇게 할 때, 우리는 머리에 처음 떠오른 생각에 따라 즉흥적으로 살아가는 방식을 멈추는 결정을 하게 되는 것이다. 우리는 선택을 할 때 더 의식적으로 깊이 생각하는 과정을 거치게 된다.

아침 식사를 하다가 우유를 바닥에 엎지르고는 곧바로 나는 왜 이렇게 인생의 실패자인지, 나는 왜 이렇게 되는 일이 하나도 없는지 자문하기 시작하는 모습을 떠올려보자. 일반화와 이분법적 사고가 잘 섞여 있는 상황이다. 여기서 내가 편견을 알아차리고 그것이 편견임을 받아들이면, 그렇게 하지 않을 경우 뒤따라올지 모르는 감정적 반응의 강도를 줄일 수 있는 기회의 창을 열 수 있다. 우유를 엎지르는 것이 결코 유쾌한 상황은 아니지만, 우리가 생각과 맺고 있는 관계는 잠깐의 좌절과 하루 종일 기분을 망치는 일 사이에서 큰 차이를 만들어낼 수 있다. 이 책에서 이야기하는 모든 내용이 그렇듯이, 이 또한 말은 매우 쉽지만 실제로 하는 것은 아주 어렵다. 연습이 필요한 일이며, 연습을 한다고 우리가 천하무적이 되는 것도 아니다. 하지만 분명 도움이 되고 작은 문제가 큰 문제로 번지는 것을 막아준다.

- 사고 편향은 불가피하지만, 그것이 미치는 영향에 속수무책인 것은 아니다.

- 우리는 자연스럽게 스스로 갖고 있는 믿음을 확인할 증거를 찾는다. 그러고 난 뒤 그 믿음과 반대되는 주장에 대한 증거가 있다고 하더라도 자신이 믿는 것을 경험한다.

- 우울한 기분이 들게 한 원인이 무엇이든, 위협과 손실에 초점을 맞추는 경향이 있다(길버트Gilbert, 1997).

- 부정적인 생각에 대한 편견은 우리가 계속해서 그 생각들에 집중하고 사실이라고 믿는다면 우울감을 더 극대화할 수 있다.

- 이것이 야기할 수 있는 우울감의 하향 나선에 대한 한 가지 전략은, 우리가 어떻게 느끼는지가 우리의 생각이 곧 사실이라는 전제에 대한 증거가 아님을 이해하는 것이다.

- 또 다른 전략은 호기심을 잃지 않는 것이다.

- 일반적인 편견에 익숙해지고 그런 편견이 언제 모습을 드러내는지 알아차리고 그것을 사실이 아닌 편견으로 분류함으로써 그러한 생각들로부터 거리를 두라.

3장

도움이 되는 것

거리두기

1994년 영화 〈마스크The Mask〉에서 짐 캐리는 스탠리 입키스라는 은행가를 연기한다. 스탠리는 북유럽 장난의 신 로키가만든 나무 가면을 발견한다. 스탠리가 그 마스크를 쓰면, 마스크는 뒤통수를 감싼 뒤 그를 집어삼키고 그의 일거수일투족에영향을 끼친다. 스탠리는 마스크 자체가 되어버린다.

얼굴에 마스크를 쓴 채, 스탠리는 그 렌즈를 통해 세상을본다. 다른 관점이 들어설 여지가 없다. 마스크를 얼굴에서 떼어내어 팔 길이만큼 떨어뜨린 채 손에 쥐고 있으면, 마스크는 그가 느끼고 행동하는 방식을 바꾸는 힘을 잃는다. 마스크는 여전히 그곳에 존재하지만, 약간의 거리만 있어도 스탠리는 그것이 그저 마스크일 뿐, 진짜 자신의 모습이 아님을 알 수 있다.

기분이 우울할 때, 생각은 이런 식으로 아주 소모적이 될 수 있다. 우리 뇌는 몸의 신호를 통해 상황이 좋지 않음을 감지하고 왜 그런지에 대한 수많은 이유를 제시하기 시작한다. 자신도 모르는 사이에 부정적이고 자기비판적인 생각들이 머리를 맴돌고 있다. 그런 생각들이 합쳐져 우리를 집어삼키게 두면, 안 그래도 우울한 기분이 더욱 소용돌이를 치며 가라앉을 수 있다.

세상을 향해 긍정적으로 생각하라고 했던 모든 자기 계발서들은 마음에 들어오는 생각을 통제할 수 없다는 사실에 대해서는 설명하지 않았다. 우리가 통제할 수 있는 부분은 그런 생각이 찾아왔을 때 무엇을 하느냐이다.

생각과 생각이 우리의 감정에 미치는 영향을 다루는 법을 배우는 데 가장 중요한 기술 중 하나는 그것들로부터 거리를 두는 것이다. 그런 생각들이 마음속에 자리 잡고 있으면 거리를 두기가 어려울 것 같지만, 인간은 생각을 멀리하고 필요한 만큼의 거리를 둘 수 있는 강력한 도구를 가지고 있다. '메타인지metacognition'라는 멋진 이름의, 자신이 하고 있는 생각에 대해 생각하는 능력이 그것이다.

우리는 생각하는 능력이 있다. 하지만 동시에 우리가 생각하고 있는 것에 대해 생각할 수 있는 능력 또한 가지고 있다. 메타인지란 생각에서 한발 물러서서 그 생각의 실체가 무엇인지 스스로 확인할 수 있도록 충분한 거리를 두는 과정이다. 이렇게 하면 그 생각은 우리 자신과 우리가 느끼고 행동하는 방식에 대한 힘을 잃게 된다. 무언가에 통제되거나 쫓기는 느낌을 받는 대신에 그것에 어떻게 반응할지를 선택하게 된다.

메타인지란 복잡한 것 같지만 사실 단순히 머릿속에 어떤 생각이 떠오르는지 알아차리고 그것으로 인해 어떤 감정이 드는지 관찰하는 과정일 뿐이다. 몇 분간 멈추고 마음이 어디로 가는지 알아채는 것을 통해 시도해 볼 수 있다. 스탠리가 얼굴에 마스크를 쓰는 것과 같이, 생각에 집중할 수 있는 방법을 찾아보자. 아니면 지금의 생각은 그냥 흘려보내고 다음 생각이 올 때까지 기다릴 수도 있다.

어떤 생각이든 우리가 그것을 얼마나 믿느냐에 따라, 그것이 진실되고 의미 있는 것임을 얼마나 확신하는지에 따라 그 힘의 크기가 달라진다. 이러한 방식으로 우리 자신의 사고 과정을 관찰할 때, 우리는 그 생각이 무엇인지, 무엇이 아닌지를 보기 시작한다. 생각은 사실이 아니다. 생각은 의견과 판단, 이야기, 기억, 이론, 해석, 그리고 미래에 대한 예측이 혼합된 것이다. 생각은 우리가 세상을 이해할 수 있는 방법에 대해 뇌가 제시하는 아이디어다. 하지만 뇌가 가진 정보는 한계가 있다. 또한 뇌가 하는 일은 우리의 시간과 에너지를 가능한 한 절약하는 것이다. 즉 지름길을 택하게 되며 늘 추측하고 예측한다는 것이다.

마음 챙김은 생각을 관찰하는 연습을 하고, 생각을 알아차리고 그에 집착하지 않고 흘러가게 두도록 하여 주의를 집중할 대상을 신중하게 선택하도록 하는, 마음 근육을 강화하기 위한 훌륭한 도구이다.

마음 챙김 — 주목할 대상 고르기

앞 장에서 우울감의 특징으로 나타나는 경향이 있는 일반적인 사고 편향 몇 가지를 열거했다. 일부 자기 계발서에서는 '무조건 긍정적으로 생각하라'고 말할 수도 있지만, 문제는 떠오르는 생각을 통제할 수 없다는 데 있다. 특정한 생각을 안 하려고 하는 것부터가 기본적으로 이미 생각을 하고 있다는 반증이다. 또한 긍정적으로 생각하는 일은 현실적이지 않다. 살아가는 동안 많은 사람들이 믿을 수 없는 어려움에 부딪힌다. 우리는 끔찍하게 힘든 시기에 긍정적인 생각만 하겠다는 불가능한 기준을 세워서 그 부담을 더하고 싶지 않다. 자신이 세운 기준에 맞출 수 없음을 깨닫고 그것이 개인의 실패라고 생각하기 시작하면 혼잡한 생각에 자기비판을 더할 가능성이 있다.

그렇기에 우리가 마음이 만들어내는 모든 생각을 기록할 수는 없지만, 생각이 도착했을 때 그에 반응하는 방식을 통해 우리가 가진 힘을 발휘할 수 있다.

생각에 관한 한, 관심은 힘이다. 우리가 쏟는 관심이 스포트라이트라고 생각해 보면, 많은 사람들은 바람이 부는 곳이라면 어디든 자유롭게 움직이기 위해 스포트라이트를 떠난다. 만약 위험이나 위협의 징후가 있다면 우리의 뇌는 때때로 통제를 하게 될 것이다. 하지만 우리 또한 의식적으로 스포트라이트의 방향을 바꿀 수 있다. 우리가 경험한 일의 특정한 측면에 의도적으로 주의를 기울이면서 말이다.

이것은 생각을 차단하고 외면하려고 애쓰는 것과 같지 않다. 그것은 어떤 생각에 주목할지, 어떤 생각을 확대하고 볼륨을 높여 생각이 하는 소리를 듣고자 할지를 의도적으로 택하는 일이다.

많은 이들이 자신이 무엇을 원하지 않는지를 알면서 상담을 받으러 온다. 그들은 자신에게 없애고 싶은 생각과 감정이 있음을 알고 있다. 하지만 원하는 미래에 대한 이야기로 화제를 돌리면, 다소 충격일 수 있다. 자신이 원하는 것에 대한 질문을 이전에는 스스로에게 단 한 번도 하지 않았기 때문이다. 고통스러운 문제는 압도적으로 강렬하고 우리의 관심을 요구하기 때문에, 우리는 그것에 더 집중하고 우리가 원하는 것에는 덜 집중하기 시작한다.

　대부분의 사람들은 자신이 무엇을 원하는지 스스로에게 묻는 습관이 들어 있지 않다. 우리에겐 책임이 있고, 대답해야 할 상사, 갚아야 할 대출금, 먹여 살릴 아이들이 있다. 시간이 지나면서 우리는 행복이 우리가 원하는 곳에 있지 않다는 것을 깨닫게 된다. 하지만 막상 자신이 실제로 원하는 것이 무엇인지 또는 자신에게 필요한 것이 무엇인지 전혀 모른다. 그런 것에 대해 생각해 본 적이 없기 때문이다.

　삶의 어떤 것들에 집중하는 것만으로 그것을 드러낼 수 있다고 말하려는 것이 아니다. 다만 방향을 유지하려면 우리가 어디로 가고 있는지를 살펴볼 필요는 있다.

　관심을 두는 일은 중요하며 인생의 경험을 만들어내는 데 도움이 된다. 그러므로 방향을 제어하는 법을 배우는 것은 우리의 삶과 기분에 강력한 영향을 미칠 수 있다. 하지만 우리는 바쁘고, 삶은 우리가 이전에도 이미 수천 번씩 해온 일상의 책임과 의무로 가득 차 있다. 따라서 우리의 놀라운 두뇌는 자동조종 모드로 전환해 대부분의 일을 자동으로 처리함으로써 그 과정을 더 쉽게 만들고 싶어 한다. 이것이 마음 챙김 명상과 같은 수행이 그토록 인기를 끈 이유다. 이는 우리가 수행 습관을 가질 수 있게 해준다. 운전을 잘하고 싶으면 운전 연수를 받으면 된다. 나는 마음 챙김 수행을 하는 것이 마음을 다스리기 위한 운전 연수라고 생각한다. 마음 챙김 명상은 때로 지루하거나 두렵거나 좌절감을 준다고 느낄 수 있지만, 이를 통해 우리의 뇌는 신경 경로를 정할 기회를 얻는다. 그렇게 함으로써 나중에 그러한 기술이 필요해질 때, 큰 노력 없이 가져다가 사용할 수 있는 것이다.

마음 챙김 수행을 처음 시작하려고 할 때는 정말 힘들 수 있다. 무엇을 해야 하는지, 제대로 하고 있는지, 수행을 하는 동안 어떻게 느껴야 하는지 확신이 없기 때문이다. 따라서 이 장의 후반부에 몇 가지 간단한 단계를 소개한 도구 모음을 실어두었다. 복잡하지 않아도 된다. 꼭 심오한 경험일 필요는 없다. 이는 체육관에서 역기를 드는 것과 같은데, 이번에는 마음 근육을 단련하는 것이고, 마음 근육이 단련됨에 따라 집중점을 어디에 둘지를 선택하는 능력이 길러지며 동시에 감정을 조절하는 능력 또한 길러질 것이다.

생각 곱씹기를 멈추는 방법

생각 곱씹기는 생각을 세탁기에 넣고 돌리는 것과 같다. 한 번에 몇 분, 몇 시간, 며칠 동안 계속해서 생각을 뒤흔드는 과정이다.

우리는 우울한 상태의 두뇌가 기분을 안 좋게 할 수 있는 사고 편향에 더 집중할 가능성이 있음을 이미 알고 있다. 그러한 사고 편향과 반추反芻의 심리적 등가물이 결합하면 더 강력하고 장기적인 고통을 만들어내는 레시피가 나온다. 사실, 우리는 생각을 곱씹는 행위가 우울증을 지속하는 핵심 요소라는 것을 연구(왓킨스Watkins와 로버츠Roberts, 2020)를 통해 알고 있다. 더 많이 곱씹을수록 더 오래 갇혀 있게 된다. 생각을 곱씹으면 내재되어 있을지 모르는 슬픔이나 우울증을 심화시키고 연장시키는 것이다.

앞에서 신경 경로에 대해 이야기한 것을 기억하는가? 우리가 무언가를 하면 할수록 신경 활동은 더 활발해진다. 이는 고통스러운 생각이나 기억을 더 많이 휘저을수록 그것들을 마음속에 떠올리기가 더 쉬워짐을 의미한다. 고통스러운 감정과 고통을 계속해서 다시 촉발시키고 나선을 그리며 어두운 곳으로 내려가는 자신을 발견하게 된다.

그렇다면 고통스러운 감정을 자극하는 곱씹기를 멈추기 위해서는 어떻게 해야 할까?

순간적으로 무언가를 바꾸려고 할 때, 새로운 대상에 다시 집중하기 위해 머릿속에 있는 정신 개념을 전적으로 사용하는 것은 매우 어려울 수 있다. 나는 많은 사람들이 적극적인 접근법을 효과적으로 사용하는 것을 봐왔다. 자신이 반추의 미끄러운 비탈길을 미끄러져 내려가고 있음을 알아차리는 순간, 손을 단호하게 앞으로 내밀어 "멈춰!"라고 한마디 말을 내뱉는 동시에 그 자리에서 일어나 자신이 있던 위치에서 멀어지는 등

재빨리 신체적 움직임을 행한다. 움직임에 변화를 주거나, 그냥 몇 분간 걷거나 밖에 나가 있는 것도 가능하다. 생각을 유연하게 바꾸기 힘들 때 신체적으로 몸을 움직이는 것이 도움이 될 수 있다.

생각 곱씹기가 우리를 최악의 특징과 최악의 순간들에 대한 생각에서 허우적대게 하고 우리가 느끼는 감정에 대한 생리학적 함의를 고려하면, 탈출구가 어디인지 확신할 수 없는 경우 상황을 전환하는 가장 간단한 방법 중 하나는 다음과 같이 자문하는 것이다. '내가 최선을 다했다면 어떻게 했을까?' 이제, 암흑기를 겪으며 우울증에 빠져 있다면, 최선을 다해서 무엇을 하는 자신의 모습을 그릴 수 없다. 하지만 자신이 가고자 하는 방향에 대한 심상心象을 떠올릴 수는 있다. 따라서 만약 내가 내 인생의 고통스러운 경험을 되새기며 앉아 있다면, 그 생각의 소용돌이에 몇 시간을 빼앗겼다면, 나는 스스로에게 그 질문을 던질 수 있다. 대답은 아마 이러할 것이다. '나는 일어나서 샤워를 하고 기분 전환이 될 만한 음악을 틀 거야. 아니면 마음이 끌리는 즐거운 활동을 해볼 수도 있겠지.'

생각을 곱씹는 경향이 있는 사람에게 혼자만의 시간이 주어지면, 온갖 생각과 기억 그리고 그에 따른 감정적 고통이 경기장의 문을 열고 밀려들어와 마음속을 맴돌기 시작한다. 인간관계는 아마도 그러한 생각들이 몇 바퀴 돌고 난 뒤에 밖으로 나갈 수 있게 하는 가장 강력한 도구일 것이다. 친구나 심리치료사는 우리가 하는 말 한마디 한마디를 경청할 것이다. 그리고 그들은 알아차린 것을 우리에게 다시 반영함으로써 아주 능숙하게 우리 마음에 거울을 비춰줄 수 있다. 그들은 우리가 우리 자신을 더 잘 알아가도록 도와주고 곱씹기를 멈추고 행복하게 사는 데 도움이 되는 새롭고 유용한 방향으로 생각을 전환하기 위한 주제나 단서를 제공한다.

마음 챙김

마음 챙김은 우리가 언제든지 도달하고자 노력할 수 있는 마음의 상태이다. 마음 챙김의 상태란 판단이나 혼란의 과정을 거치지 않고, 떠오르는 생각과 감정, 몸의 감각을 인식하고 현재의 순간에 집중하는 것을 의미한다. 이것이 우울한 감정을 빠르게 해소해 주거나 눈앞의 문제들을 변화시키지는 않는다. 그러나 우리가 경험한 것의 면면을 자각하는 기술을 연마하여 어떻게 반응할지 더 신중하게 선택할 수 있게 한다. 하지만 이는 어떻게 해야 할지 확신이 없으면 실행에 옮기기 힘들 수 있다. 명상은 마음을 단련하는 체육관과 같다. 사용 중인 기술을 훈련할 공간을 제공하는 것이다.

마음 챙김 명상법

마음 챙김이 처음이라면 안내 명상으로 시작하는 것이 좋다. 온라인에는 선택할 수 있는 영상이 많이 있으며, 내 유튜브 채널에도 몇 개 업로드되어 있다. 각각 고유한 전통을 기반으로 하는 다양한 명상 기법이 있지만, 대부분이 마음을 명료한 상태로 만드는 것이라는 같은 목표를 지향하고 있다. 따라서 몇 가지 다른 스타일을 시도해 보고 어떤 것이 자신에게 가장 적합한지 알아보자.

감사하는 연습

감사하는 연습은 우리의 관심을 돌리는 데 익숙해지는 또 하나의 간단한 방법이다. 작은 공책을 마련해서 하루에 한 번, 감사하다고 느끼는 세 가지를 적어보자. 사랑하는 사람들처럼 커다란 의미를 지닌 대상일 수도 있고, 일하기 전에 마시는 커피 한 모금처럼 감사하다고 여겨지는, 하루의 사소한 순간일 수도 있다. 효과적이라고 하기엔 너무 단순하다고 여길지 모르지만, 감사함을 표시하는 행위를 할 때마다 우리의 뇌는 긍정적인 감정 상태를 만드는 일들에 관심을 돌리는 연습을 하고 있다. 연습을 많이 할수록 다른 상황에서 그 기술을 더 쉽게 사용할 수 있다.

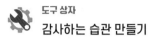

도구 상자
감사하는 습관 만들기

- 감사하다고 느끼는 세 가지를 적어보자. 우리 삶에서 크고 심오한 면을 차지하는 것이 될 수도 있고, 하루 중 아주 작은, 사소한 부분이 될 수도 있다. 중요한 것은 무엇을 적을 것인가가 아니라 의도적으로 주의를 돌리는 습관을 기르는 것이다.

- 하루 몇 분 동안은 감사한 일들을 돌아보고 감사하는 행위에 집중함으로써 찾아오는 감각과 감정을 느껴보자.

- 이것을 한번 해보는 것도 나쁘지 않다. 매일 이것을 실천하는 것은 관심을 두고자 하는 대상을 스스로 선택할 수 있도록 마음 근육을 기르고 그 이점을 몸소 경험할 수 있도록 하는 삶의 수련이다.

3장
요약

- 우리는 마음에 떠오르는 생각을 제어할 수는 없지만, 어떤 것에 관심을 둘지는 선택할 수 있다.

- 어떤 것을 생각하지 않으려고 하면 그것에 대해 더 많이 생각하게 되는 경향이 있다.

- 모든 생각이 존재하도록 하되, 시간과 관심을 기울일 대상을 선택하는 것은 우리의 감정적 경험에 강력한 영향을 미칠 수 있음을 인지해야 한다.

- 마음 챙김과 감사하는 연습을 통해 관심을 돌리는 기술을 연마할 수 있다.

- 문제 자체에 집중하는 시간을 갖는 것도 중요하지만, 우리가 나아가고자 하는 방향과 느끼고 행동하는 방식에도 집중할 필요가 있다.

- 생각은 사실이 아니다. 생각은 우리가 세상을 이해하는 데 도움이 되도록 뇌가 우리에게 던지는 제안이다.

- 모든 생각의 힘은 우리가 그것이 유일한 진리라고 얼마나 믿는가에 달려 있다.

- 생각을 진리라고 여기는 생각에서 힘을 빼는 것은, 뒤로 물러서서 거리를 두고(메타인지) 그것을 있는 그대로 바라보는 것에서 시작된다.

나쁜 날을 더 나은 날로
바꾸는 방법

기분이 우울할 때에는 그렇지 않은 날이라면 곧바로 결정할 만한 일들도 결정을 내리기가 어렵다고 느껴지기 시작한다. 병가를 내야 할까, 아니면 끝까지 밀어붙이면서 경과를 지켜볼까? 친구에게 전화를 해야 하나, 아니면 기분이 좀 더 괜찮아질 때까지 기다려야 할까? 건강에 좋은 음식을 먹어볼까, 아니면 좀 더 위로가 되는 걸 먹을까?

기분이 우울할 때 결정을 내려야 하는 경우의 문제는, 우울감 때문에 우리를 수렁에 빠지게 하리라는 것을 우리 자신도 알고 있는 일을 하고자 하는 충동이 생긴다는 것이다. 하지만 도움이 될 것이라고 알고 있는 것들이 압도적으로 느껴질 수 있다. 우리는 최선의 결정이 무엇인지에 집중하고 진작 그렇게 하지 않은 자신을 질책하기 시작한다. 완벽주의가 고개를 드는 것이다. 완벽주의는 의사결정과정을 마비시킨다. 모든 결정에는 감수해야 할 부정적인 부작용이 포함되어 있기 때문이다.

우울한 감정과 맞서 싸울 때 우리는 완벽한 결정이 아니라 좋은 결정을 내리는 데 집중해야 한다. 좋은 결정이란 가고 싶은 방향으로 우리를 움직이게 하는 것이다. 꼭 그 앞까지 데려다줄 필요는 없는 것이다.

그러나 우리가 꼭 해야 하는 일은 아무리 사소한 것이라도 끊임없이 결정을 내리는 것이다. 어떤 생존 상황에서든 결단을 내리고 행동하는 것이 필수적이다. 어느 쪽으로 가는 것이 안전한 선택인지 알 길이 없는 깊고 컴컴한 물속에서 우리가 아는 것은 어디든 방향을 정하고 앞으로 움직이지 않으면 수면 위로 얼굴을 내민 채 오래 버티지 못하리란 사실이다. 우울감은 우리가 아무것도 하지 않기를 원한다. 그러므로 아무리 사소하더라도 긍정적인 일을 하는 것은 우리가 가고 싶은 방향으로 나아가는 건강한 발걸음이다.

우울감을 겪는 시기에 결정을 내리기 더 어려운 이유는 종종 우리가 지금 당장 느끼는 것과 느끼고 싶은 것에 따라 결정을 내리고자 하기 때문이다. 개인적인 의미와 목표에 기반을 두다 보면 감정적인 면에 두던 관심을 우리 스스로의 가치관에 부합하는 결정을 내리고 행동하는 일로 옮길 수 있을 것이다. 기분이 우울할 때는 건강에 대한 자신의 개인적 가치관에 집중하라. 신체적, 정신적 건강에서 당신에게 중요한 것은 무엇인가? 그것을 표현하는 방식으로 일상을 어떻게 꾸려가기를 원하는가? 현재 얼마나 충실하게 그 가치관에 따라 살고 있는가? 원하는 방식에 따라 스스로의 건강을 돌볼 수 있는 방향으로 당신을 이끌어줄 수 있는 일 중에 오늘 할 수 있는 한 가지 일은 무엇인가?

일관성 유지하기

기분이 우울하고 일상의 작은 업무들이 너무 버겁게 느껴질 때는, 달성하는 것이 힘들다고 생각되는 극단적인 목표는 세우지 말자. 매일 실천할 수 있는 작은 변화를 하나 고르고, 그 변화를 실천하기로 스스로에게 약속하자. 처음에는 어리석게 느껴질 수 있다. 그 작은 변화들이 즉각적이고 극적인 결과를 가져다주지는 않기 때문이다. 하지만 그 변화들은 그보다 훨씬 중요한 일을 하고 있다. 매일의 삶에 녹아들어 시간이 지날수록 제2의 천성처럼 단단하게 자리 잡게 될 새로운 습관을 위한 길을 닦고 있다. 그러니 목표를 작게 잡아라. 일관되게 실천하

라. 느린 변화는 지속 가능한 변화이다.

우울할 때 자책하지 말기

자기비판과 자기 공격에 대한 이야기를 빼놓고는 우울감과 싸우는 일에 대해 말할 수 없다. 우울감은 우리가 이미 하고 있는 자기비판이나 자기 공격에 힘을 실어준다. 자신을 너무 혹독하게 대하지 말라고 말하는 것은 매우 쉽다. 하지만 어렸을 때부터 습관이 되어온 무언가가 있다면 스스로에게 멈추라고 말하는 것만으로는 멈출 수 없을 것이다. 우리는 떠오르는 생각을 막을 수 없다. 하지만 그것을 알아채고 우리의 감정과 행동에 힘을 덜 주는 방식으로 반응하는 능력은 키울 수 있다. 우리는 사고 편향을 포착하고 그로부터 일정 거리를 두기 위해 사용하는 기술과 동일한 기술을 사용할 수 있다. 이는 우리가 생각한 것이 사실이 아니라 감정으로 가득 찬 판단임을 인식하는 데 도움이 된다.

조건 없이 사랑하는 사람을 떠올려보자. 이제 우리가 우리 자신에게 말하는 것처럼 그들도 그들 자신에 대해 말하고 있다고 상상해 보자. 그들에게 어떤 말을 해주겠는가? 그들이 자신 안에서 무엇을 볼 수 있는 용기를 갖기를 원하는가? 그들이 스스로에게 어떤 식으로 말을 걸기를 원하는가?

이 일은 우리가 타인에게는 종종 보여주지만 자신에게는 보여주지 않는 깊은 연민에 접근하는 데 도움이 되는 한 가지 방법이다.

자기 연민이 꼭 비현실적인 방종放縱인 것은 아니다. 자기 연민은 우리를 땅속으로 더 깊이 몰아넣기보다는 다시 몸을 일으켜 세울 수 있는 힘을 불어넣는, 우리가 가장 들어야 할 목소리이다. 솔직하게 말을 걸고 격려하며 지지하는 친절의 목소리이다. 먼지를 털어주고 우리 눈을 똑바로 바라보며 다시 가서 또 한번 해보라고 말하는 보살핌의 목소리이다. 그것은 부모이자 코치이고 개인 치어리더이다. 우수한 운동선수들이 각 라운드와 세트, 예선 사이에 누군가를 코너에 두고 있는 데는 그만한 이유가 있다. 그들은 우리의 머릿속을 가득 채울 말의 강력한 힘을 알고 있다. 복싱 링에 있거나 테니스 코트에 있든, 회사에서 회의를 하거나 시험장에 있든 동일한 규칙이 적용된다.

따라서 우리가 사랑하는 사람을 지지하고 격려하는 것과 같은 방식으로 우리 자신에게 말을 건네는 것은 감정을 다스리는 데 매우 강력한 효과를 발휘한다.

내가 진짜 느끼고 싶은 감정은 무엇일까?

우리는 우울한 감정을 해결하려고 할 때 생각하거나 느끼고 싶지 않은 모든 것에 집중하는 경향이 있다. 그렇게 하는 데에도 나름의 가치가 있다. 하지만 우리가 원하지 않는 것으로부터 벗어나고 싶다면, 그 대신 가고 싶은 곳이 어디인지 아는 것이 도움이 된다.

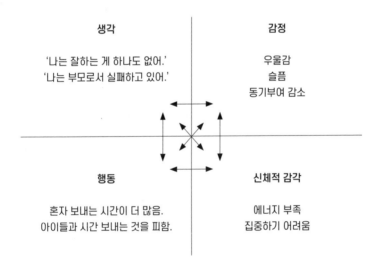

생각

'나는 잘하는 게 하나도 없어.'
'나는 부모로서 실패하고 있어.'

감정

우울감
슬픔
동기부여 감소

행동

혼자 보내는 시간이 더 많음.
아이들과 시간 보내는 것을 피함.

신체적 감각

에너지 부족
집중하기 어려움

그림 5 우울감 공식의 예

도구 상자
기분을 전환하기 위해 무엇을 할 수 있을지 알아내기

책 뒷부분에 실린 우울감 시나리오에 대한 십자 무늬 빵 공식의 빈칸을 채워보는 것으로 시작한다(398쪽 참고). 바로 앞에서 예시(그림 5)를 들었다.

우울한 기분에 기여하는 생각과 행동을 분류했다면, 더 나은 날을 위한 빈 공식을 채워보자(399쪽 참고). 이번에는 '감정상자'부터 시작하는 것인데, 우울한 기분보다는 일상에서 더 많이 느끼고 싶은 감정들로 채워보자. 다음 페이지에 예시(그림 6)를 실어두었다.

자신의 몸 상태, 생각과 행동의 초점이 모두 그 감정에 기여한다는 사실을 인식하면서 다음의 질문들을 사용해 그 공식의 나머지 공식을 채울 수 있도록 도와주자.

- 과거에 그렇게 느꼈을 때, 어떤 부분에 주의를 기울였는가?
- 스스로 그렇게 느끼려면 자신의 생각이나 자기 대화가 어떻게 들려야 하는가?
- 전에도 그렇게 느꼈을 때 어떻게 행동했는가? 어떤 것을 더 하고 어떤 것을 덜 했는가?
- 만약 그렇게 느낀다면, 우리 몸을 어떻게 다뤄야 할까?
- 기분이 가장 좋을 때 드는 생각은 어떤 것 같은가?
- 주로 무엇에 집중하는 편인가? 그때 내면의 목소리는 뭐

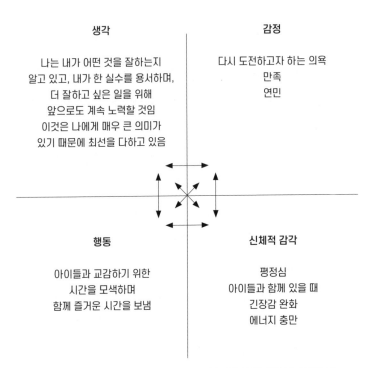

생각

나는 내가 어떤 것을 잘하는지
알고 있고, 내가 한 실수를 용서하며,
더 잘하고 싶은 일을 위해
앞으로도 계속 노력할 것임
이것은 나에게 매우 큰 의미가
있기 때문에 최선을 다하고 있음

감정

다시 도전하고자 하는 의욕
만족
연민

행동

아이들과 교감하기 위한
시간을 모색하며
함께 즐거운 시간을 보냄

신체적 감각

평정심
아이들과 함께 있을 때
긴장감 완화
에너지 충만

그림 6 더 나은 날을 위한 공식의 예. 어떻게 느끼고 행동하고 생각하고 싶은가?

라고 말을 하는가?

위의 공식이 과거에 자신에게 효과가 있던 것인지, 또는 일상에 주의를 기울이거나 바꿀 수 있는 것들에 대한 통찰력을 제공하는지 살펴보자. 이를 통해 어떤 것이 효과가 있는지 검토하는 데 시간을 할애하자.

이렇게 해보자: 해결책 중심의 기적 질문

이 책을 덮으면 기적이 일어나 그동안 애써 씨름하던 문제들이 전부 사라진다고 잠시 상상해 보자(기적 질문miracle question은 내담자의 문제가 해결되었을 때의 긍정적인 미래상을 구체적이고 명료하게 볼 수 있도록 하기 위한 기법 중 하나-옮긴이 주).

- 문제가 사라졌다는 첫 번째 징후는 무엇일까?
- 당신은 무엇을 다르게 하겠는가?
- 어떤 것에 '네'라고 답하겠는가?
- 어떤 것에 '아니오'라고 답하겠는가?
- 어떤 것에 에너지와 관심을 집중하겠는가?
- 어떤 걸 더 하고 덜 하겠는가?
- 사람들과 어떤 식으로 다르게 상호작용을 하겠는가?
- 삶을 어떤 식으로 다르게 구성하겠는가?
- 스스로에게 어떤 식으로 다르게 말을 걸 것인가?
- 어떤 것을 내려놓을 것인가?

잠시 시간을 내어 위의 질문에 대한 답을 고민해 보고 일상생활에서 이루어낼 수 있는 작은 변화들을 세밀히 들여다보자. 이는 자신이 어디로 가고 있는지에 대한 통찰력을 쌓는 훌륭한 연습이다. 또한 문제가 여전히 존재하더라도 지금 그러한 변화를 시작함으로써 삶이 어떻게 더 나아질 수 있는지에 대한 생각을 탐색하는 데 도움을 준다. 우리가 무엇을 하며 어떻게 하는지 우리가 느끼는 감정에 대한 피드백을 몸과 뇌에 전달해서 가장 중요한 것과, 우리의 문제를 함께하고 싶은 사람이 있는 쪽으로 방향을 바꾸면, 기분에 큰 변화를 가져올 수 있다. 이 기술은 우리의 초점을 문제에서 해결책으로 옮긴다. 그리고 우리는 우리가 향하고 있는 지평선에 시선을 고정하기 시작할 수 있다.

4장 요약

- 완벽한 결정이 아닌 좋은 결정을 내리는 데 집중하라. '충분히 좋아'라는 마음은 당신을 진정한 변화로 이끌어준다. 기분이 나아지게 하려면 결정을 내리고 행동을 취해야 하는데, 완벽주의는 의사결정과정에 마비를 일으킨다.
- 작지만 지속 가능한 변화를 유지하라.
- 누군가 우울할 때 우리는 그들에게 필요한 것임을 알기에 친절을 베푼다. 그러니 전반적인 정신 건강과 감정 관리에 전념하고 있다면, 자기 연민을 실천하는 데 집중해 보자.
- 문제를 파악한 후에는 이를 이용해 가고자 하는 방향을 결정하고 눈앞에 펼쳐진 지평선에 집중하라.

5장

기본을
바로잡는 방법

세계 최고의 축구팀을 데려와 수비수 없이 경기에 투입한다고 생각해 보자. 갑자기 이전에는 전혀 위협이 되지 않던 상대가 승리할 가능성이 훨씬 높아진다. 수비수는 공격수만큼 흥미진진하지 않을 수 있지만, 우리는 게임의 판도를 바꾸는 그들의 힘을 과소평가한다.

우리는 기본을 소홀히 하는 경향이 있다. 엄마가 일찍 자고 채소를 먹으라고 하면 어쩔 수 없이 싫은 표정을 짓고 만다. 고마워요, 엄마. 하지만 수비수에 관해서는 수비수가 없는 상황을 겪을 때까지 우리가 무엇을 가졌는지 모른다. 기분이 좋지 않을 때 우리는 가장 먼저 기본적인 것들을 놓아버린다. 친구들로부터 거리를 두고, 커피를 너무 마셔서 잠을 못 자고, 운동을 중단한다. 그런데 이렇게 하는 것이 얼마나 큰 차이를 가져올까? 음, 과학적으로 보자면, 이것은 수비수를 경기장 밖으로 다 내보내고 골문을 활짝 열어두는 것과 같다고 할 수 있다.

기본은 화려하지 않다. 기본적인 것은 우리에게 모든 상황을 해결해 줄 것이라고 약속하는 무언가를 준비해 두었다고 말하지 않는다. 하지만 그것은 건강 은행에 있는 현금이다. 삶이 당신에게 고난과 시련을 떠안기기 시작할 때, 그 수비 장벽이 당신을 꼿꼿이 서 있게 해줄 것이며, 넘어지더라도 다시 일어날 수 있도록 도와줄 것이다.

꼭 말하고 싶은 점은, 기본적인 것들을 전부 완벽하게 해낼 필요는 없다는 것이다. 모두가 동의하는 완벽한 식단이란 없으며 사회적 상호작용을 얼마큼, 어떤 식으로 해야 하는지에 대한 절대적인 기준 또한 없다. 이런 것들은 완벽함을 추구하며 달성해야 할 목표가 아니다. 토대로서 역할을 할 뿐이다. 수비수는 경기에서 계속 남아 있는 것이 매우 중요하기 때문에 공격수 못지않게 육성에 힘을 기울일 필요가 있다. 그러나 한 명이 미끄러지면, 다른 한 명이 도울 수 있다. 수비 체계가 엉망으로 흐트러지더라도 그것은 결함이나 실패의 징후가 아니다. 일반적으로 삶이 돌아가고 있다는 신호이다. 예를 들어, 처음 부모가 된 사람은 자신이 겪고 있는 수면 부족을 어떻게 할 수 없을 가능성이 높다. 하지만 특별히 신경 써서 잘 먹고 가족과 친구와 연락을 유지할 수는 있다. 그리고 그렇게 하는 것이 그 기간 동안 잘 지낼 수 있도록 도와줄 것이다.

이러한 주요 수비 체계를 이해한다는 것은 우리가 그들을 계속 주시할 수 있음을 의미한다. 주기적으로 수비진을 확인하고 그들을 개선하고 강화할 수 있는 작은 방법을 찾을 수 있다.

이전에 다 들어본 얘기 같아서 건너뛰고 싶은 생각이 든다면 더욱더 읽어야 한다. 우리는 종종 수비의 힘을 너무 과소평가하여 스트레스를 받거나 기분이 좋지 않을 때 그것을 가장 먼저 놓아버리는 경우가 있다. 하지만 과학은 이에 대해 분명한 입장을 표명하고 있을 뿐 아니라, 최근 몇 년 동안 그 힘은 우리가 한때 생각했던 것보다 훨씬 더 광범위한 영향력을 보여주기도 했다.

운동하기

우울감의 정도가 경미하고 간헐적으로 찾아오든, 주요 우울장애major depressive disorder를 안고 살아가는 상황이든, 운동은 강력한 항우울 효과가 있다(슈흐Schuch 등, 2016). 항우울제를 복용하는 경우, 운동을 같이 하면 더 나은 결과를 얻을 수 있다(무라Mura 등, 2014).

운동은 순환하는 도파민 수준을 높이고 뇌에서 더 많은 도파민 수용체를 사용할 수 있게 한다(올슨Olsen, 2011). 이는 일상생활에서 즐거움을 느낄 수 있는 능력을 증가시킨다는 것을 의미한다(맥고니걸McGonigal, 2019). 그러므로 즐겁게 할 만한 운동을 찾게 되면 운동을 하는 동안 즐거움을 느낄 뿐 아니라, 삶의 다른 모든 면에서 즐거움을 찾을 수 있게 하는 감수성이 증가한다.

안타깝게도 운동이라는 개념은 외모를 변화시키기 위해 반드시 거쳐야 하는 고통스러운 과정으로 인식되어 있다. 운동에 관한 대화는 대부분 미적 이득을 위해 고통을 견디는 것에 중점을 둔다. 많은 사람들이 운동을 자신에게 적합하지 않다고 여기는 것은 놀라운 일이 아니다.

몸을 움직이는 것이 어떤 기분을 느끼게 하는지에 대한 이야기는 논의에서 소외된 지 오래다. 하지만 코로나 대유행 기간 동안 많은 이들이 녹지 공간에서 운동하는 즐거움을 재발견했다. 실내에서 너무 많은 시간을 보내야 하는 상황은 매일 걷는 일의 효과를 더욱 두드러지게 했다. 실내에서 러닝머신을 달리는 것이 아닌 자연 속에서, 바깥에서 하는 운동이 주는 심리적 영향은 과학적으로 입증되기 시작하고 있다. 우울증으로 인지 행동 치료Cognitive Behavioral Therapy, CBT를 받고 있는 성인을 대상으로 한 연구에 따르면, 숲 환경에서 치료를 받은 그룹은 병원 환경에서 같은 치료를 받은 그룹보다 61퍼센트 더 높은

치료 관해율remission rate(증상이 낫거나 사라지는 비율-옮긴이 주)
을 보였다(킴Kim 등, 2009).

격렬한 운동이라면 질색하는 사람들에게는 요가의 느린 동
작만으로도 기분 전환에 상당한 도움이 될 뿐 아니라 몸과
마음을 더 빨리 진정시키는 능력을 키울 수 있게 한다(요셉슨
Josefsson 등, 2013).

삶에 운동을 추가하기로 결정한다고 해서 울트라마라톤(정
규 마라톤 거리인 42.195킬로미터보다 크게 상회하는 초장거리 경주-
옮긴이 주)에 참가하거나 비싼 체육관에서 무거운 역기를 들어
올려야 하는 것은 아니다. 사실 최대한 작은 것부터 시작하면
탄력 붙이기가 훨씬 쉽다. 처음에는 집을 나서지 않고도 시작
할 수 있다. 좋아하는 음악을 틀어놓고 숨이 찰 때까지 춤을
출 수 있다. 작은 것으로 시작한다는 마음가짐을 갖고 스스로
에게 즐거움을 가져다줄 가능성이 있는 것을 선택할 수 있다
면, 지속할 가능성이 훨씬 더 높다. 일회성 운동이 모든 것을
바꾸지는 않겠지만, 계속 이어갈 수 있는 신체 활동이 조금씩
늘어나면 중요한 삶의 변화를 촉진하는 힘이 생긴다.

운동은 단순히 기분을 조금 북돋아주는 것 이상의 역할을
한다. 셀 수 없을 만큼 다양한 방식으로 우리 몸과 마음에 긍
정적인 영향을 미친다. 하지만 내 말을 그대로 받아들이지는
말라. 스스로 즐겁거나 의미 있다고 느끼는 방식으로 신체 활
동을 늘릴 방법을 찾고 어떤 감정이 느껴지는지 지켜보자.

잠

　지구상의 누구라도 데려가서 잠을 자지 못하게 하면, 그 사람은 신체적, 정신적으로 병에 걸릴 가능성이 높아질 것이다. 하지만 수면과 정신 건강은 서로 영향을 미치는 양방향 관계이다. 스트레스나 우울감, 불안으로 정신 건강이 악화되면, 어느 순간 수면 또한 방해받을 수 있다. 어느 쪽이 먼저 왔든지 간에, 수면의 양이 급격히 떨어지면 기분도 함께 저조해지면서 스스로의 회복 능력에 대한 믿음 또한 저하된다는 사실은 거의 믿어 의심치 않는 부분이다. 잠을 충분히 자지 못하면 모든 것이 열 배는 더 힘들게 느껴진다. 수면은 행복의 모든 면에 지대한 영향을 미치므로 수면이 정상적으로 이루어지고 있지 않다고 여겨지면 시간과 노력을 들여 개선할 필요가 있다.

　장기간 불면증을 겪고 있는 사람들에게는 전문의와 상담하는 것을 강력하게 권한다. 하지만 수면의 양이나 질을 개선하기 위해 노력하는 것이 목표라면, 시작하는 데 도움이 되는 조언의 목록을 실어두었으니 참고하기 바란다. 다시 말하지만, 우리는 완벽을 목표로 하지 않으므로 충분한 수면을 취하기 위해 목록에 있는 모든 것을 할 필요는 없다. 살다 보면 건강한 수면 패턴에서 멀어질 때가 있다. 교대 근무를 하거나, 장거리 여행을 하거나, 어린 자녀가 있거나, 늦게까지 컴퓨터 게임을 하는 습관이 있다면, 스스로를 점검하고 다시 올바른 길로 이끌어주기 위해 필요한 모든 것을 해볼 수 있다.

- 아침 시간을 이용해 활동적인 운동을 하고 저녁에는 휴식을 취하라.
- 자기 전에 따뜻한 물로 목욕을 하면 체온을 수면에 가장 적합한 온도로 맞추는 데 도움이 된다.
- 기상 후 30분 이내에 가능한 한 많은 자연광을 받도록 하라. 우리의 수면 패턴을 조절하는 일주기 리듬circadian rhythm(생물이 나타내는 여러 현상 중, 대개 24시간 주기로 되풀이하는 변화를 말한다-옮긴이 주)은 빛에 대한 노출에 의해 좌우된다. 실내 조명이 도움이 될 수는 있지만, 흐린 날에도 실외의 자연광이 제일 좋다. 아침에 일어나면 가장 먼저 10분 동안 밖에 나가 있자. 또한 하루 중 밖으로 나갈 수 있는 시간을 가능한 한 많이 확보하라.
- 저녁에 해가 지면 조명의 밝기를 약하게 낮추라. 화면에 관련한 연구에 따르면 화면 조명의 색보다는 밝기가 더 중요하다. 따라서 저녁에는 가능한 한 화면의 밝기를 낮추고 최대한 빨리 완전히 끄도록 하자.
- 걱정되는 일들은 낮 시간을 이용해 처리하자. 결정을 내리고, 계획을 세우고, 해야 할 일 목록에서 뺄 것이 있으면 빼자. 잠을 잘 자는 것은 낮에 무엇을 하는지와도 관련이 있다. 우리는 낮 시간 동안 문제 해결에 훨씬 더 능숙하지

만, 그런 문제들을 미루고 외면하면 밤에 잠을 자려고 할 때 툭 튀어나오게 된다. 그러니 최대한 책상을 비우고 마음을 비우자.

- 베개에 머리를 대고 눕는 것이 뇌에 스위치가 켜지고 걱정을 시작하는 신호로 작용하는 밤에는 걱정 목록을 작성해 보자. 침대 곁에 펜과 종이를 둔다. 걱정거리가 떠오르면 바로 적어본다. 그냥 단어 몇 개나 글머리 기호면 된다. 다른 걱정거리가 생각나면 똑같이 하라. 이것은 다음 날의 할 일 목록이 된다. 내일 시간을 할애해 이 문제들을 해결하겠다고 스스로에게 약속한다. 그렇게 하면 잠시 걱정에서 물러나 다시 휴식에 집중할 수 있다.

- 잠을 억지로 잘 수는 없다. 수면을 취하는 것은 우리가 선택해서 할 수 있는 일이 아니다. 잠은 몸과 마음이 안전하고 평온함을 느낄 수 있는 환경을 만들 때 찾아온다. 그러므로 수면 자체에 집중하지 말고 몸과 마음을 이완하며 휴식하고 평온함을 찾는 데 집중하라. 나머지는 두뇌가 알아서 할 것이다.

- 늦은 오후와 저녁에는 카페인을 피하라. 젊은 층을 대상으로 홍보하는 에너지 드링크는 수면을 방해하고 불안 증상을 유발하는 카페인의 함량이 높은 경우가 많다.

- 일반적으로 잠자리에 들기 전에 과식하는 것은 좋지 않다. 특히 정제 설탕 함량이 높은 음식의 경우는 더욱 그

렇다. 스트레스 수치를 급상승시키는 것은 잠이 들거나 숙면하는 데 도움이 되지 않는다.

영양

정신 건강과 신체 건강은 한 바구니로 짜여 있다. 하나가 움직이면 다른 하나도 같이 움직인다. 최근 몇 년 동안 과학은 이를 증명하는 데 장족의 발전을 이루었다. 뇌에 어떤 영양을 공급하는지에 따라 감정에도 영향을 미친다.

연구에 따르면 영양을 개선하는 것이 우울증 증상을 완화하는 데 큰 도움이 될 수 있고(잭카Jacka 등, 2017), 우리가 먹는 방식에 변화를 주는 것이 나이가 들면서 우울증을 예방하는 데 도움이 될 수 있다(산체스 비예가스Sanchez-Villegas 등, 2013).

우리의 기분이 여러 요인에 영향을 받는다는 사실을 이해하면 모든 면에서 이를 다뤄보는 것이 당연해진다. 잠시 생각해 보면 우리 대부분은 몸에 더 좋은 영양을 공급할 수 있는 몇 가지 방법을 쉽게 알아낼 수 있다. 전 세계에서 진행 중인 연구에 따르면, 정신 건강을 지켜주는 엄격한 식단은 하나로 정해져 있지 않다. 전통적인 지중해식 식단은 정신 건강에 도움이 된다는 크고 강력한 증거를 기반으로 하고 있지만, 전통적인 노르웨이식, 일본식, 앵글로색슨식 식단을 포함한 다른 다양한 식단들 또한 우울증의 위험을 줄여준다(잭카, 2019). 이들 식단의 공통점은 가공하지 않은 전체 식품, 건강한 지방과 통곡물이 들어간다는 점이다.

음식을 둘러싼 잘못된 정보가 많기 때문에, 이 책의 참고 자료 부분에 신뢰할 만한 출처를 통해 수집한 추가 참고 도서 목록을 실어두었다. 하지만 무엇보다 중요한 것은 좋은 영양 섭취를 우선순위에 두는 것(그리고 필요한 경우 좋은 영양이란 무엇인지 스스로 배우는 것)이 우울한 기분을 다스리고 정신 건강을 개선하는 훌륭한 방법이라는 사실이다.

하지만 앞서 언급했듯이, 하룻밤 사이에 삶에 거대한 변화를 주는 것은 그것을 유지할 수 없다면 별로 도움이 되지 않는다. 대신 스스로 '더 나은 영양 섭취를 위해 오늘 실천할 수 있는 작은 변화 한 가지는 무엇일까?'와 같은 질문을 주기적으로 던져보는 것이 도움이 된다. 이 질문을 매일 반복해 보자.

일과

정신 건강과 회복력을 위한 또 다른 핵심 수비수는 일과인 것으로 보인다. 코로나 대유행이 많은 이들의 일상을 180도 뒤집어놓기 전까지 일과는 우리의 행복에 영향을 미치는 요소 중 가장 과소평가된 항목이었을지 모른다.

반복과 예측 가능성은 스스로 안전하다고 느끼는 데 도움이 되지만, 우리는 다양성과 모험심을 필요로 하기도 한다. 그래서 일과가 있는 일상을 좋아하지만, 이따금 그 일상을 깨는 것 또한 좋아한다. 가급적이면 즐겁거나 의미 있거나 신나는 일들로.

우리가 기분이 별로 좋지 않을 때, 일과는 희생될 수 있다. 다음 날의 일에 대한 스트레스를 떨쳐버리기 위해 늦게까지 텔레비전을 볼 수 있다. 그러면 아침에 일어나기가 더 힘들어지니까, 아침 운동을 안 하게 된다.

또는 일정 기간 동안 일을 하지 못하고 오후에 낮잠을 자다가 정작 밤에는 잠을 이루지 못할 수도 있다. 일을 하지 않으면 사회적 상호작용이 얼마나 많이 달라지는지 알 수 있다. 며칠 동안 집 밖에 나가지 않고 샤워할 이유를 찾기 힘들거나 심지어 아침에 일어날 이유도 잊어간다. 그러면 식욕은 있지만 기력이 없어 하루 종일 커피를 마시며 보낸다. 이런 식으로 일상적인 변화로 인한 연쇄 효과가 펼쳐진다.

겉보기에는 작은 이러한 변화들은 하나하나가 모여서 전체로서의 경험을 만들기 때문에 중요하다. 긴 컵에 담긴 물에 코디얼cordial(과일로 만들어 물에 타 마시는 농축 음료-옮긴이 주) 한 방울을 부으면 맛의 차이를 거의 느끼지 못할 수 있다. 몇 방울 더 넣으면 물의 전체 색이 변하기 시작한다. 그렇게 조금씩 모인 코디얼 방울들은 시간이 지나면서 물의 전반적인 색과 맛을 극적으로 변화시킬 것이다. 따라서 작은 방울 하나하나가 의미가 있다. 그 자체로는 우리 기분을 완전히 바꾸기에는 충분하지 않을지 몰라도 말이다.

다시 말해, 완벽한 일과는 없다. 독특한 상황 안에서 자신에게 맞는 예측 가능성과 모험의 균형을 잡는 것이 핵심이다. 그것이 궤도를 벗어나는 것을 알아차리고 다시 잡아 이끄는 것이 올바른 방향으로 가는 큰 걸음이다.

인간관계

자신의 몸과 마음을 돌보는 일이 필수적이지만, 양질의 관계를 키우는 것은 평생 건강한 정신 상태를 유지하는 데 가장 강력한 도구 중 하나이다(왈딩어Waldinger와 슐츠Schulz, 2010).

인간관계가 잘 안 풀리면, 우리의 기분과 정서에 치명적인 영향을 끼칠 수 있다. 이는 반대로도 작용할 수 있다. 기분이 나쁜 상황은 관계에도 악영향을 줄 수 있다. 틀어진 인간관계는 주변 사람들과 단절된 느낌을 주며 깊은 외로움을 유발할 수 있다.

우울할 때는 누군가를 마주한다는 생각만으로도 지치고 압도될 수 있다. 이것이 우울증의 덫이다. 우울증은 우리에게 괜찮아질 때까지 물러나서 숨어 있으라고, 아무도 만나지 말라고 이야기한다. 그래서 우리는 기분이 나아지기를 기다린다. 하지만 그렇게 함으로써 우리는 눌러 참는다. 혼자만의 시간을 가지면서 활력을 되찾고 재충전하는 계기가 될 수도 있지만, 우울증을 키우고 지속되게 하는 반추와 자기혐오의 악순환에 갇히기 쉽다.

(우리가 원하지 않을 때에도) 다른 사람과 함께 있고, 그들을 관찰하고, 그들과 상호작용을 하고 관계를 쌓는 것은 우리의 기분을 고양시키고 자신만의 생각에서 벗어나 현실 세계로 돌아오는 데 도움이 될 수 있다. 우리는 기분에 관한 한 양질의 사회적 지지가 더 나은 결과와 직결된다는 사실을 연구를 통해 알고 있다(나카하라Nakahara 등, 2009).

힘든 상황을 겪으면서도 아무에게도 말하지 않는 사람들 중 다수는 자신을 최고가 아닌 것으로 표현하는 것이 주변 사람들에게 짐이 될 것이라고 굳게 믿고 있다. 하지만 과학은 그렇지 않다고 이야기한다. 사회적 지지는 지지를 받는 사람과 해주는 사람 모두에게 긍정적인 효과가 있다(이나가키Inagaki 등, 2012). 그래서 고군분투하면서 우울한 기분에서 벗어나고 싶을 때 우리가 할 수 있는 가장 효과적인 일 중 하나는 자신을 고립과 외로움으로 내몰고 있는 거센 파도에 맞서 헤엄치는 것이다. 마음이 내킬 때까지 기다려서는 안 된다. 그럴 마음이 먼저 들지는 않을 것이므로 행동이 앞서야 한다. 마음은 그 뒤에 따라온다. 다른 사람과 진정한 관계를 맺는 일에 더 많은 시간을 투자할수록 정신 건강은 더욱 증진되기 시작할 것이다.

다른 사람과 시간을 보내는 것이 반드시 우리가 느끼는 감정에 대해 이야기해야 함을 의미하지는 않는다. 사실, 우리는 대화를 전혀 하지 않아도 된다. 그저 사람들 곁에 머물며 지켜보고 그들을 향해 미소 지어라. 내가 이끌어갈 수 있는 대화를 나누자. 우울감과 우울증은 누군가와 어울리는 일을 불편하고 불안하게 만들 수 있다. 우리는 상대에게 어떤 인상을 줄지에 대해 걱정한다. 자신을 비판하는 데 너무 많은 시간을 보낸 나머지, 상대도 나를 판단하고 있다고 생각하기 시작한다. 이런 생각이 사고 편향 중 어떤 것에 속하는지 기억하는가?

우리를 서로에게서 멀어지게 하는 모든 생각과 감정에도 불구하고 인간관계는 회복력을 위해 우리 안에 내재된 메커니즘이다. 우리가 힘들어할 때 인간과의 관계는 도움이 된다. 양질의, 안전한 연결 장치로서 기능한다. 그러한 관계를 가족이나 친구에게서 찾을 수 없다면, 전문가들은 당신이 인생에서 새롭고 의미 있는 관계를 찾고 만들어갈 수 있을 때까지 도움을 줄 수 있다.

- 우리의 정신 건강을 지키는 수비수는 건강한 정신의 기초를 마련해 준다. 우리가 그것을 매일 잘 키워나가면 훗날 이자를 붙여 돌려준다.

- 오늘 한 가지 일을 한다고 하면, 운동을 선택하라. 즐길 수 있는 것으로 시작하면 계속하게 될 가능성이 높아진다.

- 수면과 정신 건강은 서로 영향을 미치는 관계이다. 수면을 우선순위로 정하면 정신 건강에 도움이 되며, 하루 일과에 변화를 주면 수면에 영향이 있을 것이다.

- 뇌에 어떤 영양을 공급하는지가 감정에 영향을 미친다. 전통적인 지중해식, 일본식 및 노르웨이식 식단은 정신 건강에 도움이 된다.

- 인간관계는 스트레스 회복력을 위한 강력한 도구이다. 당신이 맺는 관계가 당신의 몸과 마음을 바꾼다.

2부

동기부여에
관하여

동기부여란
무엇인가

우리가 삶을 꾸려나가는 데 도움이 되는 기술로 심리적 도구를 비축하다 보면, 동기부여가 그러한 도구 중 하나라고 생각하기 쉽다. 그러나 동기부여는 기술이 아니다. 그렇다고 우리가 태어날 때부터 가지고 있거나 가지고 있지 않은, 정해진 성격 특성도 아니다.

우리 중 대다수는 스스로 무엇을 해야 하는지 정확히 알고 있지만 단지 지금 당장 하고 싶어 하지 않을 뿐이다. 그리고 나중이 오면 그때에도 하고 싶어 하지 않는다. 때때로 우리는 어떤 목표에 열광할 수 있고, 일은 올바른 방향으로 움직이기 시작한다. 하지만 며칠 뒤 그 감정은 다시 사라지고 우리는 원점으로 돌아간다.

오르락내리락하는 동기부여는 시스템상의 결함이 아니다. 그것은 인간 본질의 일부이다. 우리의 감정과 마찬가지로 자유롭게 오가는 감각이기 때문에 항상 그것에 의존할 수는 없다. 하지만 동기부여가 우리의 꿈과 목표와 관련해 의미하는 바는 무엇인가?

우리 뇌는 몸에서 일어나는 일에 끊임없이 주의를 기울이고 있다. 심장박동수, 호흡, 근육에 어떤 일이 일어나는지 알고 있으며, 수신한 정보에 반응하여 눈앞에 주어진 일에 얼마나 많은 에너지를 소비해야 하는지를 판단한다. 이는 우리가 생각하는 것보다 감정에 더 많은 영향을 미친다는 것을 의미한다. 우리가 몸으로 하는 일에 변화를 주기 시작하면 그것은 뇌의 활동에 영향을 미치고, 결과적으로 몸에서 생성되는 감정에도 영향을 미친다. 우리는 이 점을 유리하게 이용할 수 있다.

우리가 '굳이 하고 싶지 않은' 기분을 처리할 때는 두 가지 주요 공격 포인트가 있다.

- 동기부여가 되고 에너지가 넘치는 느낌을 더 자주 느끼기 위해 그러한 감정을 키우는 법 배우기.
- 동기가 없을 때에도 최선의 이익에 따라 행동하는 법 배

우기. 완전히 내키지 않더라도 해야 할 일을 할 수 있는 능력 기르기.

미루기 또는 쾌감 상실

나는 여기서 미루기procrastination와 쾌감 상실anhedonia을 구별하고자 한다. 미루기는 모든 사람이 한다. 우리는 해야 할 일이 스트레스 반응을 유발하거나 극도로 싫어하는 감정이 들게 할 때 그 일을 미룬다. 나는 소셜미디어를 위한 수백 개의 교육용 영상을 제작한 경력이 있지만, 불편한 마음이 들거나 완전히 이해하기 어렵다는 생각이 드는 영상을 만들어야 한다면, 하루 종일 그 영상 만드는 일만 이리저리 피해 다른 일들을 하면서 생산적인 시간을 보내고 있다고 스스로를 설득하고 있을 것이다. 하지만 보통 그런 경우의 나는 미루고 있는 것이다. 그 날 그 특정 영상을 만드는 것이 어렵고 불편하게 느껴지기 때문이다.

쾌감 상실은 뭔가 다르다. 이것은 우리가 즐기던 것에 대한 즐거움을 잃을 때 나타나는 현상이다. 쾌감 상실은 우울증을 비롯한 여러 정신 건강 문제와 관련이 있다. 그런 식의 느낌이 들게 되면, 어떤 대상이 노력할 가치가 있는지에 대해 의심하기 시작한다. 한때 즐거움을 주던 일들이 무의미해지기 시작하는 것이다. 더 이상 하고자 하는 의욕이 없기 때문에 기분을 좋게 해줄 가능성이 있는 것들을 그만둔다.

자신에게 중요하거나 잠재적으로 의미 있는 것을 피하기 시작할 때 나타나는 자연스러운 반응은 다시 그렇게 느끼게 될 때까지 기다리는 것이다. 우리는 힘이 나거나 동기부여가 되거나 준비가 될 때까지 기다린다. 문제는 그 감정이 저절로 돌아오는 것이 아니라 행동을 통해 이끌어내야 하는 것이란 사실이다. 아무것도 하지 않음은 무기력함과 '굳이 하고 싶지 않은' 기분을 악화시킨다. 동기부여는 행동을 함으로써 얻게 되는 훌륭한 부산물이다. 이것은 운동을 하러 갈 때가 아니라 하고 나왔을 때 느끼는 뿌듯한 기분이다. 무언가를 시작하고 두뇌와 몸이 도전에 직면하기 시작했을 때 얻을 수 있는 에너지이자 추진력이다. 하지만 가끔 그 감정이 덧없을 때가 있다. 어떤 때는 훨씬 더 오래 지속되기도 한다. 그것은 대부분의 경우 그것을 키우거나 짓누르기 위해 노력하는 다른 모든 요인에 달려 있다.

따라서 우리는 무언가를 시작하면, 심드렁한 기분이 '하고 싶지 않은데'라고 말할 때에도, 생물학적·감정적 변화를 일으킬 수 있다. 음악을 틀거나 운동을 한 차례 한다고 해서 모든 문제가 해결되거나 인생이 바뀌는 것은 아니다. 하지만 그것은 우리의 방향을 바꿔주는 일련의 사건이 일어나도록 시동을 건다. 하고 싶은 일을 하기 시작하면 즐거움이나 동기부여를 불러일으키는 방식으로 두뇌를 자극할 가능성이 더 커진다.

　우울증을 앓고 있고, 그 일환으로 겪게 된 쾌감 상실로 힘들어하고 있는 사람의 경우 어떤 활동을 하는 것에 대한 즐거움과 참여하고자 하는 동기를 되찾는 데까지 시간이 걸리며, 오랫동안 기복이 클 수 있다. 예전에 느꼈던 즐거움을 다시 느끼기 위해 마음이 내키지 않더라도 우리에게 의미가 있는 일들을 하면서 열심히 노력해야 하는 시기가 있다.

6장 요약

- 동기부여는 타고나는 것이 아니다.
- 에너지가 넘치고 무언가를 하고 싶다는 느낌이 항상 그 자리에 있어줄 것이라고 보장할 수는 없다.
- 동기부여에 숙달된다는 것은 마음 한구석에서 하기 싫다고 느낄 때에도 자신에게 가장 중요한 일을 할 수 있는 능력을 키우는 것이다.
- 미루기란 종종 스트레스나 불편함을 피하는 것이다.
- 쾌감 상실은 우리가 예전에 즐겼던 활동에서 더 이상 즐거움을 얻지 못하는 것을 의미한다. 이것은 종종 우울감, 우울증과 관련이 있다.
- 스스로에게 의미가 있고 건강에 도움이 될 수 있는 일이 있다면, 하고 싶은 마음이 들 때까지 기다리지 말고 일단 하라.

7장

동기부여
하는 법

동기부여는 단순히 무언가를 하는 이유 그 이상이다. 대화에서 이 단어는 종종 다른 감정과 마찬가지로 언제든 변할 수 있는 열정이나 추진력의 의미로 사용된다. 어떤 것들은 그 감정을 부추기고, 어떤 것들은 사그라들게 한다. 동기부여가 되는 느낌이 들게 하고 에너지가 넘치게 하는 일은 무엇인가?

과학은 대부분의 사람들에게 효과가 있는 것들에 대해 알려준다. 하지만 호기심을 가지고 자신의 삶을 들여다봄으로써 얻을 수 있는 세세한 것들은 중요한 가치를 더해준다. 모르는 것은 바꿀 수 없다. 그러므로 우리가 해결하고자 하는 대상을 관찰하고 기록하는 데 시간을 보내는 일은 매우 중요하며 동기부여의 느낌을 더 자주 느낄 최상의 기회를 선사한다.

다음은 그러한 느낌을 불러일으키는 몇 가지 방법이다.

몸 움직이기

동기부여는 뇌의 특정 위치에서 발생하는 것이 아니다. 우리 성격 중 바뀌지 않는 부분도 아니다. 또한 우리가 스스로를 움직이게 만드는 데 사용하는 필수 도구도 아니다. 이것은 대부분 움직임의 결과이다.

하지만 운동할 의욕이 없다면? 운동을 일상에서 지속 가능한 부분으로 만드는 열쇠는 동기부여가 낮을 때에도 시작할 수 있는 움직임의 형태를 찾는 것이다. 연구 결과에 따르면 적은 양의 운동이라도 안 하는 것보다 낫고, 평소 움직이는 것보다 운동량이 많으면 의지를 높이는 데 도움이 된다(바톤Barton과 프레티Pretty, 2010). 편하게 할 수 있는 것을 찾아보자. 스스로에게 즐거움을 가져다주는 것, 끝내야 하는 그렇고 그런 지루한 일이 아닌 소중한 시간을 보내는 것처럼 느껴지는 것을 찾아보자. 친구와 좋은 음악, 그리고 다가오는 것을 두려워하는 대신 기다려지도록 도와주는 모든 것을 추가해 보자.

우리 일상에 어떤 형태로든 운동을 추가하면 동기부여를 느끼는 것으로 보답받을 것이다. 운동은 하기 싫을 것이기 때문에 충동과 반대로 행동하는 전략을 사용해야 할 수도 있다. 그러나 이 간단한 행동이 하루 종일 '굳이 하고 싶지 않은' 기분에 미칠 영향은 비교할 수 없을 만큼 놀랍다. 이 한 가지를 해내면 이길 준비를 끝낸 셈이다.

목표를 놓지 않기

상담 치료를 진행하면서 우리는 종종 내담자들과 목표를 정하고 그것을 어떻게 성취할 것인지를 알아내도록 돕는다. 하지만 진짜 문제는 일이 궤도를 벗어날 때 발생한다. 도움을 받고 있지 않은 이들은 포기할 가능성이 큰 지점이다. 그러나 우리는 미래를 탄탄히 하기 위해 그러한 난관을 역으로 잘 이용해 일을 시작해야 한다. 실패의 원인을 잘 파악하고 다시 정상궤도로 복귀하는 것이 과정의 일부일 뿐임을 잘 이해할 수 있다면, 언제 이런 일이 다시 발생할 수 있는지 예측하고 미래에는 이러한 문제를 잘 피해갈 수 있는 좋은 위치에 있는 것이다.

나를 찾아오는 내담자들 중 몇몇은 상담을 하고 나면 훨씬 더 동기부여를 느낀다고 이야기하는데, 그 이유 중 하나는 그들이 목표를 되찾는 데 시간을 보냈기 때문이라고 생각한다. 우리가 목표로 두고 있는 일이 마음속에서 흐릿해졌다면 추진력을 빨리 잃을 수 있다.

기분을 나아지게 하기 위해서 노력 중이든 행복의 다른 측면을 개선하고자 애쓰고 있든지 간에, 자신의 목표와 연결되어 있는 것이 무엇보다 중요하다. 목표는 지속적인 성장을 요구할 것이기 때문이다. 매일 목표를 되새겨라. 일기 쓰기를 통해 이를 실현할 수 있다. 시간을 많이 들여야 하는 작업일 필요는 없다. 하루를 시작하는 1분 동안 그날 목표를 위해 하고자 하는 일을 한두 가지 적어보는 것이다. 그런 뒤 하루를 마무리할 때쯤 그날 경험한 것을 돌아보며 몇 줄 정도를 적어보자. 이와 같은 일과는 시간이 많이 소요되지 않기(길어야 2~3분) 때문에 유지하기가 쉽다. 하지만 매일 자신에게 책임을 지고 목표에 집중할 수 있도록 해준다.

작은 것부터 시작하기

거창한 일은 예의 '굳이 하고 싶지 않은' 기분을 불러일으키기 때문에, 목표를 작게 설정하고 그것에 집중하는 것이 좋다. 사람들은 심리치료로 삶을 변화시키지만, 변화는 하루아침에 일어나지 않는다. 그들은 문제가 다 해결된 채 완전히 새로운 마음가짐으로 두 번째 치료에 오는 게 아니다. 각자 한 번에 하나의 과제를 가지고 돌아가고 그것에 집중한다. 우리는 한 번에 한 가지에만 집중할 수 있으며, 하기 싫은 일을 하는 능력은 제한되어 있다.

하지만 우리는 대부분 이 법칙을 지키지 않는다. 우리는 삶에 정비가 필요하다는 사실을 알고 한 번에 큰 변화를 시도한다. 우리는 우리 자신에게 너무 많은 것을 기대하다가 지쳐 나가떨어지거나 포기하게 되면 절망에 빠진다. 이런 경우 다시 시도할 가능성은 적다.

장기 목표에 대한 동기부여가 떨어질 때는 작은 보상을 받는 것이 도움이 된다. 외적 보상이라기보다는 내적 보상이다. 내가 해온 노력을 자랑스러워하며 올바른 방향으로 나아가고 있으므로 그만한 가치가 있음을 인정할 때 내가 나에게 건네는 감정의 토닥거림. 이것을 통해 우리가 마주하고 싶은 변화를 향해 가고 있음을 알고 다시 노력할 힘을 얻는다.

그 과정에서 앞으로 나아가고 있음과 작은 승리를 인정할 때, 우리는 우리의 노력이 세상에 영향을 줄 수 있음을 인식하기 시작한다. 이런 식으로 우리 자신에게 힘이 있다고 느끼는 것은 우리가 계속 노력할 수 있는 원동력을 제공한다. 이는 작은 것부터 시작하고 새로운 습관을 키워가면서, 각각의 습관이 견고하게 자리 잡아가는지 확인해야 할 좋은 이유이다. 건강한 행동을 우선순위에 두는 습관을 유지한다면, 그것이 우리를 지탱할 것이다.

유혹에 저항하기

때때로 우리는 행동을 취하는 데 도움이 되도록 동기부여를 하려고 한다. 그러나 변화는 우리를 목표한 바와 반대 방향으로 이끄는 유혹과 충동에 저항하는 의지력을 요구하기도 한다.

내가 서너 살 때쯤 할아버지 댁에 놀러갔을 때 정원에서 작은 제초기를 사용하고 있는 할아버지를 보았다. 뭔가가 제대로 작동하지 않는지 할아버지는 기계를 거꾸로 뒤집고 칼날 사이에 낀 풀 조각을 빼내기 시작했다. 할아버지는 나를 돌아보고는 말씀하셨다. "이 빨간 버튼은 절대로 누르지 마라."

나는 빨간 버튼이 달린 제초기 옆 잔디에 앉아 그 버튼을 뚫어지게 쳐다봤다. 누르지 마시오. 누르지 마시오. 눌렀을 때 딸깍하고 만족스러운 소리가 나는 버튼인지 궁금했다. 누르지 마시오. 버튼의 윗부분은 정말이지 매끈해 보였다. 누르지 마시오. 자석에 끌리듯, 나는 손을 뻗어 빨간 버튼을 눌렀다. 제초기는 칼날이 움직이기 시작하자 즉시 큰 소리를 내며 작동했다. 운이 좋게도 손가락을 잃지는 않았지만, 그날 나는 이전에 들어보지 못한 욕설을 새로이 배웠다.

하지 말아야 할 일에 집중하는 것은 도움이 되지 않는 전략으로 판명되었다. 그렇다면 긍정적인 변화가 우리가 유혹에 저항하도록 요구할 때, 도움이 되는 것은 무엇일까? 가장 주요한 요인 중 하나는 스트레스 관리이다. 자기 절제의 생리生理는 스트레스 지수가 낮고 심박 변이도heart-rate variability, HRV가 높을 때 최적이다. 심박 변이도는 각 심장박동 사이의 시간 변동을 측정한 것이다. 즉 이것은 하루 중 심박수가 얼마나 변하는지 알려준다. 아침에 침대에서 일어날 때나 버스를 향해 달려갈 때 심장이 빨리 뛰는 것을 느낄 수 있을 것이다. 빨라진 심장박동은 다시 서서히 느려지며 제자리를 찾는다. 이는 우리 몸이 필요할 때 행동할 준비를 취하고 난 뒤 스스로 진정하는 과정을 거쳐 휴식을 취하고 회복한다는 뜻이다. 그러나 스트레스를 많이 받으면 심박수가 하루 종일 높게 유지될 수 있다(감소된 심박 변이도).

유혹을 억누르고 의지력을 극대화하려면 몸과 마음을 진정시키는 능력이 필요하다. 스트레스를 높이는 일은 미래를 위해 현명한 선택을 하는 능력에 부정적인 영향을 미친다. 스트레스는 지금 당장의 기분에 따라 행동하도록 부추기고 우리가 목표를 향해 가는 길을 방해할 가능성을 높인다. 따라서 수면 부족, 우울감, 불안을 겪고 있거나 잘 먹지 않는 경우, 목표를 유지할 가능성과 함께 심박 변이도 또한 낮아진다. 금연을 하거나 건강에 해로운 음식을 끊거나 더 건강한 방법으로 감정을 조절하고자 할 때 스트레스를 완화하고 의지력을 키우려면, 운동이 최고의 선택이다. 운동은 즉각적인 효과와 장기적인 영향을 모두 가지고 있다(오튼Oaten과 쳉Cheng, 2006. 렌스버그Rensburg 등, 2009).

따라서 어떤 변화를 시도하든, 활동 수준을 조금이라도 높이는 것이 그러한 변화를 지속하기 위한 의지력을 강화하는 좋은 방법이다(맥고니걸, 2012).

스트레스를 관리하고 현명한 결정을 내리는 데 주요한 또 다른 요인은 수면이다. 하룻밤만 제대로 잠을 자지 못해도 다음 날 스트레스 증가와 집중력 저하, 우울감을 겪게 된다. 자기 절제는 에너지를 필요로 하는 일이며 충분한 수면을 취하지 않으면 뇌가 그 에너지를 제대로 활용할 수 없게 되고 높은 스트레스 반응에 더 취약해져서 행동을 통제할 수 있는 능력을 약화시킨다.

실패와 친해지기

의욕을 단번에 꺾어버리는 것은 실패를 예상하는 일이다. 그러나 그것은 우리가 실패와 어떤 관계를 맺고 있는지에 달려 있다. 길을 잘못 들어서고 궤도에서 벗어났을 때 지독한 자기 공격과 가차 없는 자기비판을 한다면, 수치심과 패배감을 느낄 가능성이 높다. 실패를 무가치하다고 여긴다면, 새로운 일을 시작하는 일이 극도의 부담감으로 다가오고 미루려는 마음이 중앙에서 앞장서게 될 것이다. 우리는 어떤 일을 시작도 하기 전에 그 과정을 방해함으로써 수치심이라는 심리적 위협으로부터 자신을 보호한다.

수치심은 생각만큼 동기부여에 도움이 되지 않는다. 자기비판과 수치심에 사로잡히면, 스스로 부족하고 결함이 있으며 열등하다고 느끼게 된다. 그런 마음이 들면 숨고 싶고 작아지고 싶고 사라지고 싶어진다. 툭툭 털고 다시 시도하기보다는 도망가거나 회피하고 싶은 충동이 든다. 너무 고통스러운 나머지 그러한 감정을 차단하고 싶은 강한 충동이 생기는데, 이는 중독을 안고 사는 사람이라면 누구에게나 위험한 일이다. 따라서 우리가 무언가를 지속하고 계속 시도하려는 의욕을 느끼려면 그 과정에서 할 수 있는 실패에 어떻게 대응할지 신중하게 생각해야 한다.

만약 심리치료에 거부감이 있다면, 그것은 자기 연민을 갖는 것에 대한 개념을 탐구할 때이다. 사람들은 "난 의욕을 잃고 게을러질 거야", "나는 절대 아무것도 해내지 못할 거야", "이렇게나 자신을 그냥 내버려둘 수는 없어"와 같은 말을 하곤 한다. 대부분의 사람들을 자기비판이 동기부여보다 우울증의 심화로 이어질 가능성이 높다는 사실을 알게 되면 충격과 놀라움을 금치 못한다(길버트Gilbert 등, 2010). 반면에 실패 후에 친절, 존중, 정직, 격려로 자신을 대하는 자기 연민은 동기부여를 높이고 더 나은 결과를 가져올 수 있다(월Wohl 등, 2010).

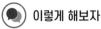 **이렇게 해보자**

자기비판과 그것이 실패에 대한 두려움 및 동기부여에 미치는 영향을 인식하지 못한다면 그것을 바꾸기는 훨씬 더 어렵다. 다음의 질문을 통해 좌절 후 자신과 대화하는 방식에 대해 생각해 보라.

- 실패했을 때, 어떤 식으로 자기비판을 하는가?
- 거기에는 어떤 감정들이 동반되는가?
- 실패가 자신의 부족함이나 인간으로서의 무능함을 드러낸다고 생각하는가?
- 그와 관련해 수치심이나 절망감을 느끼는가?
- 자기비판 뒤에는 어떤 대처 전략이 뒤따르는가?
- 그것이 원래 목표에 어떤 영향을 미치는가?
- 무언가에 실패했을 때 누군가가 친절과 격려로 대해준 때를 떠올려보라. 어떤 기분이 들었는가? 그것은 당신이 다시 시도하고 성공하는 데 어떤 식으로 도움이 되었는가?

 도구 상자
**정상궤도로 돌아올 수 있도록 연민과 책임감을 가지고
실패에 대응하는 방법**

최근에 겪은 실패나 좌절에 대한 기억을 떠올려보라. 그런

다음, 다음의 연습 과제를 수행해 보자.

1. 그 기억이 어떤 감정을 불러일으키는지, 그리고 몸의 어느 부분에서 그 감정이 느껴지는지 알아차리자.
2. 자기비판은 어떻게 들렸는가? 어떤 단어와 구절이 떠올랐으며, 그것이 당신의 기분에 어떤 영향을 미쳤는가?
3. 그때 그 감정에 어떻게 반응했는가?
4. 사랑하거나 존경하는 사람을 떠올려라. 그들이 같은 실패를 겪었다면, 당신은 그들에게 어떤 식으로 다르게 대했을지 생각해 보라. 그들에게는 왜 존중하는 마음을 표현하는 걸까?
5. 다시 정상궤도에 진입하도록 하기 위해 그들이 실패를 어떻게 받아들이기를 원하는가?

- 동기부여의 느낌을 통제할 수는 없지만, 다음은 동기부여를 더 자주 느낄 수 있는 가능성을 높이기 위해 할 수 있는 일이다.
- 신체의 움직임은 동기부여의 느낌을 키워준다. 운동량이 적더라도 아예 안 하는 것보다 낫고 추진력을 기르는 데 도움이 될 수 있다.
- 목표와 늘 연결되어 있는 것은 동기부여가 커지는 순간을 계속 유발하는 데 도움이 된다.
- 작고 일관된 행동이 일회성의 커다란 제스처를 능가한다.
- 스트레스가 많은 상황 사이에 휴식하고 재충전하는 법을 배우는 일은 의지력을 최대화하는 데 도움이 된다.
- 수치심은 생각만큼 동기부여에 도움이 되지 않는다. 실패와의 관계를 재정비하는 것이 동기부여에 도움이 될 것이다.

8장

하기 싫은 일을
하는 법

아무리 스트레스를 줄이고 동기부여를 열심히 한다고 해도 그것은 한순간 머물다 지나가는 것일 수 있다. 왔다가 가고는 한다. 그래서 우리는 그런 감정이 항상 존재할 것이라고 기대할 수 없다. 그리고 우리가 절대 하고 싶지 않은 일들은 늘 있다. 세금 환급, 보험 갱신, 쓰레기 버리기 등. 우리 안의 목소리가 하기 싫다고 외치는 순간에도 이런 일들을 해내려면 어떻게 해야 할까?

감정은 종종 충동을 동반한다. 그러한 충동은 우리가 느끼는 불편함을 덜어주거나 기대하는 보상을 얻기 위해 이것저것 시도해 보라고 제안하거나 슬쩍 권유하거나 설득한다. 이 충동이 강력할 수 있지만, 우리는 그것이 시키는 대로 할 필요는 없다.

반대 행동

어린 시절 나는 자매들과 폴로 민트 사탕 한 봉지를 나누어 먹으면서 누가 사탕을 깨물지 않고 오래 버틸 수 있는지 겨루곤 했다. 생각보다 훨씬 어려운 도전이었다. 그때 사탕을 깨물어 먹고 싶은 충동은 거의 부정할 수 없는 것처럼 느껴졌다. 사탕을 깨물지 않고 버티는 일은 엄청난 집중력을 필요로 했다. 집중하지 못하고 방심하는 순간 뇌가 자동조종장치를 대신해 민트 사탕을 역사 속으로 사라지게 했다.

그 게임을 해보면, 나의 의식이 내가 하는 경험에 집중하고 있음을 알 수 있다. 충동이 들 때의 감각을 관찰하게 된다. 그리고 충동과 행동 사이에 틈을 만든다. 단순히 주의를 기울임으로써, 충동을 따라갈 것인지 저항할 것인지를 선택할 수 있다. 그것이 민트 사탕을 깨물지 않고 참는 일처럼 간단할 경우, 우리에게 필요한 것은 그 미션을 계속 해낼 수 있도록 약간의 경쟁심을 유발하는 형제자매이다. 강렬한 감정 상태를 동반하는, 몸에 깊이 밴 행동양식에 대한 훨씬 더 강한 충동에 맞서고자 할 때, 도전은 훨씬 더 어렵다.

충동에 반대하여 행동하는 기술, 가고자 하는 방향에 더 부합하는 행동을 선택하는 기술은 심리치료에서 배우는 핵심기술이다(리네한Linehan, 1993). 반대 행동 기술opposite action skill은 의도적으로 감정이 지시하는 것과 반대되는 행동을 시도하는 것이다. 이 기술은 자신이 갖고 있는 대처전략이 스스로에게 해가 될 수 있는 경우에 특히 유용하다.

마음 챙김은 이 기술의 핵심 요소이다. 우리의 경험과 그에 수반되는 생각과 감정, 충동에 주의를 기울이면 충분히 생각할 시간을 들여 정보를 바탕으로, 때로는 미리 계획한 것에 따라 다음에 할 일에 대한 결정을 내리게 된다. 이는 우리가 감정보다는 가치관에 따라 행동할 수 있음을 의미한다.

고통의 극한점

동기부여를 위한 가장 좋은 전략은 동기를 방정식에서 빼는 것이다. 기분이 좋든 싫든 우리가 매일 하는 일들이 있다. 예를 들어, 아침에 이를 닦는 것은 이를 닦을 동기가 있는지 스스로에게 묻지 않고 그냥 하는 것이다. 더 이상 생각할 필요가 없을 정도로 잘 실행되는 습관이다. 그냥 하는 일. 그렇게 하는 이유는 그것이 살아오면서 타협할 수 없는 일상의 일부였기 때문이다.

우리 두뇌가 정글이라고 상상해 보라. 뇌는 우리가 취하는 모든 행동에 대해 서로 다른 영역 사이를 연결하거나 경로를 만들어야 한다. 오랜 기간에 걸쳐 어떤 행동을 규칙적으로 반복하면(예: 이 닦기), 이 길이 잘 다져지고 자리를 잡는다. 그 넓고 매끄러운 길은 더 쉽게 접근할 수 있게 되어 의식적으로 너무 많이 생각할 필요 없이 두뇌가 해당 작업의 많은 부분을 수행할 수 있다.

그러나 새로운 일을 시작할 때는 때로 처음부터 새로운 길을 개척해야 한다. 그렇게 하는 데에는 엄청난 양의 의식적인 노력이 필요하다. 그리고 그 길을 자주 이용하지 않는다면, 항상 새로이 노력을 들여야 할 것이다. 스트레스를 받을 때마다 뇌는 자동적으로 가장 쉬운 경로, 즉 잘 길들여진 길을 선택한다. 하지만 가능한 한 자주, 충분한 시간을 들여 새로운 행동을 반복할 수 있다면, 새로운 습관은 형성되고, 가장 필요한 순간 사용하기 쉬워진다.

다음은 새로운 습관을 만드는 방법에 대한 몇 가지 조언이다.

- 습관으로 만들 새로운 행동은 가능한 한 쉬운 것으로 정하라. 특히 하고 싶지 않은 순간에도 쉽게 할 수 있는 것이어야 한다.
- 행동의 새로운 변화를 지지해 줄 방식으로 주변 환경을 마련하라. 변화 초기에는 습관에 의지할 수 없다.

- 명확한 계획을 세우고 필요한 경우 미리 알람을 설정하라.
- 단기적 보상과 장기적 보상을 잘 섞어서 활용하라. 외적 보상보다 내적 보상이 더 효과적이다. 따라서 트로피보다는 우리가 올바른 방향으로 가고 있다는 내적인 칭찬과 인정이 더 필요하다.
- 왜 이러한 변화를 주고 있으며 그것이 왜 자신에게 중요한지 명확하게 파악하라. 이를 위해 이 책에 실어둔 가치관 연습 문제를 참고할 수 있다(336쪽 참조). 이 변화를 자기 정체성의 일부로 설정하라. 이것이 바로 새로운 습관을 만드는 방법이다.

장기적으로 지속하는 방법

심리학 연구는 수년에 걸쳐 성공은 전적으로 타고난 재능에 달려 있다는 주장에 도전해 왔으며(덕워스Duckworth 등, 2007) 근성, 특히 인내심이 성공을 이끌어내는 능력에 필수적인 역할을 한다는 사실을 보여주었다(크레드Crede 등, 2017). 하지만 어떻게 하면 좌절 속에서도 인내할 수 있는 체력을 얻을 수 있을까?

많은 사람들이 어렵게 깨닫는 사실은 인내의 의미가 지칠 때까지 계속 앞만 보고 나아가는 것이 아니라는 것이다. 장기적인 목표를 위해 노력하고 유지하고 싶은 변화를 만들어가려면 노력을 하면서 얻는 스트레스를 휴식으로 상쇄하면서 균형을 맞추는 법을 배워야 한다. 우리는 항상 일하고 있거나 늘 활기차고 생기 있다고 느낄 필요는 없다. 몸의 소리에 귀를 기울이고 노력하는 삶에서 한발 물러나 다시 한 번 앞으로 나아갈 준비를 해야 한다.

우수한 운동선수들이 훈련 사이에 낮잠을 자고 직업 가수들이 며칠 동안 말을 하지 않으면서 성대를 쉬게 해주는 것처럼, 어떤 일이든 인내하면서 장기적으로 해나가려면 규칙적인 휴식과 재충전의 시간을 갖는 것이 중요하다는 사실을 인식해야 한다.

하지만 모든 휴식 시간이 같지는 않다. 대부분의 날들은 격렬한 업무와 노력 사이에 존재하는 조용하고 때로는 지루한 순간으로 마무리된다. 그러나 우리가 그 사잇시간을 이메일을 정리하거나 소셜미디어 세계 안에서 배회하거나 할 일 몇 가지를 끝내는 데 써버린다면, 우리의 몸과 두뇌는 재충전을 위한 휴식 상태로 돌아가지 못할 것이다. 그러니 다음에는 회의 사이에 비는 15분을 채우기 위해 휴대전화로 손을 뻗는 대신, 바깥으로 나가 신선한 공기를 마시거나 잠시 눈을 감고 쉴 수 있는 공간을 찾아보는 것은 어떨까?

큰 목표를 이루기 위해 노력하는 과정에서 작은 보상을 활용할 필요가 있다. 큰 과제를 여러 개의 작은 과업으로 나누고 각각의 단계에 도달한 것에 대해 스스로에게 보상할 때, 그 과정에서 일어나는 도파민 작용은 우리에게 긍정적인 영향을 미친다. 도파민은 보람을 느끼는 약간의 '짜릿함'을 줄 뿐만 아니라 다음 단계를 미리 내다보게 하고 계속 앞으로 나아가도록 동기를 부여한다. 그것은 우리가 도전에 직면하여 목표를 성취했을 때 어떤 느낌일지 상상할 수 있게 해주며, 욕망과 열정을 유발한다(리버먼Lieberman과 롱Long, 2019). 따라서 그 길을 따라 작은 보상을 쌓는 것은 최종 목표를 향한 열망에 다시 불을 지피고 인내심을 재충전하는 데 도움을 준다.

지금까지보다 멀리 달리기 위해 노력하고 있다고 가정해 보자. 피곤함이 느껴지기 시작하면, 이 길의 끝에 다다르게 될 것이라고 스스로에게 말해 준다. 목표에 다다르면, 그것을 성취한 자신에게 정신적 격려를 보낸다. 우리는 이를 우리가 올바른 길을 가고 있다는 신호로 받아들인다. 스스로에게 주는 이러한 내적 보상은 우리 안에 도파민이 방출되게 한다. 또 포기하게 만드는 노르아드레날린을 억제한다. 결과적으로 우리는 조금 더 오래 지속할 수 있는 추가적인 힘을 얻게 된다. 이것은 긍정적 자기 대화와는 다르다. 작고 구체적인 목표에 집중하고 그것을 달성한다는 것은 우리가 궁극적 목표를 향해 나아가고 있음을 의미한다(후버만Huberman, 2021).

따라서 앞에 놓인 일이 넘어야 할 산처럼 느껴질 때, 산의 정상을 올려다보지 말라. 집중하는 시야를 좁히고 다음 능선으로 가기 위해 도전하라. 그곳에 도착하면 스스로 잘 가고 있다는 기분을 온전히 느끼게 된다. 그러면 가던 길을 다시 가는 것이다.

감사하기

감사하는 연습은 지속적인 노력이 필요한 장기 목표 달성을 위한 강력한 도구가 될 수 있다. 감사하는 마음으로 주의를 돌리면 계속 들여야 할 노력을 지속할 수 있는 능력을 재정비하고 회복하게 하는 내적 보상을 스스로 만들어낸다. 간단히 표현을 바꾸는 것만으로 우리가 감사하는 마음을 상기하는 데 도움이 될 수 있다. 예를 들어 '나는 …를 해야 한다'를 '나는 …를 할 수 있게 되었다'로 바꾸어보자.

앞서 언급했듯이 펜과 종이를 들고 앉아 매일 감사하다고 느낀 것들을 적어봄으로써 보다 일정한 형식을 갖춰 감사하는 연습을 할 수 있다. 그렇게 할 때, 우리는 감정 상태를 바꾸는 방식을 통해 의도적으로 주의를 돌리게 된다. 그러나 우리가 얻는 것은 감정에 대한 즉각적인 영향만이 아니다. 정기적으로 감사하는 연습을 하면서 우리는 행동을 반복한다. 앞서 설명한 것처럼, 행동을 반복하면 할수록 뇌는 앞으로 더 적은 노력으로도 그 행동을 하기 쉬워진다. 마음 근육과 마찬가지로, 매일 반복하는 것은 미래에 필요한 경우 도움이 되는 방식으로 생각하는 일을 훨씬 수월하게 해준다.

미리 계획하기

심리치료에서는 종종 내담자들과 위기 계획을 세운다. 위기 계획은 때로 생사가 달린 중대한 상황에 처했을 때 안전을 유지하는 일에 관한 것이다. 다른 경우에는 중독 재발을 방지하거나 포기하기 쉬운 시기에 목표에서 벗어나는 일을 막기 위한 것이기도 하다. 미리 계획을 세우면 그 계획을 잘 따라갈 가능성을 높일 수 있다. 자신이 만들어내고자 하는 변화를 미리 내다보자. 궤도를 벗어나게 할 만한 모든 잠재적 장애물을 적어보자. 장애물로 인해 목표를 이탈하거나 포기하는 것을 방지할 방법에 대한 행동 계획을 장애 요소별로 각각 세워보자. 자신의 가치와 목표에 따라 행동하는 것이 가능한 한 수월할 수 있도록 상황을 미리 설계해 두고, 감정적 충동에 이끌려 목표 달성을 방해하는 일은 가능한 한 행동으로 옮기기 어렵게 만들어둔다. 예를 들어, 매일 제시간에 일어나고 싶다면 자명종을 방 밖에 놓아두어서 일어날 수밖에 없도록 하라.

어려울 수 있는 상황을 예측할 수 있고 이에 대처할 계획이 준비되어 있다면, 자신이 취약하다고 느낄 수 있는 상황에서 즉흥적으로 판단하거나 유혹적이고 자극적인 것들과 씨름할 필요가 없을 것이다.

이게 지금의 나야!―정체성 되찾기

동기부여가 변화의 여정을 따라 오르내릴 때, 자아감과 스스로 만들고 싶은 정체성을 되찾으면 동기가 사라졌을 때에도 변화를 지속하는 데 도움이 될 수 있다. 자신을 치아 위생을 돌보는 사람으로 여긴다면 기분이 내키든 안 내키든 매일 칫솔을 집어 들게 될 것이다. 자신이 하는 일이기 때문이다.

우리의 정체성은 어린 시절에 주어진 것에 의해 완전히 고정될 필요는 없다. 우리는 우리가 하는 모든 일을 통해 일생 동안 계속해서 정체성을 새로 만들고 구축해 간다. 우리의 목표가 우리가 원하는 사람이 되고자 하는 의도에 의해 분명해진다면, 혹은 더 나아가 이것이 지금 우리의 모습이라고 받아들인다면, 동기부여가 약한 날에도 그에 맞춰 행동할 수 있다.

정체성의 방향을 잡는 법에 대한 자세한 내용은 중요한 일을 해결하는 방법을 다룬 33장을 참조하라.

도구 상자
미래의 자기 기억과 일기는 더 나은 선택을 할 가능성을 높여준다

자신의 미래를 상상하며 시간을 보내라. 미래의 우리 자신의 모습을 생생하게 그려보면, 지금 여기에서 미래에 도움이 될 선택을 하기가 더 쉬워진다(피터스Peters와 뷔첼Buchel, 2010).

미래의 한 시점에 있는 우리 자신의 모습을 그려보고 스스로 한 선택, 수락하고 거절한 것에 대해 생각해 보라. 그 선택들은 우리 삶에 어떤 영향을 미칠까? 우리가 한 선택과 행동 중 가장 자랑스러운 것은 무엇일까? 미래의 그때가 오면 우리는 무엇에 집중하고 있을까? 뒤를 돌아보면 과거의 자신에 대해 어떤 마음이 들까?

변증법적 행동치료의 장단점

변증법적 행동치료Dialectical Behaviour Therapy, DBT(경계선 성격장애Borderline Personality Disorder: BPD를 치료하기 위해 1994년 리네한이 개발한 다면적 치료 프로그램-옮긴이 주)는 격렬한 감정을 안전하게 관리할 수 있는 방법을 찾도록 돕는 심리치료법이다. 하지만 변증법적 행동치료에서 가르치는 기술들은 삶의 다양한 측면에서도 유용할 수 있는데, 그중에는 목표를 추구하려고 노력하지만 동기부여를 느끼지 못하는 날도 포함된다. 여기 그 기술 중 하나가 있다.

원하는 미래를 생각해 보는 것도 도움이 되지만, 원하지 않는 미래를 살펴보는 일 또한 도움이 된다. 심리치료를 할 때 사람들은 현상 유지를 하는 것과 변화를 위해 열심히 노력하는 것의 장단점을 자세히 탐구하면서 시간을 보낸다. 아래 표를 참고하여 직접 비교해 보라. 지금 이대로 남아 있는 경우 치르게 되는 대가의 진상에 대해 스스로에게 솔직해지는 시간을 가져보는 것이 좋다. 변화는 필연적으로 감수해야 하는 단점(노력의 과정에서 겪는 어려움과 불편함을 견뎌야 할 수도 있음)이 발생하지만, 현재의 상태를 그대로 유지함으로써 치르게 될 대가는 더 클 수 있다. 이는 우리가 긍정적인 삶의 변화를 포기하고 싶거나 궤도를 벗어나기 시작할 때 되돌아가기 위한 중요한 연습이 될 수 있다.

변화

장점	단점

현상 유지

장점	단점

이렇게 해보자

의도를 가지고 정체성을 구축하기 위해서는 약간의 생각과 의식적인 노력이 필요하다. 펜과 종이를 들고 앉아서 다음 질문에 대한 답을 적어보자. 더 나은 방법은 일기를 쓰면서 삶의 변화를 위해 노력할 때마다 자신의 반응을 계속 확인하는 것이다.

- 내가 이루고자 하는 전체적인 큰 변화는 무엇인가?
- 이 변화가 나에게 그토록 중요한 이유는 무엇인가?
- 나는 이 도전에 직면했을 때 어떤 사람이 되고 싶은가?
- 이 시기를 돌이켜볼 때 결과와 상관없이 뿌듯함을 느낄 수 있으려면 이 도전에 어떤 식으로 접근해야 할까?
- 그 과정에서 달성해야 하는 작은 목표는 무엇인가?
- 동기부여가 잘 안 되는 날에는 어떻게 하고 싶은가?
- 나는 내 몸과 내 몸이 필요로 하는 것에 귀를 기울이고 있는가?

- 동기부여가 늘 저절로 생겨날 것이라고 장담할 수는 없다.

- 충동에 반대되는 행동을 연습하여 지금 당장의 감정이 아닌 가치관에 따라 행동할 수 있다.

- 새로운 행동을 충분히 반복하면 습관이 된다.

- 큰 목표를 달성하려면 중간에 휴식과 재충전을 해주는 것이 매우 중요하다―우수한 운동선수에게 물어보라.

- 실천하는 과정에서 작은 보상을 활용하라.

9장

인생의 큰 변화,
어디서부터 시작할 것인가

때때로 인생에서 변화가 필요하다는 것을 깨닫고 그 변화가 무엇인지 정확히 아는 순간에 도달한다. 하지만 항상 그렇게 되는 것은 아니다. 우리는 종종 긴장되고 불편한 시기를 겪는다. 상황이 우리가 원하는 대로 되지 않는다는 것을 인식하기 시작하지만, 우리는 왜 그런 것인지 혹은 상황을 나아지게 하려면 어떻게 시작을 하면 될지 정확히 짚어내지 못한다.

여기서 인간의 놀라운 두뇌가 역량을 발휘한다. 3장에서 우리는 메타인지에 대해 이야기했다. 메타인지는 의식적으로 세상을 경험하는 것뿐만 아니라 우리가 경험한 것에 대해 생각하고 재평가할 수 있는 능력이다. 이는 우리가 상담 치료에 활용하는 중요한 삶의 기술이다. 또한 인생의 큰 변화가 일어나는 진원지이기도 하다. 이해할 수 없는 것은 바꿀 수도 없다.

알베르트 아인슈타인은 "문제를 푸는 데 1시간이 주어진다면, 55분은 문제에 대해 생각하고 5분은 해결책에 대해 생각할 것이다"라고 말한 바 있다. 심리치료가 치료실에 앉아서 문제에 대해 고민하는 일로 이루어진다는 일반적인 오해에 대해 들을 때마다 나는 아인슈타인의 이 말이 생각난다. 물론 문제에 대해 생각하는 것이 치료의 일환이기는 하지만, 거기에도 방법이 있다. 문제를 해결하는 가장 효과적인 방법은 문제를 완전히 이해하는 것이다.

그렇다면 우리가 큰 변화에 직면했을 때 메타인지를 어떻게 활용할 수 있을까? 인식을 쌓는 일은 뒤를 돌아보는 것에서부터 시작된다. 치료나 상담을 받고 있는 사람이라면 누구나 자신이 겪은 일에 대해 이야기하고 그것을 이해할 수 있도록 심리치료사로부터 유용한 조언을 얻을 수 있다. 자조自助적 접근 방식을 사용하는 사람들은 일기 쓰기로 시작하는 것도 좋은 방법이다. 일기는 길게 써야 한다거나 다른 사람이 봤을 때 이해할 수 있어야 한다는 부담감이 없다. 일기 쓰기의 목표는 자신의 경험과 그것에 어떻게 반응했는지를 성찰하는 능력을 키우는 것이다. 예를 들어, 시험에 떨어졌고 그 사실을 알게 된 그 순간 온갖 거친 말로 스스로를 다그치면서 자신은 결코 아무것도 되지 못할 것이라고 낙담한다고 가정해 보자. 메타인지는 그런 생각들을 돌아보고 그것이 자신의 경험에 어떤 식으로 큰 영향을 미쳤는지를 생각하는 과정을 수반한다.

메타인지의 힘은 우리 자신에 대해 책임을 지고 같은 상태를 유지하거나 변화를 만드는 데 어떤 역할을 하는지 검토할 수 있는 능력을 열어주는 것이다. 이는 겉으로 보기에는 작은 행동이 긍정적이든 부정적이든 큰 영향을 미칠 수 있음을 보여준다.

평소에 자세한 내용에 크게 관심을 기울이지 않고 얼버무리고 넘어가는 것에 익숙했다면 이런 식으로 일기를 쓰는 일이 생소하게 여겨질 수 있다. 하지만 시간이 지나면서 그러한 세세한 내용들은 나중에 경험에 대한 인식을 구축하는 데 도움이 될 수 있다. 경험에 대한 인식은 우리가 그 순간 일어나는 행동의 주기와 패턴을 발견하기 시작하면서 쌓이기 시작한다. 이때 우리는 다른 것을 선택하고 자신이 원하는 긍정적인 변화를 이끌어낼 가능성을 만들어낸다.

💬 이렇게 해보자

일기 쓰기에 대한 다음의 조언을 사용하여 해결하고자 하는 문제를 탐색하고, 그에 대한 자신의 생각에 대해 생각하는 기술을 연습하라.

- 있었던 중요한 사건에 대해 적어보자.
- 그때 어떤 생각이 들었는가?
- 그런 생각이 자신의 기분에 어떤 영향을 미쳤는가?
- 스스로 알아차린 감정에 대해 적어보자.
- 그 감정을 촉발한 것은 무엇인가?
- 어떤 충동을 느꼈는가?
- 그 감정에 어떻게 반응하였는가?
- 그렇게 반응한 것의 결과는 어떠했는가?

9장 요약

- 우리가 무엇을 어떻게 바꾸어야 하는지가 항상 명확하지는 않다.
- 이해할 수 없는 것은 바꿀 수도 없다.
- 자신의 문제를 완전히 파악하여 다음에 가야 할 방향을 더 쉽게 정할 수 있도록 하라.
- 상황이 발생한 후 그 일을 돌아보는 것에서 시작하라.
- 그 문제에 일조하거나 자신을 가둘 수도 있는 방식에 대해 스스로 솔직해질 준비를 하라.
- 심리치료는 이 과정을 통해 우리를 지원한다. 그러나 치료를 받을 수 없다면, 일기 쓰기가 좋은 출발점이 될 수 있다.

3부

감정적 고통에
관하여

10장

다 사라지게
하기!

심리치료를 받으러 가면, 치료 초기에 심리치료사가 치료를 진행하는 과정에서 무엇을 원하는지 물을 것이다. 대부분의 사람들은 감정과 관련한 대답을 할 것이다. 그들은 없애고 싶은 고통스럽거나 불쾌한 감정을 갖고 있으며, 다시 느끼고 싶은 더 즐겁고 평온한 감정을 놓치고 있다. 왜 그렇지 않겠는가? 우리는 모두 그저 행복하기를 원한다. 고통스러운 감정들에 휘둘린다고 느끼며 그것들이 사라지기를 바란다.

우리는 심리치료를 통해 감정을 사라지게 하는 것이 아니라 감정과 관계를 다시 맺고, 감정을 맞이하고, 감정에 관심을 기울이고, 감정을 있는 그대로 보고, 감정에 영향을 주며 그 강도를 변화시킬 수 있는 방식으로 행동하는 법을 배운다.

감정은 우리의 적도 친구도 아니다. 감정은 우리가 과거에 들었던 것처럼 뇌의 톱니바퀴 몇 개가 잘못 정렬되어 있거나 유난히 예민한 영혼이어서 생기는 것이 아니다. 감정은 우리 주변과 우리의 몸에 일어나고 있는 일을 설명하고 의미를 부여하려는 두뇌의 시도이다. 뇌는 외부 세계에 대한 몸의 감각과 심박수, 폐, 호르몬 그리고 면역기능과 같은 신체적 기능으로부터 정보를 받는다. 그런 다음 과거에 일어난 이러한 감각의 기억을 사용하여 현재를 이해한다. 그것이 커피를 너무 많이 마셔서 생긴 심장 두근거림 증상이 공황발작으로까지 악화될 수 있는 이유이다. 두근거리는 심장, 가쁜 호흡 그리고 땀이 차는 손바닥은 전부 언젠가 슈퍼마켓에서 공황발작이 왔을 때처럼 익숙하게 느껴진다. 몸의 감각은 두려움처럼 느껴지고 뇌는 모든 상황이 좋지 않다는 메시지를 받아 위협 대응을 강화한다.

아침에 일어나서 그날 어떤 기분을 느낄지를 결정할 수 있다면 좋지 않을까? 사랑, 설렘, 기쁨을 입력해 주세요! 안타깝게도 그렇게 간단하지가 않다. 이런 생각과는 반대로 감정은 방아쇠를 당기는 과정 없이 불쑥 떠오른다. 그리고 우리는 어떤 일이 언제 일어날지 통제할 수 없다. 우리가 할 수 있는 일은 그 감정에 저항하고 감정을 차단하고 합리적이 되는 것뿐이다. 하지만 이 또한 그렇게 되지 않는다. 우리가 모든 감정을 직접적으로 유발할 수는 없지만, 우리는 그동안 믿도록 배워온 것보다 자신의 감정 상태에 훨씬 더 많은 영향을 미친다. 감정적으로 불편함이 드는 것이 우리 자신의 책임이라는 의미가 아니다. 우리가 스스로의 안녕을 책임질 수 있는 여러 방법을 배우고 새로운 감정적 경험을 쌓을 수 있음을 의미한다.

감정으로 하지 말아야 할 것

밀어내기

해변에 있다고 상상해 보자. 당신은 바다로 걸어 들어가고 물이 가슴까지 온다. 파도는 당신을 넘어가야 해안에 닿을 수 있다. 파도가 오는 것을 막아서 해안에 닿지 못하도록 하려고 애를 쓰다 보면, 그 파도가 얼마나 강력한지 알게 될 것이다. 파도는 당신을 밀어내고 당신은 파도에 빠르게 휩싸이고 압도된다. 하지만 파도와 맞서 싸울 필요가 없다. 파도는 어쨌거나 오고 있다. 그 사실을 받아들이면, 파도가 지나갈 때 고개를 수면 위로 내밀고 있는 것에 집중할 수 있다. 여전히 파도의 힘이 느껴질 것이다. 잠깐 발이 들릴지도 모른다. 하지만 당신은 파도에 몸을 맡기고 함께 움직이며 발이 바닥에 다시 닿게 할 준비를 한다.

감정을 다루는 일은 파도 한복판에 서 있는 것과 같다. 우리가 감정의 길목을 가로막고 가는 길을 멈추게 하려 하면, 발을 헛디뎌 쉽게 넘어지고 숨을 고르고 어디가 위쪽인지 알아내기 위해 애쓰면서 곤경에 처하게 된다. 감정이 우리를 덮치고 지나가도록 내버려두면, 감정은 고조되다가 정점을 찍고 내려오는 자연스러운 과정을 따른다.

사실이라고 믿기

감정은 실재하고 유효하지만, 사실은 아니다. 감정은 추측이다. 우리가 크기를 가늠하기 위해 걸쳐보는 관점이다. 감정은 우리가 필요를 충족하고 생존하기 위해 세상을 이해하려는 뇌의 시도이다. 우리가 느끼는 것이 사실에 기반을 둔 진술이 아님을 고려하면, 생각 또한 마찬가지이다. 이것이 바로 인지행동치료와 같은 치료법이 많은 사람들에게 그토록 도움이 될 수 있는 부분적인 이유이다. 인지행동치료는 생각과 감정으로부터 한 걸음 물러서서 그것의 본질—단 하나의 가능한 관점—을 보는 연습을 할 수 있도록 한다.

생각과 감정이 사실이 아님에도 우리를 괴롭히고 있음을 안다면, 그 감정이 실제로 현실을 반영하는 것인지 아니면 대안이 더 도움이 될지 확인해 보는 것이 좋다. 우리가 현재의 생각과 감정을 사실로 취급하면, 그것이 미래의 우리 생각과 행동을 결정할 수 있도록 허용하는 셈이다. 그러면 삶은 정보에 근거한 선택이 아닌 일련의 감정적 반응으로 이어지게 된다.

그렇다면 생각을 사실이라고 믿는 것을 어떻게 멈출 수 있을까? 우리는 질문을 한다. 심리치료는 우리가 우리 내면의 세계와 주변 세계에서의 경험에 대해 호기심을 갖는 연습을 하게 해준다. 사람들은 내 맞은편에 앉아서 그 주에 자신이 잘못한 일과 갖지 말았어야 하는 감정에 대해 이야기하기 시작하면서 자기비판과 자기혐오라는 오랜 습관에 발을 들여놓는다. 그러고 나면 우리는 전체를 더 넓은 시각에서 보게 된다. 그러한 행동이 우리가 세운 공식에 어떤 식으로 맞아 들어가는지 살펴본다. 자신을 공격할 필요가 없는 호기심으로 전환한다. 그렇게 함으로써 그 한 주가 좋았든 힘들었든, 우리는 배우고 성장한다.

호기심을 유지하면 자신의 실수를 응시하고 그로부터 배울 수 있게 된다. 호기심이 없다면 실수 자체가 너무 고통스러워서 그것을 인정하는 일부터가 힘들 수 있다. 호기심을 품으면 미래에 대한 희망과 에너지가 생긴다. 무슨 일이 일어나든 우리는 항상 배우고 있다.

 도구 상자
대응 전략을 검토하라

- 감정적 불편함이 있다는 첫 번째 징후는 무엇인가?
- 첫 번째 징후가 행동으로 나타나는가? 자신의 저지 행동

또는 보호 행동을 스스로 인식하는가?

- 몸의 어느 부위에서 감정을 느끼는가?
- 어떤 생각들이 존재하는가? 이 상황에 대해 어떤 믿음을 가지고 있는가? 그것이 스스로에게 어떤 영향을 미치는가?
- 그 생각과 이야기를 적어보자.
- 자신이 두려워하는 대상에 대해 그 생각과 이야기들이 무엇을 말해 줄 수 있는가?
- 강렬한 감정에 수반되는 행동은 무엇인가?
- 그러한 행동이 단기적으로 도움이 되는가?
- 장기적으로는 어떤 영향을 미치는가?
- 신뢰할 수 있는 친구에게 함께 이야기를 살피고 편견이나 오해가 있는지 확인하도록 도움을 요청하라. 자신이 가지고 있을 수 있는 다양한 관점을 친구와 함께 발견해 보자.

- 감정은 우리의 적도 친구도 아니다.

- 우리는 지금껏 믿도록 배워온 것보다 우리 자신의 감정 상태에 훨씬 더 많은 영향을 미친다.

- 감정을 밀어내는 것은 감정이 우리를 덮치고 지나간 뒤 자연스럽게 흘러가도록 내버려두는 것보다 더 많은 문제를 일으킬 수 있다.

- 감정은 사실이 아니고 하나의 가능한 관점이다.

- 고통스러운 감정이 있으면 호기심을 갖고 질문을 던져라. 감정은 우리에게 어떤 말을 해줄 수 있을까?

11장

감정을 어떻게
할 것인가

이 장으로 바로 건너뛴 독자가 있다면 감정적 고통에 대한 답을 찾고 있을지 모른다. 감정적 고통을 전부 사라지게 하는 것은 무엇일까? 이렇게 질문하는 것이 본인의 이야기라면 참고 기다려달라. 아직 책을 덮지는 마시라. 하지만 나는 여러분이 듣고 싶어 하는 것과 반대되는 이야기를 하려고 한다.

임상 실습 중 우리는 마음 챙김에 입문했다. 이 글을 읽는 독자는 아마 임상심리 수련생 다수가 가만히 앉아서 참을성 있게 배울 만큼 마음이 열려 있다고 생각할지도 모른다. 그러나 우리가 침묵 속에 앉아 스스로 무엇을 느끼는지 알아차리려고 할 때 방 안은 킥킥대는 소리로 가득 찼다. 임상 실습은 모든 일을 하고, 해내는 것이다. 우리는 무언가를 '하는 모드'에 단단히 빠져 있었다. 그냥 있는 모드로 전환하는 것은 교실에 있는 모든 이에게 도전이었으며, 특히 선생 입장에서는 매우 짜증나는 일이었다. 그 당시 나는 이 가르침을 활용하고 타인에게 가르쳐주는 나 자신의 모습이 그려지지 않는다는 비판적인 생각으로 가득 차 있었음을 인정한다.

하지만 그건 실습 프로그램 과정 중 하나였기에, 다시 시도해야 했다. 실습이 진행되면서 스트레스가 가중되었고, 그러던 중 써야 할 논문과 치러야 할 시험이 다가오는 평가 철의 한복판에 서 있는 나 자신을 발견했다. 긴장감이 넘쳤다. 그 당시 스트레스 관리를 위해 내가 애용한 도구 중 하나는 달리기였다. 나는 책상에서 잠시 벗어나 근처 전원 지역을 달리기 위해 밖으로 나갔다. 내 머릿속은 할 일 목록과 함께, 모든 일을 끝내는 것과 제대로 해내는 것에 대한 두려움으로 시끄러웠다. 이번에는 달리는 동안 마음 챙김을 다시 한 번 시도해 보았다.

숲 사이로 길게 이어지는 자갈길을 따라가며 내 발이 돌에 부딪히는 소리에 귀를 기울였다. 불안감과 스트레스가 내 곁에 있도록 내버려두었다. 나는 그 감정들을 밀어내지 않았다. 계획하거나 문제를 해결하려고 하지 않았다. 초 단위로 나 자신에게 이렇게 달리는 대신 해야 할 일들을 이야기하며, 마감일을 어기고 과제를 끝내지 못하고 집에 갔을 때 보내야 할 이메

일을 깜박하는 것과 같은 최악의 시나리오를 늘어놓느라 제정신이 아니었다. 그때마다 나는 그 생각들이 오도록 내버려뒀다. 그리고 그것들이 내 뒤를 지나가게 두고 나는 내 발이 자갈길을 지나가는 소리로 되돌아갔다. 이 과정을 분명 수천 번은 겪었을 것이다. 흐트러졌다가 다시 부여잡고 흐트러졌다가 다시 부여잡기를 반복했다. 집으로 돌아가는 길에 트랙의 끝에 다다랐을 즈음, 갑자기 모든 학술지가 나를 설득하기 위해 고군분투하던 것이 무엇인지 깨달았다. 나는 여전히 같은 장애물을 마주해야 했다. 그러나 나는 긴장감에 맞서 싸우지 않았다. 그것이 그저 지나가도록 두었다. 그래서 그것은 지나갔다.

모든 감정적 경험을 기꺼이 받아들인다는 생각은 처음에는 거의 걱정스러울 정도였다. 이는 우리 중 대다수가 감정에 대해 배운 내용과는 정반대이다. 우리는 감정이 이성의 반대라고 배운다. 억누르고 숨겨야 할 대상이라고, 마음 한구석에 밀어 넣고 표출해서는 안 되는 것이라고 배운다. 그런데 그런 감정들이 고개를 들고 일어나게 두고, 심지어 두 팔 벌려 받아들이라고?

우리는 대부분 감정을 두려워한다. 다시 말해, 감정을 경험하고 그것이 파도처럼 올라갔다가 내려갈 수 있음을 이해하기 시작할 때까지 감정에 대해 두려운 마음을 품는다.

마음 챙김은 우리가 알아차림이라는 도구를 사용할 수 있도록 해준다. 알아차림은 매우 기본적이고 다소 모호하게 들리지만, 사용하기 전까지는 필요하다는 사실을 결코 알 수 없는 도구이다. 자동조종장치를 끄고 생각과 감정, 충동과 행동을 알아차리는 연습을 하면, 녹색 표시등이 깜박이고 우리가 충동 또는 감정에 따라 행동하기 전에 황색 표시등이 켜진다. 자동조종장치가 작동할 때라면 즉시 행동하게 할 수 있었을 상황에서, 우리가 의식적으로 멈출 수 있는 기회를 제공한다. 그래서 우리는 단순히 감정에 반응하는 것보다 가치관에 따라 다른 선택을 할 수 있는 기회를 더 얻게 되는 것이다.

예술가는 큰 그림의 작은 디테일을 면밀히 작업하면서 때때로 한 걸음씩 물러서 각각의 새로운 행위가 전체 그림에 대해 자신이 가지고 있는 비전에 맞는지를 확인할 것이다. 감정과 행동 사이에서 잠시 멈추도록 하는 메타인지 도구는 자신이 궁극적으로 되기를 바라는 인물과 일치하는지 확인하기 위해 잠시라도 한 발짝 뒤로 물러서서 생각과 행동을 확인하는 것과 같은 과정이다. 짧은 순간일지라도 더 큰 그림을 보기 위해 확인하는 능력은 우리가 살아가는 방식에 막대한 영향을 미칠 수 있다.

끊이지 않는 생각의 강이 흐르는 동안 우리는 머리를 수면 위로 내놓은 채 그 생각들이 우리가 나아가고 싶은 방향으로 가고 있는지 확인하게 된다. 그 방향은 우리가 가진 의미와 목적의 맥락에서 생각할 수 있는 것이며, 단지 흐름에 따라 움직이는 것을 뜻하지는 않는다. 그것이 자연스럽게 흘러가는 방식이기 때문이다.

감정을 있는 그대로 보기

감정을 있는 그대로 보는 것은 감정을 건강한 방식으로 처리할 수 있는 열쇠이다. 우리는 우리의 감정이 아니며 감정은 우리 자신이 아니다. 감정이 주는 감각은 우리를 통해 지나가는 경험이다. 각각의 감정은 우리에게 정보를 줄 수 있지만, 반드시 전체 이야기를 제공하지는 않는다. 만약 감정이 꽤 유용하게 작용하는 경우가 있다면, 우리에게 무엇이 필요한지 귀띔해 주고 있는 것이다. 스스로 감정을 차단하거나 밀어내지 않고 있는 그대로 느껴지도록 둔다면, 호기심을 가지고 감정을 향해 돌아서서 배움을 얻을 수 있다.

필요한 것에 대한 정보를 바탕으로 필요한 작업을 수행하고 그 요구를 충족시킨다면, 우리에게 무엇이 필요한지를 발견하는 것은 매우 중요하다. 나는 육체적인 것에서 시작하는 것이 늘 유용하다고 생각한다. 이전 장에서 논의했듯이, 치료법이나 심리학적 기술을 아무리 많이 사용한다고 해도 수면 부족이나 빈약한 식사, 신체 활동 부족이 주는 파괴적인 영향을 뒤집지는 못할 것이다. 우리가 들어가 살고 있는 몸을 잘 돌보면, 이미 나머지 또한 돌볼 수 있는 길을 잘 가고 있는 것이다.

이름 붙이기

무언가를 느끼면, 그 감정에 이름을 붙여라. 여러 감정에 맞는 여러 이름을 배우자. 우리가 행복하거나 슬프거나 두렵거나 화가 나기만 하는 것은 아니다. 우리는 취약함을 느끼고 부끄럽고 쓸쓸하고 감사하기도 하며 충분하지 않다고 느끼거나 들뜨기도 한다.

심리치료에는 많은 노력이 들어간다. 자신이 무엇을 느끼는지, 몸의 어느 곳에서 느끼는지 알아차리고, 그것에 이름을 붙여라. 사람들은 보통 몸의 감각은 인식하지만 그 감정이 무엇인지는 전혀 모른다. 아마도 감정에 대해서는 이야기하지 않는 것이라는 과거 가르침의 유산 때문일 것이다. 소리 내어 입 밖으로 낸 적이 없었기 때문에 서로 다른 감정에 각각 이름을 붙일 필요가 없었다. 하지만 과거에는 감정에 대한 신체적 징후를 알아낼 수 있었다. 누군가에게 자신이 취약하고 불안하다고 느낀다고 말하는 것보다 몸이 아프고 심장이 두근거린다고 말하는 편이 늘 더 잘 받아들여졌기 때문이다.

감정 어휘를 늘려 다양한 감정을 미세하게 구분할 수 있게 되면 그러한 감정을 조절하고 사회적 상황에서 가장 도움이 되는 반응을 선택하는 데 도움이 된다(카시단Kashdan 등, 2015).

자기 진정

고통스러운 감정이 격렬해지면 감정이 고조되었다가 정점을 찍고 다시 내려온다고 말로 하기는 매우 쉽지만, 현실에서 실제로 겪으면 참혹할 수 있다. 그래서 그 감정을 더 빨리 사라지게 하기 위해 건강에 해롭거나 심지어 위험한 일을 하고 싶은 강한 충동을 초래할 수 있다.

일부 자기 계발서에서는 긍정적인 생각을 하는 것만으로 기분을 바꿀 수 있다고 말하곤 하지만, 나는 그렇게 되기는 힘들 것이라고 생각한다. 기분이 괜찮을 때 생각을 바꾸려고 노력하는 일은 아주 어렵다. 고통의 감정이 정점에 도달할 때 드는 생각을 바꾸려고 하는 것은 거의 불가능하게 느껴진다. 우리가 감정에 압도당할 때 쓸 수 있는 가장 좋은 전략은 한발 물러서서 그 감정을 최대한 의식하고, 그것을 일시적인 경험으로 여기고, 그 감정이 지나가는 길을 진정시켜 위협 대응의 다이얼을 낮추는 것이다.

변증법적 행동치료라는 심리치료에서는 물결이 다시 잔잔해질 때까지 감정의 파도를 타는 데 도움이 되는 간단한 기술을 이용해 고통스러운 감정이 지나가는 길을 진정시키는 방법을 가르친다. 이를 고통에 대한 내성이라고 부른다. 그 기술 중 하나가 자기 진정self-soothing이다(리네한, 1993).

자기 진정은 고통스러운 감정을 경험할 때 스스로가 안심하고 진정되도록 돕는 일련의 행동이다. 위협 대응이 촉발되었을 때, 우리 뇌에 수신되는 메시지는 다음과 같다. '우리는 안전하지 않다! 전부 괜찮지 않다! 당장 이 문제에 대해 조치를 취하라!' 고통스러운 감정이 고조되는 것을 멈추고 다시 기준선으로 내려오는 과정을 시작하려면 우리 몸과 뇌에 우리가 안전하다는 새로운 정보를 제공해야 한다. 우리 뇌는 각각의 감각으로부터 정보를 얻기 때문에 이렇게 할 수 있는 방법은 많다. 각각의 감각을 이용해 안전하다는 메시지를 뇌에 보낼 수 있다. 또한 뇌는 심박수, 호흡수, 근육 긴장 정도 등 신체 상태로부터 정보를 얻는다. 그렇기 때문에 따뜻한 목욕과 같이 근육을 이완시키는 신체적 경험이 고통을 극복하는 데 도움이 될 수 있다.

그 외 자기 진정을 위한 아이디어는 다음과 같다.

- 따뜻한 음료
- 신뢰할 수 있는 친구 또는 사랑하는 사람과의 대화
- 신체운동
- 잔잔한 음악
- 아름다운 이미지
- 느린 호흡
- 이완 기법
- 안전함과 편안함을 연상시키는 향기 또는 향수

뇌에 자신이 안전하다는 말을 전달하는 가장 빠른 방법 중 하나는 사실 후각을 통하는 것이다. 안전이나 편안함을 연상시키는 향, 사랑하는 사람의 향수 또는 마음을 진정시키는 라벤더 향기를 찾는 것은 마음을 집중하는 동시에 몸을 진정시키는 데 도움이 될 수 있다. 공공장소에 있을 때 고통스러운 감정으로 힘들어하는 사람들을 위한 예를 들어보자. 심리치료에서 주로 선택하는 치료법은 부드러운 장난감을 조심스럽게 뜯어낸 뒤 라벤더로 채우고 다시 꿰매도록 하는 것이다. 그런 다음 공공장소에서 중압감을 느끼기 시작할 때마다 그 향기를 들이마시고 현실로 돌아와, 아무도 모르게 그 향기로 스스로를 진정시킬 수 있다.

변증법적 행동치료에서 자주 사용되는 훌륭한 도구는 자기 진정 상자를 만드는 것이다. 이것이 기발한 생각인 이유는 우리가 감정적으로 고통을 받고 있을 때, 괴로움이 극에 달했을 때, 우리의 뇌는 문제 해결 능력을 우회하도록 설정되어 있기 때문이다. 위협을 받고 있는 상황이라면 충분히 생각할 시간이 없다. 이런 상황에서 뇌는 우리를 위해 빠르게 앞서 판단하고 충동적으로 행동하도록 시킨다. 자기 진정 상자는 우리가 고난의 시기에 가장 도움이 되는 것이 무엇인지 생각할 수 있을 때 미리 준비하는 것이다. 오래된 신발 상자를 찾아 고통스러운 상황이 닥쳤을 때 스스로 진정하는 데 도움이 될 수 있는 물건들로 그 안을 채우라. 위에서 설명했듯이, 안전함과 편안함을 느끼게 해주는 것이라면 무엇이든 좋다. 내 치료실에는 예시로서 보여주기 위한 자기 진정 상자가 있다. 그 상자 안에는 특정 친구에게 전화를 하라고 적힌 메모가 들어 있다. 어려움을 겪을 때 정작 도움을 구해야겠다는 생각이 먼저 들지는 않을지 모르지만, 믿을 수 있는 친구에게 전화하라는 간단한 지시를 따르면 올바른 방향으로 갈 수 있다. 이전 장에서 알 수 있듯이, 인간관계는 우리가 스트레스로부터 더 빨리 회복할 수 있도록 도와준다. 그 밖에 내가 자기 진정 상자에 넣어둔 것은 펜과 종이이다. 말로 하기가 힘들다면 표현적 글쓰기를 통해 감정을 처리하고 현재 일어나고 있는 일을 이해하는 데 도움을 받을 수 있다.

상자에는 라벤더 오일(또는 편안함을 연상시키는 모든 향기), 내가 아끼거나 나를 아끼는 사람들의 사진, 마음을 진정시키거나 행복감을 주는 음악 재생 목록을 넣을 수도 있다. 신중하게 고른 음악은 우리의 감정 상태에 강력한 영향을 미칠 수 있다. 괴로울 때 들으면 마음이 차분해지고 진정되며 안전함을 느끼게 도와주는 음악의 재생 목록을 만들어보자.

내 상자에는 티백도 들어 있다. 영국에서는 차가 편안함과 친밀함을 연상시키기 때문이다. 상자에 이런 것을 넣는 것은 한마디로 우리가 무엇이 필요한지 생각해 내기 힘든 때에 따라야 할 명확한 지침이다.

결정적으로, 필요할 때 쉽게 찾을 수 있는 곳에 자기 진정 상자를 보관하라. 이 도구는 우리가 가장 힘든 시기를 겪을 때 원하는 방식으로 보다 더 수월하게 대처할 수 있도록 도와주며, 건강에 좋지 않은 행동을 하기 쉬운 상황일 때 그런 해로운 습관에서 벗어나도록 도와준다.

11장 요약

- 우리는 우리의 감정이 아니며 감정은 우리 자신이 아니다.
- 감정이 주는 감각은 우리를 통해 지나가는 경험이다.
- 각각의 감정은 우리에게 정보를 줄 수 있지만, 반드시 전체 이야기를 제공하지는 않는다.
- 만약 감정이 꽤 유용하게 작용하는 경우가 있다면, 우리에게 무엇이 필요한지 귀띔해 주고 있는 것이다.
- 무언가를 느끼면, 그 감정에 이름을 붙여라. 단순히 '행복하다' 또는 '슬프다'를 넘어선 더 세분화된 감정의 이름표를 달아주도록 해보자.
- 감정이 존재하도록 허용하고, 차단하는 대신 진정시키자.

12장

말의 힘을
활용하는 법

우리가 사용하는 언어는 세상에 대한 우리의 경험에 강력한 영향을 미칠 수 있다. 사물을 이해하고 감각을 분류하며 지식을 공유하고 미래의 경험을 예측하고 계획하는 데 도움을 주는 도구이다.

감정을 나타내는 몇몇 단어들은 각각 다른 의미를 지닌 상황에서도 점점 더 많이, 널리 사용되어서 광범위하고 모호한 의미를 지니게 되었다. '행복하다'는 말은 긍정적인 것을 뜻하는 포괄적 용어가 되었고, 자신이 느끼는 감정이 '행복'한 것에 해당하는지 아무도 모를 정도가 되었다. 열정적인 기분이 든다면 나는 행복한 것일까? 마음이 평온하고 만족스럽다면 행복한 것일까? 영감과 활력이 충만한 느낌을 받는다면 그것이 행복한 것일까?

우울증과 같은 단어도 마찬가지이다, 우울한 기분이란 정확히 무엇인가? 슬픔? 공허함? 혼란스러움? 무감각함? 불안함? 초조함? 지루함?

그리고 이런 것이 정말 중요할까? 그런 것으로 밝혀졌다.

별개의 부정적 감정을 구별하기 위한 개념이나 단어를 많이 알고 있지 않으면 스트레스를 받는 인생의 사건들을 겪은 후 우울증의 정도가 더 심해진다(스타Starr 등, 2020). 부정적인 감정을 구별할 수 있는 사람들은 문제에 더 유연하게 대응하는 경향이 있다. 예를 들어, 그들은 스트레스를 받을 때 폭음을 할 가능성이 적고, 거절당하는 것에 덜 반응하며, 불안 및 우울 장애가 덜 나타난다(카시단 등, 2015). 이는 부정적인 감정을 구별하는 데 어려움이 있기 때문에 불안 및 우울 장애가 생긴다는 의미가 아니라, 우리에게 어려운 시기를 헤쳐 나갈 수 있도록 도움을 주는 강력한 도구가 있음을 보여준다.

감정을 구별하기 위한 새로운 단어를 더 많이 쌓아 올릴수록, 우리 뇌는 다양한 감각과 감정을 이해할 수 있는 선택지를 더 많이 갖게 된다. 감정을 표현할 더 정확한 단어를 갖고 있으면 감정을 조절하는 데 도움이 되며, 결과적으로 우리 몸과 마음에 대한 스트레스를 줄여준다. 이것은 직면한 문제에 보다 유연하고 효과적으로 대응하고 싶다면 꼭 갖춰야 할 중요한 도구이다(펠드먼 배럿, 2017).

다행인 점은 이것이 우리 모두가 계속 쌓아갈 수 있는 기술이라는 사실이다. 다음은 감정적 어휘를 구축하는 방법에 대한 몇 가지 아이디어이다.

- 구체적으로 접근하라. 무언가를 느낄 때 '기분이 끝내줘'라든지 '행복하지 않아' 등의 표현을 넘어서려고 노력해 보자. 이 감정을 표현하기 위해 어떤 다른 단어를 사용할 수 있을까? 여러 감정이 합쳐진 것인가? 몸에 어떤 감각이 느껴지는가?
- 하나의 감정 이름표로는 이 감정을 압축하기에 충분하지 않을 수 있다. 여러 감정이 합쳐진 것인가? 예를 들어 '긴장되기도 하고 설레기도 한다'라는 표현처럼 말이다.
- 감정에 이름표를 붙이는 데 옳고 그른 방법은 없다. 자신과 주변 사람들이 익숙해질 수 있는 표현을 찾는 것이 관건이다. 만약 적당한 단어를 찾기 힘들다면, 자신만의 단어를 만들거나 다른 언어로 된 단어 중 명확한 번역이 없는 단어를 찾을 수 있다.
- 새로운 경험을 탐색하고 그 경험을 어떻게 표현할지에 대해 고민하며 놀아보자. 새로운 음식을 맛보는 것부터, 새로운 사람을 만나거나 책을 읽거나 새로운 곳을 방문하

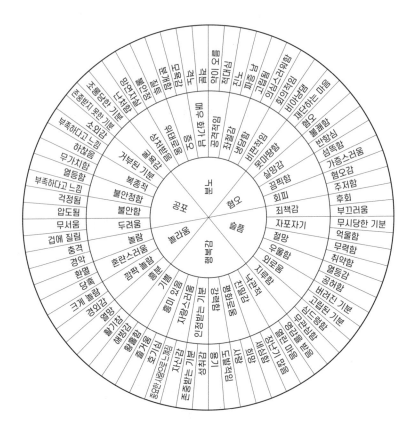

그림 7 감정 바퀴(윌콕스, 1982)를 사용하여 자신의 감정을 표현하는 단어를 찾아보자.

는 것까지. 각각의 새로운 경험은 대상을 다른 관점에서 볼 수 있는 기회를 제공한다.

• 새로운 경험을 묘사할 수 있는 능력을 기르기 위해서 모든 기회를 활용하여 새로운 단어를 배워라. 꼭 책에 나온

단어일 필요는 없다(그래도 되지만). 그것은 음악, 영화 그리고 느끼는 감정을 표현할 새로운 단어에 자신을 노출하게 되는 기타 장소에서 접한 것일 수 있다.

• 경험을 기록하고 어떻게 느꼈는지를 묘사하는 방법을 탐구하라. 자신의 감정을 표현하려다가 말문이 막히는 경우가 많고 감정적 어휘를 쌓는 데 도움이 필요하다면, 감정 바퀴(윌콕스Willcox, 1982)는 정확히 그러한 목적으로 심리치료에서 자주 사용되는 훌륭한 자료이다. 일기 표지에 이 감정 바퀴의 복사본을 붙여두면 더 구체적인 단어를 찾는 데 활용할 수 있다. 다른 곳에서 새로운 단어를 발견할 경우 빈칸을 활용해 자신만의 단어를 추가할 수도 있다.

부정적인 감정에만 집중하지 말라

일기 쓰기는 내가 하는 경험과 내 안에서 일어나는 감정을 처리하고 이해하는 데 도움이 되는 방법이다. 하지만 일기를 쓰는 일이 어려운 경험을 이해하는 데만 도움이 되는 것은 아니다. 긍정적인 경험, 심지어 긍정적으로 느꼈던 사소한 순간들에 대한 글을 쓰면서 시간을 보내는 것도 중요하다. 모든 행동이 뇌의 신경 활동의 특정한 패턴이기 때문이다. 우리가 어떤 활동을 계속해서 반복하면 해당 신경 경로는 강화되고 뇌가 더 쉽게 접근할 수 있게 된다. 따라서 긍정적인 감정과 생각, 기억을 좀 더 쉽게 쌓을 수 있기를 바란다면 일기를 쓰면서 실천하라. 이런 식으로 특정한 감정과 경험을 키우는 연습을 하면 미래에 그 감정을 접하기가 쉬워진다.

12장 요약

- 우리가 사용하는 언어는 세상에 대한 우리의 경험에 강력한 영향을 미친다.
- 자신의 감정을 표현하는 단어는 많을수록 좋다.
- 알고 있는 단어가 많이 없다면 감정 바퀴와 같은 자료의 도움을 받을 수 있다.
- 다른 사람들이 사용하는 단어에 주목하고, 책을 읽고, 감정적 어휘를 계속 쌓을 수 있는 방안을 탐색하라.

13장

어려움에 처한 이를
도와주는 방법

사랑하는 사람이 정신 건강 문제로 어려움을 겪고 있어 도와주려고 하는 상황이라면 스스로가 한없이 부족하다고 느낄 가능성이 크다. 우리는 상황을 어떻게 해결해야 할지, 어떤 말을 해주는 게 적절할지 잘 모른다. 사랑하는 사람을 위해 모든 상황을 괜찮게 만들어주고 싶다. 하지만 할 수가 없다. 그래서 길을 잃은 기분이 든다. 도와주고 싶은 마음이 간절하지만 방법을 모른다.

사랑하는 사람이 고통을 받고 있을 때 우리는 때때로 그로 인한 스트레스 때문에 사랑하는 이의 고통에 대해 드는 감정으로부터 벗어나고 싶은 충동을 느낄 수 있다. 하지만 그렇게 할 경우 우리는 더 큰 무력감과 무능함을 느낄 수 있다. 크지 않은 도움일지라도 도와주는 역할을 하고 있다는 확신을 가지도록 하는 일마저 그만둔 것이기 때문이다(이나가키 등, 2012).

정신 건강 문제와 관련해 누군가를 도와주기 위한 고정불변의 법칙 같은 것은 없지만, 그 과정에서 도움이 될 만한 몇 가지 사항이 있다.

1. 문제를 해결하는 데 집중할 때, 우리는 그저 곁에 있어주는 것의 힘을 과소평가하기 쉽다. 대부분의 사람들은 이래라저래라 하는 이야기를 듣고 싶어 하지 않는다. 다만 누군가 자신의 상태를 확인하러 꾸준히 눈앞에 나타나주고 신경 쓰고 있음을 보여주기를 원한다.

2. 사랑하는 사람이 특정 진단을 받았다면 그것이 그들에게 어떤 영향을 미치는지에 대해 배우고 그들이 직면하고 있는 문제에 대해 더 구체적인 조언을 얻는 것이 도움이 될 수 있다.

3. 우리가 도우려고 하는 사람은 자신에게 필요한 것이 무엇인지 알고 있다는 사실을 잊지 말라. 따라서 그들에게 어떤 방식으로 도움을 주길 원하는지 직접 묻는다면 우리가 귀 기울여 듣고 있다는 사실을 그들에게 전달하는 동시에 도울 방법에 대한 지침을 얻는 데에도 도움이 될 수

있다.

4. 누군가를 돌보는 일은 자신의 정신 건강에도 무리를 줄 수 있다. 자신의 정신 건강이 악화되기 시작하면 최선을 다해 돌보는 일을 할 수 없다. 따라서 사소한 방식으로라도 자기 자신의 건강을 우선하는 것이 매우 중요하다. 기본을 잘 지켜라. 수면, 일상, 영양 섭취, 운동 그리고 사회적 접촉이 잘 이루어지고 있는지 꾸준히 살피자.

5. 본인도 도움을 받아라. 신뢰하는 사람이든, 협력 단체든, 전문가든 자신의 감정을 이야기하고 앞으로 나아갈 방법을 고민할 수 있는 안전한 공간을 가져야 에너지를 소진하는 것을 막을 수 있다.

6. 경계를 설정하라. 타인을 도와준다고 해서 자신의 삶이 더 이상 중요하지 않게 되는 것은 아니다. 자신의 가치관을 명확히 하면 상황이 어려워져도 계속 앞으로 나아가는 데 도움이 될 뿐만 아니라 균형을 유지하는 데도 도움이 될 수 있다.

7. 위기 대응 계획을 세워라. 자신이 돌보고 있는 사람이 안전하지 않다고 느낀다면 위기 대응 계획을 세우는 것이 중요하다. 계획은 복잡할 필요가 없다. 상황이 악화되고 있다는 조기 경보를 확인하고 해당 시나리오에서 모두의 안전을 보장하기 위해 두 사람이 할 수 있는 일을 나열하라. 전화해야 할 모든 번호를 적은 서면 계획서를 가지

고 있으면 위기 상황에서 해야 할 일을 더 수월하게 할 수 있다.

8. 연민, 친절함, 호기심을 가지고 경청하는 일의 힘을 과소평가하기 쉽다. 들어주는 것으로는 문제가 사라지지 않을 수 있지만, 상대가 보살핌을 받는다고 느끼고 덜 외롭다고 여기도록 도와주는 것은 회복 가능성을 크게 높여준다. 사회적 지지는 강력한 도구이며, 모든 해결책을 수반할 필요는 없다. 진심 가득한 따뜻한 마음이면 된다.

9. 다른 사람에게 도움을 준다고 해서 거창하고 진지한 대화를 해야 하는 것은 아니다. 아주 사소하고 작은 순간의 인간관계가 중요하다. 이야기를 하면서 걷는 것은 마음을 터놓는 일이 불편한 이들에게 도움이 될 수 있다. 한마디도 하지 않아도 된다. 침묵 속에서 단순히 함께 시간을 보내는 것만으로도 괜찮다. 곁에 있음으로써 우리는 상대가 덜 외롭고 보살핌을 더 받을 수 있도록 돕는 것이다.

10. 상대가 자신이 겪는 어려움을 털어놓을 수 있도록 도우려고 한다면 예 또는 아니오 이상의 대답을 이끌어내는 열린 질문을 사용하는 것이 도움이 될 수 있다. 예를 들어, "괜찮아?"보다는 "무슨 생각 하고 있어?"라고 질문해보자.

11. 경청하라. 요청하지 않는 한 조언하지 말라. 상대가 하는 말을 되새겨보라. 자신이 하는 말을 잘 들어주고 있고

존중받고 있다고 상대가 느끼게 하라.

12. 상대가 절망감이나 무력감에 대해 이야기하거나 탈출구가 없다고 말하거나, 지켜보기에 상대의 안전이 걱정된다면, 항상 전문가의 조언을 구하라.

13. 실질적인 도움의 힘을 과소평가하지 말라. 정신 건강, 신체 건강, 산전 및 산후 기간 또는 슬픔과 관련한 문제로 힘든 시간을 겪고 있을 때는 이 모든 것이 일상적인 일을 더 어렵게 만들 수 있다. 예를 들어, 집에서 만든 저녁 식사를 들고 나타나 매주 몇 끼는 건강한 식사를 할 수 있도록 돕는 것은 사랑하는 사람을 돕는 훌륭한 방법이다.

14. 사랑하는 사람이 특히 취약하다고 여길 수 있는 상황을 세심하게 지켜본다는 것(또는 잘 모를 경우 어떤지 물어봐 주는 것)은 그들이 가장 필요로 할 때 그들을 위해 곁에 있어줄 수 있음을 의미한다. 예를 들어 사랑하는 사람이 최근 가족을 잃은 상황에서 처음으로 혼자 사회 행사에 참석해야 한다면, 피하지 말고 도와주자. 몸과 마음을 기울여 사랑과 친절을 보여주라. 상황은 여전히 힘들겠지만, 덜 외롭다고 느끼는 것만으로도 모든 것을 상쇄할 만한 의미가 있을 수 있다.

15. 화제를 바꿔도 괜찮다. 누군가의 곁에 있어준다고 해서 그들이 처한 어려움에 내내 집중해야 한다는 의미는 아

니다. 주의를 다른 데로 돌리는 것은 그들이 혼자 있을 때는 느끼기 힘든 반가운 안도감으로 다가갈 수 있다.

16. 치유나 회복에 대한 기대를 하지 말라. 그 과정은 결코 매끄럽거나 선형적이지 않다. 좋은 날도 있고 나쁜 날도 있을 것이다. 수년에 걸쳐 그러한 기복을 받아들여주는, 사랑하는 사람들에게 둘러싸여 있다 보면 그들 또한 그렇게 하는 게 도움이 될 것이다.

17. 솔직하게 대하라. 힘이 되어주고 싶은데 어떻게 해야 할지 잘 모르겠다면 그 마음을 직접 표현하라. 도움이 되지 않는 말이나 행동을 하고 있다면 알려달라고 요청하라. 이런 솔직함은 그 상황이 모두에게 효과가 있다는 것을 앎으로써 모두가 불안감을 덜 느끼고 진정으로 연결될 수 있도록 한다.

- 정신 건강에 문제가 있는 사람을 도와줄 때 감정에 압도되거나 자신이 부족하다고 느끼는 것은 정상이다. 문제를 해결해 주고 싶지만 방법을 모르는 것이다.

- 몸과 마음을 기울여 누군가를 도우려 하다 보면 잘못된 말을 하고 싶지 않기 때문에 스트레스를 받을 수 있다. 하지만 그런 것들을 피하지 말라.

- 모든 문제를 해결해 줘야 큰 도움이 되는 것은 아니다.

- 에너지가 소진되는 것을 예방하기 위해 자신을 돌보라. 스스로를 돕고 한계를 명확하게 설정하라.

- 경청의 힘을 과소평가하지 말라.

4부

상실의 슬픔에
관하여

14장

애도란
무엇인가

우리는 종종 상실의 슬픔을 사랑하는 사람의 죽음과 연관시킨다. 그러나 다른 때에도 슬퍼할 수 있다. 우리가 중요하게 여기는 결말은 비록 그것이 죽음으로 인한 것이 아니더라도 애도 반응grief reaction을 유발할 수 있다.

우리는 우리의 삶을 바꿔놓은 전염병과 맞서 싸우며 나아갔다. 그 과정에서 우리는 친구, 가족, 생계, 직업, 수 세대를 걸쳐 이어온 가업을 잃었다. 재정적 안정과 사랑하는 사람과의 마지막 순간, 그들과 포옹하고 가까이 할 수 있는 소중한 시간을 잃었다. 우리는 미래에 대한 확신과 그것을 극복하는 데 도움이 될 사회적 지원에 대한 접근성을 잃었다. 너무 많은 이들이 겪어야 했던 깊은 상실은 세상을 변화시켰고 슬픔으로 가득한 심리적 충격을 남겼다.

상실이 끼치는 영향을 느끼는 사람이라면 기억해야 할 몇 가지 사항이 있다.

애도하는 것은 정상이다

나는 상실의 슬픔을 이겨내기 위해 허우적거리는 중이기 때문에 인생에서 실패를 겪고 있는 것이라고 스스로 말하는 사람들을 많이 만나보았다. 그들은 그 슬픔이 마치 장애이거나 해결했어야 할 문제인 것처럼, 자신의 강인함에 대해 개괄적인 판단을 내린다. 애도는 인간이 경험하는 것 중 정상적인 부분이다. 우리가 사랑했고 필요로 했고 연결되어 있고, 삶에서 의미를 지녔던 누군가를, 또는 무언가를 잃었을 때 겪어야 할 필수적인 과정이다.

슬픔은 애도의 일부가 될 수 있다. 하지만 애도에는 슬픔을 넘어선 무언가가 담겨 있다. 그것은 떠난 사람에 대한 깊은 그리움일 수 있다. 관계를 맺는 것은 인간을 인간이게 하는 핵심 요소이다. 지금까지 내가 심리치료를 하며 만난 사람들은 그들의 삶에서 가장 큰 의미를 차지한 부분이 인간관계라고 여졌다. 관계가 끝나도 그 인연에 대한 마음은 끝나지 않는다.

우리의 몸도 애도를 한다. 이전 장에서 이야기했듯이, 우리가 생각하고 느끼는 모든 것은 몸 안에서 일어난다. 애도도 다르지 않다. 사랑하는 사람을 잃는 일은 심리적으로나 육체적으로 커다란 위협이다. 그 고통은 감정적으로도 육체적으로도 느낄 수 있다. 스트레스 반응이 반복적으로 일어난다.

상실의 슬픔을 극복하는 데 도움이 되는 것들에 대해 이야기할 때 도움이 무엇을 의미하는지를 명확히 하자. 도움이 되는 것들이 고통을 사라지게 하거나 고통을 잊게 하거나 억지로 떠나보내도록 하지 않는다. 어쩌면 도움은 우리가 느끼는 감정의 롤러코스터가 정상이라는 사실을 알아내는 일만큼 간단한 것일지 모른다. 안전하고 건강한 방식으로 고통을 마주하고 처리하는 새로운 방법을 찾는 일일 수 있다.

상실의 슬픔은 견딜 수 없는 것으로 느껴질 수 있다. 그러니 그 감정을 차단해 버리는 것이 깊은 슬픔에 대한 인간의 가장 자연스러운 반응일 수 있다는 말은 지극히 이치에 맞다. 고통은 너무나 크고 극심해서 두렵기까지 하다. 그래서 할 수 있다면 그 감정을 밀어낸다. 하지만 우리는 하나의 감정을 차단하면 모든 감정을 다 차단하는 경향이 있다. 공허하고, 무감각하며, 의미를 찾고 예전 방식대로 살아가는 데 어려움을 겪는 상태로 남겨질 수 있다.

우리가 모든 감정을 수면 아래로 밀어내 숨길 방법을 찾는다면, 어쩌면 정신없이 바쁘게 지내거나 술로 감각을 마비시켜버리거나 일어난 일을 부정하면서 스스로 잘 해내고 있다고 느낄지 모른다. 그러다가 사소해 보이는 작은 것이 뚜껑을 날려버리고 그 고통의 세계가 폭발하면서 우리는 충격에 빠진 채 그것을 감당할 수 있을지 의문을 품게 된다.

해결되지 않은 슬픔은 우울증, 자살 경향성, 알코올 남용과 관련이 있다(지수크Zisook와 라이언스Lyons, 1990). 따라서 슬픔을 부정하고 밀어내는 것은 자기 보호처럼 느껴지지만, 장기적으로 보면 그 반대일 수 있다.

이렇게 말로 하기란 얼마나 쉬운 일인가. 실제로 겪어내기란 얼마나 어려운 일인가. 우리가 고통을 차단할 때는 그만한 이유가 있다. 넓고도 깊은 슬픔의 바다는 너무 커다랗고 너무 가혹하고 끝이 없는 것처럼 느껴진다. 어떻게 하면 그런 것을 마주할 수 있을까? 무엇을 예상해야 하는지 이해하는 것에서부터 시작할 수 있다. 또한 우리는 그 바다를 항해하는 데 무엇이 도움이 되는지를 확인할 수 있다. 그런 다음 한 번에 한 가지 경험을 한다. 슬픔의 바다로 몇 걸음 더 나아간다. 그것을 느낀다. 호흡을 한다. 뒤로 물러나 잠시 쉬어 간다. 시간이 지남에 따라 우리는 더 많은 걸음을 내딛고 더 깊이 들어가 우리 자신을 그 안에 완전히 담그는 법을 배운다. 안전하게 해안으로 돌아갈 수 있음을 아는 채로. 슬픔을 느낀다고 슬픔이 사라지지는 않는다. 그러나 우리는 슬픔이 또 찾아올 수 있음을 인지하고 그럼에도 오늘의 일상으로 다시 돌아가 삶을 이어갈 수 있음을 잊지 않기 위해 힘을 기른다.

14장
요약

- 의미 있게 여겨지는 결말은 죽음에 의한 것이 아니더라도 애도 반응을 유발할 수 있다.
- 애도는 인간을 인간이게 하는 정상적이고 자연스러운 부분이다.
- 그 고통은 감정적으로도 육체적으로도 느낄 수 있다.
- 도움이 되는 것들이 고통을 사라지게 하거나 고통을 잊게 하거나 억지로 떠나보내도록 하지는 않는다.
- 슬픔을 완전히 차단하려고 하면 문제가 더 커질 수 있다.

15장

애도의 단계

정신과 의사 엘리자베스 퀴블러 로스가 1969년 처음 기술한 애도의 단계에 대해 들어본 적이 있을 것이다. 그 이후로 애도의 경험은 단계적으로 이루어지지 않으며 특별한 순서나 시간대에 일어나는 것이 아니라는 의견이 확립되었다. 그러나 애도의 단계가 정상적이고 건강한 애도의 과정이라고 볼 수 있는 아주 보편적인 경험에 대해 이야기하고 있음은 분명하다. 애도의 단계는 어떤 식으로 슬퍼해야 하는지에 대한 처방전이 아님을 기억하는 것이 중요하다. 그것은 가장 이상적인 애도의 유형을 다룬 규정집이 아니다. 애도를 하는 과정에서 알아차릴 수 있는 경험들에 대한 설명이다. 따라서 자신 또는 사랑하는 이가 경험한 것 중 애도의 단계에 속하는 것이 있다면 그것이 정상적이고 건강한 애도의 일부임을 알게 된다.

• 부정(否定)

부정과 충격은 우리가 깊은 슬픔이 주는 극심한 고통에서 살아남는 데 도움이 될 수 있다. 이것들은 우리가 일어나고 있는 모든 일을 부정한다는 의미가 아니다. 하지만 우리의 선택 여부와 상관없이 직면한 상황과 우리를 기다리고 있는 새로운 현실을 받아들이기까지는 점진적인 속도 조절이 있을 것이다. 시간이 지남에 따라 부정의 마음이 서서히 희미해지기 시작하고 이로 인해 새로운 감정의 물결이 수면 위로 일렁일 수 있다.

• 분노

분노의 이면에는 종종 극심한 고통이나 두려움이 있다. 우리가 그 분노를 진정으로 느끼고 표현하도록 허용할 때, 이면의 다른 감정들을 표면으로 끌어올리고 그것들을 위해 노력할 수 있다. 하지만 많은 이들이 분노라는 감정을 두려워하고 분노를 표현하는 것을 부끄러워하도록 배웠다. 그래서 그것을 표면 아래 감춰두지만, 마치 공기를 물속에 가둘 때 그렇듯이 그 감정은 엉뚱한 때나 장소에서 거품을 일으키며 끓어오른다. 전혀 자신답지 않은 모습을 드러내며 친구나 의사, 또는 가족에게 감정을 분출하는 것이다.

분노는 우리가 움직이도록 부추기고, 어떤 일이 일어나게 하기 위해 존재한다. 통제할 수 없는 대상에 대한 분노를 느낄 때, 신체적 움직임을 사용하면 생리적 각성physiological arousal(혈압과 호흡수의 증가, 위장계의 활동 감소와 같은 생리적 반응에 의해 반영되는 특징을 말한다. 그 자체로 좋거나 나쁜 것은 아니지만 인지적 수행의 효율을 떨어뜨리는 역할을 할 수 있다-옮긴이 주)이 원래의 역할을 할 수 있도록 도와준다. 그런 식으로 분출하는 것은 분노로 인해 생성된 에너지를 다 사용하고 적어도 잠시 동안은 우리 자신을 기준선으로 되돌리는 데 도움이 될 수 있다. 일단 몸이 편안해지면 생각과 감정을 명확하게 하거나 문제를 해결하는 데 필요한 인지기능에 더 쉽게 접근할 수 있다. 자신을 지지해 줄 수 있는 믿을 만한 친구나 사랑하는 사람과 함께하거나 무언가를 적어보는 것이 도움이 될 수 있다. 이 연구를 통해 분노의 감정을 혼자 되새기는 것이 분노와 공격성을 완화하기보다는 더 격렬하게 만들 수 있음을 알 수 있다(부시먼Bushman, 2002).

분노의 과정을 거치고 각성 수준을 다시 낮추기 위한 신체활동을 하기 전에 일종의 깊은 이완 운동을 시도하는 것은 너무 어려울 수 있다. 그러나 일단 자신에게 가장 잘 맞는 방식으로 감정을 표현했다면, 안내된 이완 요법을 따라 해보는 것이 다음 분노의 파도가 올 때까지 몸과 마음을 재충전하는 데 도움이 될 수 있다.

• 타협

어쩌면 타협은 찰나의 순간에 이루어진다. 타협은 '~한다면' 그리고 '~했다면'과 같은 생각들을 반복하며 몇 시간 또는 며칠을 흘려보내는 것일지 모른다. 이것은 쉽게 자기 비난으로 이어질 수 있다. 우리가 다른 때 다른 선택을 했다면 무엇이 달라졌을까 하는 의문이 들기 시작한다. 신(있다면)이나 우주와 타협을 시작할지도 모른다. 아니면 지금부터 다르게 해보기로 약속하고 모든 것을 다시 정상으로 돌려놓기 위해 마음으로는 필사적으로 노력하면서 어떤 식으로든 더 나은 것을 만드는 데 우리 삶을 바칠 수도 있다. 우리는 그저 상황을 원래대로 돌려놓고 싶을 뿐이다.

• 우울

여기서 우울은 사별 뒤에 찾아오는 깊은 상실감, 극심한 슬픔과 공허함을 설명하는 데 사용된다. 우울의 감정은 상실에 대한 정상적인 반응이며, 반드시 정신 질환을 가리키는 것은 아니다. 우울은 우울한 상황에 대한 정상적인 반응이다. 때로 주변 사람들은 우울한 감정에 대해 두려움을 느끼고 그것을 자연스럽게 고치거나 치유하기를 원하며, 더 심하게는 우리가 정신을 차리고 기운 내기를 바랄 수 있다.

하지만 우울을 건강한 애도의 정상적인 부분으로 인식하는 것은 우리가 그 고통을 통해 스스로를 달래고자 애쓰고 다시 정상적인 삶을 살아가기 위해 열심히 노력하며 우리 자신의 행복을 도모할 수 있음을 의미한다. 1부에서 다룬 생각과 도구는 여기서도 여전히 적용된다. 그러나 우리는 고통을 부정하거나 억누르고 숨길 필요가 없다. 이 부분에 대해서는 나중에 설명하겠다.

• 수용

우리가 애도에 충분한 시간과 공간을 내어주면, 앞으로 나아가고 삶에서 다시 적극적인 역할을 더 잘할 수 있으리라는 느낌을 받기 시작한다. 수용은 우리가 처한 상황에 동의하거나 그 상황을 좋아하는 것으로 오해될 수 있다. 이는 사실이 아니다. 수용을 해도 새로운 현실은 여전히 괜찮지 않다. 여전히 우리가 원하는 모습이 아니다. 하지만 우리는 새로운 현실을 받아들이기 시작하고, 우리 자신의 필요에 귀를 기울이고, 새로운 경험에 마음을 열고, 관계를 맺기 시작한다.

수용이 애도의 종착점이 아니라는 점을 짚어보는 것도 중요하다. 수용은 이 새로운 현실에서 살아갈 방법을 찾은 찰나의 순간일 수 있다. 다시 타협과 떠난 이에 대한 그리움으로 돌아가는 순간들이 있을 수 있다. 이렇게 여러 상태를 왔다 갔다 하는 것은 정상이며, 인생에서 모든 새로운 도전과 경험에 직면할 때 예상할 수 있는 일이다. 이는 우리가 만족이나 기쁨을 느낄 새로운 순간을 찾기 시작했고 모든 것이 잘 흘러가고 있는 것처럼 보이다가 분노나 슬픔(또는 그 밖의 무엇)의 물결에 휩쓸린 자신을 발견하는 상황을 의미하며, 그렇다고 해서 우리가 뒷걸음질을 쳐 원상태로 되돌아간 것은 아니라는 뜻이다. 우리가 애도를 '잘못'하고 있는 것이 아니다. 상실의 슬픔은 우리가 항상 예측할 수 없는 파도를 타고 온다.

15장 요약

- 부정은 상실의 슬픔이 주는 극심한 고통에서 살아남는 데 도움이 될 수 있다. 부정의 마음이 서서히 희미해지면 새로운 감정의 물결이 수면 위로 일렁일 수 있다.
- 통제할 수 없는 대상에 대한 분노를 느낄 때 신체적 움직임을 사용하면 생리적 각성을 이용하고 몸을 잠시 편안한 상태로 만드는 데 도움이 된다.
- '~한다면' 하는 생각들을 반복하다 보면 쉽게 자기 비난으로 이어질 수 있다.
- 우울은 사별 후 찾아오는 정상적인 감정 반응이다.
- 수용은 우리가 처한 상황에 동의하거나 그 상황을 좋아하는 것이 아니다.

16장

애도의 과업

그렇다면 우리가 상실의 슬픔이라고 부르는 극심하고 혼란스러우며 종종 혼돈에 가까운 이 경험을 어떻게 헤쳐가야 할까? 윌리엄 워든은 자신이 생각하는 애도의 4가지 과업을 설명했다(2011).

1. 상실의 현실을 받아들이기
2. 상실의 슬픔이 주는 고통 겪어내기
3. 사랑하는 사람이 없는 환경에 적응하기
4. 현재의 삶을 살아가는 동시에 새로운 방식으로 떠나보낸

이와의 관계를 유지하기

상실을 겪은 뒤 사람들은 각기 다른 방식으로 슬픔에 대처한다. 어떤 이들은 피어나는 고통과 감정을 그대로 느끼는 것을 지향하는 반면, 다른 이들은 압도적인 감정을 피해 주의를 분산하는 데 총력을 기울이기도 한다. 어느 쪽도 틀리지 않았다. 사실 둘 다 필요한 방법이다. 슬픔에 직면해 이 모든 것을 한 번에 이겨내거나 이와 같은 엄청난 감정적 고통을 쉴 없이 감내하기란 불가능하다. 한편 우리 스스로에게 슬픔을 느낄 마음의 공간을 허락하지 않는다면 그 상황을 극복할 수 없다. 그렇기에 애도는 고통을 느끼는 일과 감정의 파도가 몰아치는 중간중간 쉴 수 있도록 주의를 딴 데로 돌리거나 위안을 주는 것으로 몸과 마음을 재충전하는 일 사이를 오가는 과정이 된다(스트로브Stroebe와 셔트Schut, 1999).

따라서 떠오르는 감정(감정 상자를 들여다보거나 추모관을 방문함으로써 감정을 마주하고자 능동적으로 선택한 것이든 선택의 여지 없이 발생한 것이든)을 안고 시간을 보내는 것은 애도하는 과정에서 필수적인 부분이다. 그렇게 함으로써 말하고, 쓰고, 울기도 하면서 우리 안의 감정을 펼쳐서 표현할 수 있게 된다. 감정에서 한발 물러나 있을 필요가 있다고 느낄 때 이러한 방식은 스트레스 반응을 다시 낮춰줄 대상으로 우리의 관심을 돌리게 도와준다. 특히 고통이 견디기 힘들 정도로 심할 때 3부에서 다룬 자기 진정 기술을 사용하는 것이 유용할 수 있다(138쪽 참고). 그라운딩 기법grounding technique(불안을 느낄 때 안정을 찾게 해주는 기법. 발을 딛고 있는 땅의 느낌에 집중하도록 하는 것으로, 현재의 순간(땅)으로 주의를 돌리게 해준다-옮긴이 주)도 여기에 도움이 될 수 있다. 하지만 정해진 처방은 없다. 모든 개인과 모든 관계가 각기 다르고, 그러므로 모든 애도의 과정 또한 고유하기 때문이다. 잠깐일지라도 회복할 시간을 갖도록 하는 안전한 방식을 찾는 것이 관건이다.

'잘 지내보려고 하는 중' 모드와 어느 시점에서든 상실에 집중하지 않으려는 것의 문제점 중 하나는 그렇게 하는 데 끊임없는 노력이 요구될 수 있으며 그 과정에서 쉴 틈이 없다는 것이다. 그러다 보면 일시정지 버튼을 누르는 순간 압도될까 봐 바쁘게 지내야만 할 것 같다. 그래서 우리는 갇히게 된다. 고통과 일정한 거리를 두는 일에는 끝이 없기에 휴식을 취할 수가 없다. 고통이 막심할 때 고통을 억눌러 표면 아래 감추는 행동은 개인과 그들의 관계 모두에 피해를 줄 수 있다. 한 가지 감정을 단절하면 모든 감정과의 연결이 끊어진다.

무엇이든 느끼기

애도하는 동안 어떤 감정을 느끼든 괜찮다. 절망감을 느껴도 괜찮다. 분노를 느껴도 괜찮다. 혼란스러운 느낌이 들어도 괜찮다. 기쁨을 느껴도 괜찮다. 웃음이 지어지는 순간이 있다면 웃어도 괜찮다. 얼굴에 내려앉는 따뜻한 햇살을 잠시 즐기거나 누군가가 던진 농담에 소리 내어 웃어도 괜찮다. 다 괜찮다. 다시 살아보고자 마음먹기 시작했을 때 죄책감이 드는 것은 정상이지만, 작은 기쁨의 순간들이 자신에게 살며시 들렀다 가게 두는 것은 고통을 허락하는 일만큼 애도의 과정에서 중요한 역할을 차지한다. 시간이 지나면서 우리는 살아가는 법을 배우고 그것이 잊는 것이 아님을 깨닫는다. 사랑과 인연은 계속되므로.

매일 조금씩 나아가기

작은 실천의 힘을 과소평가하지 말라. 매일 똑바로 서서 세수하는 것이 전투처럼 느껴진다면, 매일 아침 세수하는 것을 현재의 목표로 삼자. 지금 자신이 있는 곳에서 각 시기를 접하고 그것이 움직이는 곳으로 밀어붙이자.

예상하지 않기

스스로 어떻게 느껴야 하는지, 어떻게 행동해야 하는지, 얼마나 빨리 치유해야 하는지에 대한 예상은 애도를 더 힘들게 할 뿐이다. 그러한 예상의 대부분은 애도를 금기시되는 주제로 오해했던 역사에서 비롯된다. 이 분야의 일부 선구자 덕분에 우리는 이제 애도의 과정과 그것을 통해 우리 자신을 돕는 방법에 대해 훨씬 더 잘 이해하게 되었다. 그러한 예상은 사람들로 하여금 자신이 미쳐가고 있으며 모든 게 잘못되어가고 있고 스스로가 약하고 혼자라는 잘못된 생각을 하게 만든다. 현실에서는 모든 감정과 기복까지도 모두 애도 과정의 정상적인 부분이다. 애도에 대한 대화가 부족하면 우리가 제대로 하고 있는지 불안해한다. 이와 반대되지만 훨씬 더 유용한 접근 방식은 자기 자신 및 타인과의 연민적 관계를 쌓는 것이다. 안전한 곳에서 자신의 감정을 표현할 수 있게 해주는 방법이다.

표현

자신의 감정을 표현하는 것이 항상 쉬운 것은 아니다. 어떤 사람들은 말하고 싶은 충동을 가지고 있다. 또 어떤 사람들은 입을 닫고 무슨 말을 해야 할지 모른다. 말을 하고 싶다면 믿을 수 있는 상대를 찾아 이야기를 시작하라. 짐이 될까 봐, 다른 이의 마음을 불편하게 할까 봐와 같은 매우 일반적인 두려움이 있다면, 그렇다고 털어놓아라. 좋은 친구는 자신이 감당할 수 있는 부분이 무엇인지 알려줄 것이다.

말로 할 수 없다면 글을 써라. 어떤 식으로든 할 말이 떠오르기 마련이다. 그러한 생각과 감정을 종이 위에 꺼내놓는 행위는 우리 마음과 몸에서 일어나고 있는 일의 일부를 풀어내는 데 도움이 될 수 있다. 그 고통스러운 감정을 처리하는 과정을 통해 애도의 과업이 완수된다.

어떤 사람들은 그림이나 음악, 신체 활동, 또는 시를 통해 표현을 찾는다. 자신의 원초적인 감정을 방출하고 표현할 수 있는 안전한 길을 제시하는 것은 무엇이든 시간과 공간을 만들 가치가 있다. 어디서부터 시작해야 할지 잘 모르겠다면, 자연스럽게 떠오르는 것부터 시작하라. 과거에 도움이 된 것부터 시작하라. 아니면 단지 어떻게 될지 궁금한 마음이 드는 것부터 시작할 수도 있다.

경계를 잡아줄 심리치료사가 없다면 이것이 스스로 감정에 발을 들였다가 빠져나오도록 할 수 있는 좋은 방법이 될 수 있다. 감정을 느껴야 할 때가 있는가 하면 차단해야 할 때가 있고, 다가갈 때가 있는가 하면 몸과 마음의 휴식을 위해 돌아서야 할 때가 있다. 그러므로 감정을 표출하고 표현하는 데 시간을 할애할 예정이라면, 뒤에서 받쳐줄 안전망을 갖추길 바란다.

기억하고 계속 살아가기

누군가를 기억하는 일이 고통이고, 그 사람이 없는 현재를 살아가는 일이 고통이라면, 이 두 경험은 전쟁처럼 느껴질 수 있다. 삶은 끊임없이 요구를 해오고 계속 떠오르는 단 하나의 기억만으로도 우리는 무릎을 꿇게 된다.

아마도 애도를 하면서 시간이 지남에 따라 변하는 것 중 하나가 이 두 가지가 하나로 묶이는 일일 것이다. 또는 이 두 가지 필요가 공존할 수 있는 방법을 발견하고자 시도하는 것이다. 삶을 살아가야 할 필요성과 떠나보낸 사람을 기억하고 그와 연결되어 있어야 할 필요성. 이것은 떠난 이의 삶을 기리는 순간을 만들고, 그와의 관계를 지속하기 위한 의식에 시간을 쓰고, 과거와 미래를 모두 존중하는 방식으로 살기 위해 매일 신중한 선택을 하도록 할 수 있을 것이다.

애도의 과업은 고통 안으로 걸어 들어가 그것이 자신을 휩쓸고 가도록 두는 과정을 통해 스스로를 진정시키도록 도와준 다음, 다시 고통 밖으로 걸어 나오는 동안 슬픔이 잦아듦에 따라 몸과 마음을 쉬게 하고 단련하는 방법을 찾게 하여 지금처럼 다시 삶을 살아내게 하는 것으로 보인다(새뮤얼 Samuel, 2017).

상처 주위에 일구는 삶

상실의 자리에 남는 상처는 고치거나 치유할 대상이 아니다. 우리는 떠난 사람을 잊지 않고 기억하고 싶으며 그와 계속 연결되어 있다고 느끼기를 바란다. 그래서 상실의 상처는 열어지거나 없어지지 않는다. 상처는 우리가 그 주위에 삶을 다시 지어가고자 애쓰는 동안 그대로 남아 있다(란도Rando, 1993). 이것은 많은 사람들이 치료에 도움이 된다고 생각하는 개념이다. 떠난 이는 늘 그랬듯 우리에게 중요한 사람이기에 그를 잃은 고통은 계속된다. 그러나 우리는 성장하고 상실의 슬픔과 더불어 의미와 목적이 있는 삶을 새로이 만들어가기 시작하면서 그의 삶을 인정할 방법을 찾는다.

우리는 그 사람을 기억하고, 기리고, 연결되어 있음을 느낄 수 있는 방법을, 또 계속 살아갈 방법을 찾는다. 고통과 기쁨, 절망과 의미가 모두 삶의 일부가 될 수 있음을 알게 된다. 살아남을 수 있는 능력을 배우고, 그 깊이를 통해 스스로를 끌어올릴 수 있게 되며, 거기서 계속 나아간다.

전문가의 도움을 받아야 할 때

상담 전문가나 심리치료사에게 간다고 해서 애도를 잘못

이해하고 있다는 의미는 아니다. 상실의 슬픔으로 인한 고통을 헤쳐가려면 도움이 필요한데, 누구에게나 신뢰하거나 터놓고 대화하고 싶은 사람이 있는 것은 아니다. 치료실은 안식처가 될 수 있다. 굳건히 자리를 지키고 앉아 그 과정을 함께 지나가도록 훈련된 이에게 원초적인 감정을 분출할 수 있는 안전한 공간. 심리치료사는 우리가 상황을 이해하도록 도와줄 수 있고, 우리가 슬픔의 감정을 안전하게 다루고 애도를 더 잘 이해하도록 도움을 주는 기술을 사용할 수 있으며, 판단하거나 조언하거나 문제를 최소화하거나 해결하려고 시도하지 않으면서, 지금까지는 경험하지 못한 방식으로 우리 말을 경청할 수 있다. 심리치료사는 애도의 과업이 고통을 마주하는 과정을 통해 이루어진다는 것을 알고 있으며, 심리치료사의 과업은 그 길을 우리와 함께 헤쳐가고 우리가 필요로 할 때 인도해 주는 것이다.

- 애도에는 고통을 마주하는 과정이 필요하다.

- 사랑하는 사람이 없는 환경에 적응하는 데는 시간이 필요하다.

- 사랑하는 사람이 물리적으로 존재하지 않아도 그와의 연결을 유지할 수 있는 방법을 찾아야 한다.

- 새로운 현실을 받아들인다는 것은 우리에게 중요한 일을 계속 해나갈 수 있음을 의미한다. 어떤 감정을 느끼든 괜찮다.

- 조금씩 내딛는 과정과 꾸준한 발전을 과소평가하지 말라.

17장

힘의 기둥

상실의 슬픔 전문 심리치료사 줄리아 새뮤얼은 상실의 슬픔을 통해 삶을 재건할 수 있도록 도와주는 핵심 구조를 제시했다(2017). 새뮤얼은 그것을 '힘의 기둥pillars of strength'이라고 부른다. 구축하는 데 노력과 끈기가 필요하기 때문이다. 각각의 힘을 키움으로써 우리를 도와줄 안정적인 구조를 얻는다. 새뮤얼이 제시한 8가지 힘의 기둥은 다음과 같다.

1. 사별한 사람과의 관계
사랑하는 사람을 잃는다고 그 사람과의 관계와 그 사람에 대한 사랑이 끝나는 것은 아니다. 상실감에 적응하는 것은 사랑하는 사람을 가깝게 느낄 수 있는 새로운 방법을 찾는 일을 포함한다. 예를 들어 그 사람과 공유한 특별한 장소를 방문하거나 그가 있는 묘 또는 추모관에서 시간을 보내는 것이다.

2. 자신과의 관계

이 책은 모든 부분에서 자기 인식을 다루고 있다. 상실의 슬픔을 극복하는 과정도 마찬가지다. 자신의 대처 메커니즘을 이해하고 도움을 받고 건강을 돌보고 행복을 도모할 방법을 찾는 과정에서 우리는 자신의 필요에 최대한 귀를 기울여야 한다.

3. 슬픔 표현하기

슬픔을 표현하는 올바른 방법이란 없다. 조용히 성찰하거나 추모하거나 친구들과 마음을 나누는 방식을 선호한다면, 무엇이든 떠오르는 감정을 스스로 느끼도록 내버려두고 그것을 표현하는 행위가 자연스러운 애도 과정에 도움이 된다. 감정이 걷잡을 수 없도록 유난히 강렬한 경우, 3부에서 제공한 기술을 사용하여 도움을 받을 수 있다(125쪽 참고).

4. 시간

슬픔에 얼마만큼의 시간이 필요한지 예상하는 것은 힘든 싸움을 치를 태세를 취하는 것과 마찬가지다. 모든 것이 감당하기 버거울 때, 미래를 더 넓은 시야로 볼 수 있을 만큼 충분히 강해질 때까지는 눈앞에 다가오는 매일에만 집중하는 것이 도움이 된다. 정해진 기간에 특정한 방식으로 느끼도록 스스로에게 압박을 주는 것은 고통과 괴로움을 더할 뿐이다.

5. 몸과 마음

우리 몸의 상태와 감정, 생각과 행동은 바구니의 짜임과 같다 (73쪽 참고). 서로 영향을 주지 않고는 어느 하나 바꿀 수 없다. 이는 우리가 하는 경험의 모든 측면을 훨씬 더 중요하게 만든다. 규칙적인 운동, 잘 먹는 것, 사회적 접촉을 잘 유지하는 일은 가장 필요한 순간에 우리가 정신 건강을 강화하는 데 도움이 된다.

6. 경계 설정하기

우리를 사랑하는 사람들이 어떻게 이 상황을 헤쳐가야 하고 언제 일상으로 다시 돌아와야 할지 등의 조언을 쏟아낼 때, 경계를 분명하게 설정하는 능력이 자신에게 있음을 기억하는 것은 필수적인 도구가 된다. 자기 인식을 구축하고 우리 자신의 필요에 귀를 기울이고자 한다면, 때로는 스스로에게 가장 이로운 일을 하기 위해 경계를 설정하고 유지해야 할 필요가 있다.

7. 구조

예측 가능성과 모험성, 구조와 유연성 사이의 균형에 대한 인간의 필요에 관해서는 앞서 언급한 바 있다. 상실을 겪고 난 뒤 정신 건강이 취약해졌을 때는 애도의 마음을 감안한 유연성을 발휘하는 동시에 운동 및 사회적 접촉과 같은 건강한 행동의 부재로 인한 정신 건강 악화 방지에 도움이 되는 일정 수준의 구조와 일과를 어느 정도 유지하는 것이 합리적이다.

8. 집중하기

우리가 느끼는 감각을 설명할 단어가 충분하지 않을 때, 단순히 우리의 내면세계를 관찰하고 몸의 감각을 시각화하는 데 주의를 집중하면 자신의 감정과 신체적 상태의 변화에 대한 인식을 구축하는 데 도움이 될 수 있다.

17장 요약

- 우리는 시간과 노력과 끈기를 가지고 사별 후의 삶을 재건할 수 있다.
- 특별한 장소나 추모관 방문을 통해 사랑하는 사람을 가깝게 느낄 수 있는 새로운 방법을 찾아라.
- 애도하는 과정에서 가능한 한 우리 자신이 필요로 하는 것에 귀를 기울여라.
- 슬픔을 표현하는 데 옳은 방법이란 없다.
- 얼마나 많은 시간을 슬퍼해야 할지 예상하지 말라.

5부

자기 회의에
관하여

18장

비판과 비난에
대처하기

비판과 비난은 우리 모두가 언젠가 직면해야 하는 것이다. 하지만 그러한 피드백이 우리의 자존감을 망가뜨리는 대신 우리의 삶을 향상시키도록 대처하는 방법은 실제로 아무도 가르쳐주지 않는다.

비판이나 비난을 예상하는 일조차 우리에게 가장 중요한 것을 위해 노력하는 능력에 막대한 차질을 가져올 수 있다. 따라서 비판이나 비난에 건강한 방법으로 대처하는 기술이 없다면 큰 대가를 치러야 할 수 있다.

이 장에서 이야기하려는 바는 타인이 자신을 어떻게 생각하는지 신경 쓰지 말라는 것이 아니다. 사실 우리는 주변 사람들에게 스스로가 어떻게 인식되고 있는지 신경을 쓰도록 만들어졌다. 비판은 우리가 어떤 식으로든 기대에 부응하지 못했다는 신호가 될 수 있고, 때때로 (항상은 아니지만) 스트레스 반응을 유발할 위험이 있다는 신호일 수 있다. 스트레스 반응은 우리가 싸울 태세를 갖추도록, 그에 대해 뭔가를 할 준비가 되도록 한다. 역사적으로 자신이 속한 공동체로부터의 거부는 인간 생존에 심각한 위협이었다. 요즘은 어떤 면에서는 다르긴 하지만 또 어떤 면에서는 비슷하다. 거부와 외로움은 계속해서 우리의 건강에 큰 위협이 되고, 두뇌는 한 집단 내에서 우리를 안전하게 지키기 위한 노력을 이어간다.

단순히 안전하게 지키는 것을 넘어, 타인이 자신을 어떻게 생각할지 상상하는 우리의 능력은 우리가 소속된 사회집단에서 기능하도록 돕는 핵심기술이다. 우리는 자신의 경험이나 다른 사람과의 상호작용 방법에서뿐 아니라 다른 사람이 실제로 우리에 대해 어떻게 생각할지, 우리에 대해 어떤 생각과 인식을 갖고 있는지를 상상함으로써 자아감과 정체성을 발달시킨다. 이를 '거울 자아'(쿨리Cooley, 1902)라고 한다. 그러니 상대가 나를 어떻게 생각하느냐가 내가 다음에 하는 일에 영향을 미친다는 이야기는 일리가 있다.

따라서 다른 사람이 어떻게 생각하는지 신경 쓰지 말라고 스스로에게 말을 해주면 순간적으로 힘이 나는 것처럼 느껴

진다고 해도, 그 영향력은 기껏해야 단기간에 끝나는 경우가
많다.

타인을 기쁘게 하기

타인을 기쁘게 하는 일은 단순히 사람들에게 친절하게 대하
는 것 그 이상이다. 누구라도 다른 사람에게 친절하게 대하라
고 권할 것이다. 그러나 기쁘게 하기는 스스로의 건강과 행복
에 해가 될지라도 일관되게 다른 모든 사람을 자신보다 우선시
하는 행동양식이다. 남을 기쁘게 하기 위한 행동은 우리 자신
의 필요와 호불호를 표현할 수 없고, 경계를 지키거나 심지어
스스로를 안전하게 지킬 수 없다고 느끼게 만들 수 있다. 우리
는 사실은 '아니오'라고 말하고 싶고 그렇게 해야 할 때 '예'라고
말한다. 이용당했다는 사실에 분개하지만 다른 것을 요구함으
로써 상황을 바꿀 수는 없다. 또 우리가 좋아하지 않거나 함께
시간을 보내지 않는 사람일지라도 발을 잘못 디디고, 잘못된
선택을 하고, 누군가를 불쾌하게 할 가능성이 항상 있기에 비
난에 대한 두려움은 결코 사라지지 않는다.
우리 모두가 주변의 인정을 받고자 신경 쓰는 마음을 가지
고 있겠지만, 기쁘게 하기는 그것과는 차원이 다르다. 반대의
견을 갖거나 다름을 표현하는 일이 내 안전을 지켜주지 않는

환경에서 자라는 경우, 반대의 감정이 분노나 경멸로 표현된다면 우리는 아이가 되어 그 환경에서 살아남는 법을 배운다. 다른 사람의 기분이 상하지 않게 맞춰주는 것은 우리가 어린 시절을 통해 갈고닦아 완성한 생존 기술이 된다. 그런 행동양식은 나중에 성인이 되어서야 우리의 인간관계에 해로운 영향을 드러낸다. 우리는 늘 상대가 우리에게 기대하는 바를 알아내기 위해 잠정적인 노력을 기울이면서 자신의 모든 행동을 예측한다. 상대가 마음을 되돌려준다는 보장이 없는 경우 우리는 상호작용을 억제하기 때문에, 이러한 행동은 오히려 새로운 관계를 형성하는 데 방해가 될 수 있다.

타인을 기쁘게 하는 삶을 사는 일은 사람들이 항상 비판을 통해 자신의 반감을 드러내지는 않는다는 사실 때문에 더욱 복잡해진다. 우리는 상대가 아무 말도 하지 않을 때에도 두려워하고 반감을 느낄 수 있다. 그런 정보가 없을 때 우리의 생각이 그 빈칸을 채우기 시작한다. 스포트라이트 효과는 원래 2000년 토머스 길로비치와 케네스 사비츠키가 타인이 우리에게 집중하는 정도를 과대평가하는 인간의 경향을 설명하기 위해 만든 용어다. 우리는 각자 자신에게 온 관심을 기울이며 다른 사람들도 자신에게 관심을 집중한다고 생각하는 경향이 있는데, 실제로는 모든 사람의 관심은 보통 자기 자신에게만 집중되어 있다. 그래서 우리는 종종 다른 사람이 우리에 대해 아무 생각이 없을 때도 그들이 자신을 부정적으로 평가하거나 못마

땅하게 여긴다고 추측하고는 한다.

사회적 불안을 느끼는 사람들은 자신이 주변 사람들에게 어떻게 인식되고 있는지에 관심을 더 집중하는 경향이 있다(클러크Clark와 웰스Wells, 1995). 그러나 자신감이 충만한 이들은 타인에 대한 호기심을 가지고 외부에 관심을 더 많이 집중하는 경향이 있다.

만약 다른 사람들이 생각하는 것을 크게 신경 쓰도록 설정된 두뇌를 가지고 있거나 타인을 기쁘게 하는 행동양식을 보이는 경향이 있음을 알았다면, 어떻게 해야 그 상황과 타협하며 잘 살아갈 수 있을까? 어떻게 해야 의미 있는 관계를 맺으면서도 타인의 판단과 비난에 대한 끊임없는 걱정의 늪에 갇히지 않을 수 있을까? 또 누군가의 비난 때문에 우리 자신에게 중요한 가치에 따라 살지 못하게 될 때 다시 털고 일어나 제자리로 돌아오는 방법은 무엇일까?

다음은 비판에 대처하기 위한 훈련 과제다.

- 도움이 될 수 있는 비판을 수용하고 자존감은 유지하면서 그것을 자신의 상황에 유리하게 활용하는 능력 기르기
- 자신의 발전에 도움이 되는 부정적인 피드백으로부터 무언가를 배우기 위한 열린 태도 갖기
- 자신의 가치관이 아닌 타인의 가치관이 반영된 비판을 흘려보내는 법 배우기

- 자신에게 가장 중요한 의견과 그 이유를 명확히 함으로써 타인의 의견을 반영하고 배워야 할 때와 흘려듣고 앞으로 나아가야 할 때를 더 쉽게 파악하기

타인을 이해하기

타인에 대해 혹독할 정도로 비판적인 사람들은 대부분 자신에 대해서도 매우 비판적인 경향이 있다. 그것은 그들 자신을 비롯한 모두에게 말하는 법을 어떤 식으로 배웠는지를 반영하는 것일 수 있다. 그들이 비판을 하는 이유는 그것이 반드시 한 인간으로서의 가치에 대한 반영이라서가 아니라 비판이 그들의 일이기 때문이다. 특히 어떤 식으로든 도움이 될 수 있는 비판이 아닌 인격에 대한 인신공격일 경우가 그렇다.

또한 인간으로서 우리는 자기중심적인 사고를 하는 경향이 있는데, 이는 다른 사람들도 우리와 같은 가치관에 따라 살고 우리 스스로가 정한 것과 같은 규칙을 따르며 살아야 한다고 주장할 때 드러날 수 있다. 이는 비판이 종종 우리가 다른 삶의 경험과 가치관, 성격을 가지고 있다는 사실을 간과하고 비판하는 사람이 세상을 보는 관점에 기반을 둘 수 있음을 의미한다.

사람들은 자신의 생활 규칙을 기준으로 타인을 비판하는 경향이 있는데, 특히 다른 사람을 기쁘게 하려는 경향이 있는 사

람들은 이 사실을 이해하고 기억하면 도움이 될 것이다. 우리는 모두에게 인정받기를 원하지만, 각 개인이 자신만의 생각과 관점을 가지고 있다면, 항상 모든 사람을 기쁘게 할 수는 없다. 우리가 상대와 친밀한 관계를 맺고 있다면 상대의 의견을 더 중시할 가능성이 높지만(비판이 더 고통스럽게 다가올 수 있다), 동시에 반대의견 뒤에 무엇이 있는지 더 잘 이해할 수 있는 통찰력을 가질 수 있다.

맥락이 가장 중요하지만, 우리가 항상 맥락을 파악할 수 있는 상황에 있는 것은 아니다. 맥락을 알 수 없을 때, 자신의 경험으로 꽁꽁 싸인 개인의 생각인 비판을 의도된 대로 읽어내는 것은 훨씬 더 어렵다. 자연스러운 본능에 따르면 비판을 우리가 누구인지 말해 주는 사실적 발언으로 받아들이고 자신의 자존감에 대해 의구심을 던지게 된다.

자존감 키우기

모든 비판이 나쁜 것은 아니다. 피드백이 특정 행동에 초점이 맞춰져 있으면 우리는 죄책감을 느끼는 경향이 있으며, 이는 관계를 회복하기 위해 자신의 실수를 바로잡도록 유도한다. 비판이 자신의 인격과 인간으로서의 자존감을 공격할 때, 우리는 그것을 수치심의 형태로 느끼는 경향이 있다.

수치심은 분노나 혐오 같은 다른 감정과 혼합될 수 있는 매우 고통스러운 감정이다. 덜 강렬하고 대개 사람이 많은 곳에서 느끼는 경향이 있는 당혹감과는 다르다. 수치심은 훨씬 더 고통스럽다. 우리는 말하거나 명확하게 사고하지 못하고, 아무것도 할 수 없다고 느낀다. 사라지고 싶고 숨고 싶어진다. 순전히 신체로부터 일어나는 반응의 강도가 높아 회복하기 어렵다.

수치심은 누군가가 우리 안의 다른 모든 감정에 성냥을 갖다 대고 있다고 느낄 수 있는 방식으로 위협 시스템을 가동시킨다. 그러므로 우리 안에서는 분노, 두려움, 혐오 등의 감정이 같이 일어난다. 그런 다음 자기 공격이 산을 넘은 군인들처럼 떼 지어 몰려와서는 자기비판, 자기 비하, 비난 등을 퍼붓는다. 그런 종류의 맹공을 받으면 우리의 본능은 그 모든 것을 차단한다. 하지만 수치심은 무시하기 쉽지 않다. 그래서 우리는 즉각적인 안도감을 주는, 가장 빠져들기 쉽고 중독적인 행동을 취한다.

수치심 회복력은 습득할 수 있는 것이지만, 생활에서 실천해야 한다. 수치심에 대한 회복력을 기른다고 해서 수치심을 전혀 느끼지 않게 되는 것은 아니다. 수치심 회복력은 우리가 스스로 먼지를 털고 다시 일어나는 법을 배우는 것을 의미한다.

수치심을 경험하고도 자존감을 잃지 않고 다시 원상태로 돌아올 수 있다는 것은 다음의 경우를 의미한다.

- 무엇이 수치심을 유발하는지 알게 되는 것. 우리의 삶과 우리가 하는 일에는 우리 자신의 일부라고 인식되는 특정한 측면이 있다. 그것은 육아일 수도 있고 외모 또는 창의력일 수도 있다. 자신의 자존감과 연결되는 모든 것이 수치심을 유발할 수 있다. 자존감을 쌓고 유지하기 위해서는 우리가 한 인간으로서 지닌 가치가 실수 없는 삶을 사는 데 달려 있지 않음을 이해할 필요가 있다.

- 비판과 그에 따른 모든 판단에 대한 현실 점검하기. 다른 사람에게서 나온 것이든 자신의 머리에서 나온 것이든, 판단과 의견은 사실이 아니다. 세계에 대한 우리의 경험을 크게 바꿀 수 있는 서술이자 이야기이다. 따라서 스스로의 자존감을 돌보는 일은 험담과 인신공격을 방정식에서 제외하고, 구체적인 행동과 그 결과에 초점을 맞추는 것을 포함한다. 불완전하고 실수하고 실패하는 것은 모두 인간이 인간이게 하는 것의 일부임을 기억하자. 불완전성과 친구가 된다는 것은 우리가 실수를 해도 스스로를 무가치하게 여길 필요가 없다는 사실을 의미한다. 각 경험을 통해 배움으로써 자신에게 유리하게 이용할 수 있다.

- 자신이 하는 말을 조심하기. 비판은 늘 상처를 약간 남길 것이다. 이는 뇌가 우리를 안전하게 지키기 위해 최선을 다하고 있다는 뜻이다. 모든 것을 영원히 괜찮게 해줄 해결책은 없다. 우리가 입은 갑옷에서 튕겨 나오는 비판들.

최악의 비평가가 우리 자신의 머릿속에서 떠들고 있는데 갑옷이 다 무슨 소용인가? 가혹한 말이나 비판은 우리를 움츠러들게 한다. 물론 그런 다음 우리는 5시간 동안 머릿속에서 그 말을 몇 번이고 반복 재생한다. 뇌는 그 말에 주의를 기울이기를 원한다. 위협적이기 때문이다. 하지만 우리가 마음속으로 그것을 곱씹을 때마다, 스트레스 반응이 다시 일어난다. 따라서 배를 한 번 차도 백 번 차는 것처럼 느껴질 수 있다. 우리가 잘 활용할 수 있고 세상에서 하고 있는 일에 보탬이 되는 유익한 비판에 대해 고민하는 시간은 잘 보낸 시간이다. 악의적인 발언이 우리에게 어떤 식으로 도움이 될지에 대한 인식 없이 되새기며 뒤척이는 것은 스스로의 인격에 대한 공격의 연속일 뿐이다.

• 비판을 받은 후 올바른 방식으로 자신과 대화하기. 이것은 수치심을 극복하고 회복할 수 있는 능력을 갖기를 원한다면 필수적인 과제이다. 우리가 자기혐오감일 수도 있는 수치심을 느낄 때는 공격을 계속해야 한다고 스스로를 납득시킨다. 우리 자신을 존중과 연민으로 대한다는 생각은, 마치 그것이 우리를 곤경에서 벗어나게 하고 우리가 더 열심히 노력하는 것을 방해할 것처럼, 부당하고 관대하게 느껴진다. 그러나 현실에서 넘어진 사람이 일어나길 바란다면 때리는 것을 멈춰야 한다. 모든 비판을 자신에게

유리하게 적용하는 비결은 내가 나 자신의 뒤를 든든히 받쳐주고 자기 연민을 넘치도록 가져서 비판에 귀 기울일 수 있고, 그 비판 중 어떤 것을 수용하고 학습경험으로 유용하게 잘 사용할지, 어떤 목소리가 그저 우리 자존감에 흠집을 내고 자신감을 무너뜨릴 것인지 결정할 수 있게 하는 것이다.

• 수치심 자체에 대해 이야기하기. 자신이 신뢰하는 사람에게 연락해서 털어놓아라. 비밀, 침묵, 판단은 수치심을 증폭시킨다. 공감하며 반응해 주는 사람과 경험을 공유하면 수치심을 뒤로하고 앞으로 나아가는 데 도움이 된다.

나를 이해하기

비판에 맞서 자신이 원하는 삶을 산다는 것은 다음을 명확하게 하는 일이다.

• 자신에게 진정으로 중요한 의견과 그 이유. 누구의 의견이 가장 중요한가? '누가 어떻게 생각하든 상관없어'라는 말은 대체로 사실이 아니며 불안의 세계를 감추고 있다. 그것은 우리가 타인과 의미 있는 관계를 맺는 일을 막는다. 두 목소리가 중요한 의사소통의 길을 차단하기 때문이다.

그러나 진정으로 중요한 의견의 목록은 짧아야 한다. 또한 중요한 사람을 인정한다고 해서 그들을 기쁘게 하는 것이 자신의 책임이 아니라는 점을 분명히 해야 한다. 그것은 칭찬이 아니더라도 그들의 피드백을 기꺼이 경청할 의지가 있음을 의미한다. 우리 스스로 그것이 솔직하고 자신에게 가장 유익한 일일 것이며, 따라서 가장 도움이 될 가능성이 높음을 알기 때문이다.

• 자신이 하는 일을 하는 이유. 우리가 가장 인정을 받아야 할 사람은 바로 우리 자신이다. 우리가 살아가는 방식이 우리 자신의 가치관을 비롯한 가장 중요한 부분과 일치하지 않을 때 삶은 더 이상 의미 있지 않으며 만족감을 주지 않는다. 어떤 사람이 되고 싶은지, 어떻게 살고 싶은지, 세상에 어떤 식으로 기여하고 싶은지를 이해하는 것이 우리가 가까이 머무르고 싶은 길이다. 내가 누구인지, 어떤 사람이 되고 싶은지를 정확히 알면, 어떤 비판을 받아들이고 어떤 비판을 버려야 할지 선택하기가 훨씬 쉽다.

• 익숙한 비판적 목소리가 실제로 어디서 왔는지 그리고 그것이 타당하고 우리의 행복에 이로운지 또는 해로운지의 여부. 우리 삶에 비판적으로 이야기할 것이 예측되는 사람이 있을 때, 우리는 그들이 입을 열기도 전에 어떤 말을 할지 목소리를 듣는다. 시간이 지남에 따라 우리는 그들이 건넨 끊임없는 비판을 내면화하며 그것은 우리 자신에

게 말하는 방식이 된다. 그래서 우리는 매우 자기비판적일 수 있다. 그렇게 되도록 학습됐기 때문이다. 우리 자신에게 말하는 방식을 학습했음을 우리가 인식하는 것은, 우리에게 더 도움이 되는 새로운 내면의 대화를 다시 배울 수 있다는 사실을 인정하는 데 도움이 된다.

18장 요약

- 비판과 비난에 대해 건강하게 대처하는 기술을 배우는 것은 삶의 중요한 기술이다.
- 우리는 다른 사람이 우리 자신에 대해 어떻게 생각하는지 신경 쓰도록 태어났기 때문에, 신경 쓰지 않는다고 스스로에게 말하는 것이 정답은 아니다.
- 타인을 기쁘게 하는 일은 단순히 사람들에게 친절하게 대하는 것 그 이상을 의미한다. 이는 스스로의 건강과 행복에 해가 될지라도 일관되게 다른 모든 사람을 자신보다 우선시하는 행동이다.
- 일부 사람들이 혹독하게 비판을 하는 이유를 이해하는 것은 도움이 된다.
- 자신의 자존감과 수치심 회복력을 키우는 일은 가능하며, 잠재적으로 인생을 완전히 변화시킬 수 있다.

19장

자신감을
키우는 열쇠

작은 마을에서 자란 십 대 시절, 나는 스스로를 자신감이 있는 사람이라고 생각했다. 그러다가 그 마을을 떠나 160킬로미터 이상 떨어진 대학에 갔다. 그러나 나의 일부라고 생각했던 자신감의 많은 부분은 집에 남아 있었다. 나는 취약했고, 스스로에 대한 확신이 없었고, 누구랑 어울려야 하는지 분명하지가 않았다. 시간이 지나면서 대학 생활은 새로운 일상이 되었고 나는 다시 한 번 자신감이라는 벽돌을 하나씩 하나씩 쌓아갔다.

졸업 후 나는 중독 서비스 연구원으로 취직했다. 대학의 요구를 충족하는 데 자신감을 느끼는 것으로는 더 이상 충분하지 않았다. 이 새로운 분야에서 자신감을 키우기 위해 다시 한 번 약해진 마음을 다잡아야 했다. 임상 교육을 시작했을 때도 그랬고, 자격증 취득 후에도, 첫째 아이 출산 후에도, 개인 진료를 시작했을 때에도, 소셜미디어를 통해 심리치료 일을 대중에게 알리기 시작했을 때도 마찬가지였다.

무언가 새로운 시도를 할 때마다 충분하다고 여겼던 자신감이 갑자기 부족해지고 나약한 마음이 다시 고개를 드는 것 같았다. 자신감은 자신을 위해 지은 집과 같다. 새로운 곳에 가면 새 집을 지어야 한다. 하지만 새 집을 짓는다고 해서 매번 처음부터 시작하는 것은 아니다. 미지의 세계에 발을 들이고 새로운 것을 시도하고 그 취약성을 경험하고 실수를 하고 이겨내고 자신감을 쌓아갈 때마다 우리는 어려운 도전을 극복할 수 있다는 증거를 가지고 다음 장으로 넘어간다. 우리는 믿음의 도약을 거듭하는 데 필요한 용기를 품고 있다. 공중 곡예사가 다음 막대를 잡기 전에 잡고 있던 막대에서 손을 놓을 때마다 해내야 하는 믿음의 도약과 같은 것이다. 곡예사는 매번 취약함에 노출되어 있으며 결코 완전한 안전이 보장되지 않지만, 시도할 때마다 그것을 실현하는 데 필요한 용기로 위험을 감수할 수 있음을 안다.

자신감을 쌓으려면 자신감이 없는 일에 도전하라

자신감은 편안함과 다르다. 자신감에 대한 가장 큰 오해 중 하나는 자신감이 생기면 두려운 것 없이 살 수 있으리라는 생각이다. 자신감을 쌓는 열쇠는 정반대에 있다. 자신감이란 우리가 의미 있는 일을 할 때 기꺼이 두려움이 존재하도록 내버려둘 수 있는 마음이다.

어떤 일에 자신감이 생기면 기분이 좋다. 그 자리에 머물러 유지하고 싶다. 하지만 우리가 자신감을 느낄 수 있는 상황만 찾아다니면, 자신감은 결코 확장되지 않는다. 스스로 잘할 수 있는 일만 하다 보면 알지 못하는 새로운 대상에 대한 두려움이 커지게 된다. 자신감을 쌓기 위해서는 어쩔 수 없이 취약한 마음과 친해져야 하는데, 이것이 한동안 자신감 없이 있을 수 있는 유일한 방법이기 때문이다.

하지만 자신감을 키울 수 있는 유일한 방법은 자신감 없이도 기꺼이 해내는 것이다. 우리가 두려움 속으로 들어가 미지의 대상과 함께할 때, 그렇게 하는 용기가 근본부터 자신감을 쌓아가게 한다. 용기가 먼저이고, 자신감은 그다음이다. 이는 우리가 감정 깊숙한 곳까지 뛰어들어 우리 자신을 압도하는 위험을 감수해야 한다는 의미가 아니다.

두려움이라는 감정이 우리가 최선을 다하도록 어떤 식으로 도움을 주는지 인식해야 하며 우리가 두려움과 맺고 있는 관계를 개선함으로써 시도도 하기 전에 없애버리려고 애쓰지 않아도 되도록 해야 한다는 것을 의미한다. 우리는 두려움을 안고 가는 법을 배운다.

오버리프Overleaf는 자신감 구축을 위한 지침으로 사용할 수 있는 학습 모델이다(루크너Luckner와 내들러Nadler, 1991). 자신의 삶의 어떤 면이 안전지대comfort zone에 있는지, 도전적이지만 해볼 만한 일들은 무엇인지, 그리고 공포 지대panic zone로 자신을 몰아넣는 것은 무엇인지를 적어보자. 우리는 학습 지대stretch zone에 발을 들여놓을 때마다 용기를 내어 자신감을 늘려가는 일을 하고 있는 것이다.

자신감을 키우는 일은 자기수용과 자기 연민을 쌓고 나약함과 두려움이 가진 가치를 배우는 과정이다. 항상 쉽지만은 않은, 균형 잡힌 행동인 경우가 많다. 그 과정에서 이 책에 등장하는 모든 도구를 사용할 수 있다. 각각의 도구는 우리가 노력을 기울이고 불편함을 참았다가 뒤로 물러나 보충할 수 있는 능력을 키우는 데 도움이 된다.

학습 지대에 들어서는 데 필요한 믿음의 도약의 몇 가지 주요 요소는 다음과 같다.

- 노력하면 발전할 수 있다는 인식
- 잠시 취약해짐으로써 생기는 불편함을 기꺼이 참아낼 의지
- 성공하든 실패하든 항상 나 자신의 뒤를 든든히 받쳐주

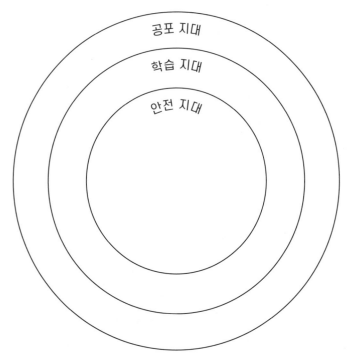

공포 지대

학습 지대

안전 지대

그림 8 학습 모델(루크너와 내들러, 1991)

고 스스로 최선을 다하겠다는 자신과의 약속—이는 자기 연민을 삶의 수련으로 받아들이고 최악의 비평가가 아닌 나 자신의 코치가 되는 것을 의미한다.

• 좌절에서 오는 수치심을 피하고자 꿈을 포기하려는 경향을 막기 위해 실패로 인해 느낄 수 있는 수치심을 극복하고 나아가는 방법 이해하기. 이와 관련한 자세한 사항은 3부를 참고하라.

- 자신감을 키우기 위해서 두려움 속에서 살 필요는 없다. 두려움 안에 발을 들이고 그 안에 함께 앉아 있다가 다시 뒤로 물러나 빠져나오면서 우리 자신이 스스로 회복하고 내일을 위해 재충전하는 시간을 갖는, 일상의 패턴을 만들어야 한다. 두려움에 관한 자세한 내용은 6부를 참고하라.

자존감을 위해 노력할 필요가 없는 이유

자존감이라는 개념과 우리 자신을 믿기만 한다면 더 나은 성과를 내고 인간관계와 삶의 전반적인 행복 지수가 향상될 것이라는 생각을 바탕으로 형성된 전체 산업이 있다.

자존감은 일반적으로 자신을 긍정적으로 평가하고 그러한 평가를 믿을 수 있는 것을 의미한다(해리스Harris, 2010). 그래서 우리가 자존감 높이는 것을 도와주려는 사람은 우리가 우리 자신에 대해 좋아하는 점과 자신의 강점을 나열하게 하고, 우리가 세상에서 '성공한 사람'이 될 수 있다고 믿게끔 설득한다. 하지만 우리가 아는 '성공'이라는 개념에는 문제가 있다. 우리는 성공을 부와 승리, 눈에 띄고 타인에게 인정받는 것이라는 개념과 연결시킨다. 그런데 자신이 이기고 있는지는 어떻게 아는가? 우리는 자신을 타인과 비교한다. 아마 온라인에 접속해서 46억 명의 인터넷 사용자 중 아무나 골라 비교할지 모른다.

비교군이 그 정도의 규모라면 나보다 뭔가를 잘하는 사람을 한 명은 찾을 수 있을 것이다. 그렇게 할 경우, 승자가 못 되면 스스로가 패자로 여겨질 수 있기 때문에 자존감에 타격을 입을지 모른다.

온라인이 아닌 현실 세계에 머무르지만 자기 자신을 친구나 가족과 비교한다면 어떨까? 건강한 관계를 유지하지 못할 것이다. '성공'의 척도를 가치 있음worthiness과 연관 짓는다면 결국 우리가 비교하고 있는 사람들과 진정한 관계를 맺는 일이 어려워질 것이다. 내가 실직하고 친구는 승진하는 상황이 오면 어떻게 될까? 심리학자 그룹의 연구 검토에 따르면 높은 자존감은 더 나은 관계나 성과와는 관련이 없다. 그것은 오히려 오만, 편견, 차별과 관계가 있다(바우마이스터Baumeister 등, 2003). 연구자들은 개입을 통해 자존감을 높이려고 하는 일에 장점이 있다는 중요한 증거를 발견하지 못했다.

'성공'의 여부에 달린 자존감은 신뢰할 수 없다. 그런 자존감은 계속 지불해야 하는 심리적 임대료이다. 자신이 남보다 부족하다는 신호를 알아채는 순간 우리는 스스로가 충분하지 않다고 낙인찍는다. 그래서 우리는 결핍을 대하는 태도와 부족함에 대한 두려움에 떠밀려 햄스터처럼 쉴 새 없이 성공의 쳇바퀴를 굴린다.

긍정의 말을 버려라

소셜미디어 플랫폼을 열면 매일 긍정의 말을 마주하게 된다. 그러한 긍정의 말의 이면에는 스스로에게 충분히 무언가를 말하면 그것을 믿기 시작하고 그렇게 될 것이라는 생각이 자리한다. 하지만 막상 알고 보면 그렇게 간단한 일은 아니다. 이미 자존감이 높고 스스로를 믿는 사람들에게는 긍정의 말을 반복하는 것이 기분이 좀 더 좋아지는 이점이 있을 수 있다. 하지만 일부 연구에 따르면, 자존감이 낮은 사람의 경우, '나는 강해. 나는 사랑스러워'와 같은 스스로도 믿지 않는 긍정적 확언이나 발언을 반복하거나 그 말이 사실임을 뒷받침하는 모든 이유에 초점을 맞추라는 이야기를 듣게 되면 기분이 더 나빠지는 경향이 있다(우드Wood 등, 2009).

그 이유는 우리가 모두 하는 내적 대화 때문일 것이다. 스스로 강하고 사랑스러운 사람이라고 소리 높여 말하지만 마음으로는 그렇다고 믿지 않는다면, 우리 내면의 비평가는 우리 자신이 강하지 않고 사랑스럽지 않은 모든 이유를 제시할 것이다. 그 결과는 내적 전투로 이어지며, 우리는 필사적으로 밀어내려고 애쓰면서도 스스로를 무너뜨리는 온갖 이야기에 집중하는 시간이 많아진다.

그럼 어떤 방법이 효과가 있을까? 앞서 언급한 연구에 따르면 자존감이 낮은 사람의 경우 부정적인 생각을 해도 괜찮다는 말을 들으면 기분이 나아졌다고 한다. 스스로 아직 받아들이지 못하는 말로 더 이상 자신을 설득하지 않아도 되기 때문이다. 그러므로 스스로가 강하지 않다고 여겨지는 날에는 그렇다고 얘기하지 않아도 된다. 우리는 때로 이런 식으로 느끼는 것이 인간적인 모습의 일부임을 인정할 수 있다. 연민과 격려로 이에 대응할 수 있다. 그런 다음 스스로 되고 싶은 모습에 맞춰 힘든 시기를 헤쳐가는 데 우리가 사용할 수 있는 모든 도구를 사용하여 자신이 가진 힘을 다시 느낄 수 있도록 도와주는 것들에 의지할 수 있다. 우리가 우리 자신에 대해 더 긍정적인 것을 믿기 시작하는 방법은 그에 대한 증거를 만들기 위해 행동하는 것이다.

긍정의 말이 자존감이 낮은 이들에게는 최선의 전략이 아닐 수 있지만, 말은 여전히 중요하다. 실수와 실패가 빗발치는 자책으로 이어진다면 어느 하나라도 가벼이 넘어가지 말자. 프로 운동선수들이 전문 코치를 두는 데는 이유가 있다. 일상생활에서는 그런 것이 없기에 우리는 우리 자신이 그 역할을 해야 한다. 실패에 대한 자연스러운 감정적 대응은 우리의 생각에 영향을 미치고 스스로를 자기비판에 더 취약하게 만든다. 따라서 항상 피할 수는 없지만 우리 자신에게 더 도움이 되는 대안으로 대응할 수는 있다. 자신감을 키우려면 최악의 비평가가 아닌 자신만의 코치가 되도록 해야 한다. 이는 우리가 실패했을 때 일어나 툭툭 털고 다시 도전할 수 있도록 도와주는 방식으로 실패에 대응하는 것을 의미한다. 전문 코치는 우리를 말로 괴롭히거나 우리가 스스로 받아들이지 못하는 긍정의 말들을 외치지 않는다. 그들은 정직함과 책임감을 가지고 무조건적인 격려와 지원을 해준다. 점수에 상관없이 우리의 최선의 이익을 마음에 둔다. 스스로 그렇게 하는 일이 항상 쉬운 것은 아니지만, 연습을 통해 향상시킬 수 있는 삶의 기술이다.

 도구 상자
두려움과의 관계를 변화시켜 자신감 키우기

우리를 불안하게 만드는 것에 대한 자신감을 키우려면 두려움의 감각을 밀어내지 않고 기꺼이 받아들이며 그것과 함께하는 연습을 하면 된다. 이를 위해 극심한 공황이나 공포를 유발하는 상황에 자신을 밀어 넣을 필요는 없다. 사실 그것은 바람직하지 않은 방법이다. 대신 발끝만 살짝 물에 담그는 식으로 연습할 수 있다. 압도당하지 않고 스트레스 반응을 느낄 수 있을 만큼만 그 안락한 영역에서 살짝 벗어나보는 것이다.

- 자신감을 더 쌓고 싶은 상황을 적어라. 가장 취약한 상황을 맨 위에 배치한다. 그런 다음 다루기는 더 쉽지만 여전히 어려운 상황의 변형을 나열해 보자. 예를 들어 사회적 상황에 대한 자신감을 키우고 싶다면 가장 자신이 없다고

느끼는 상황으로 파티를 목록의 맨 위에 놓을 수 있다. 그것보다 조금 더 쉬운 것은 내가 아는 사람만 모인 파티일 수 있다. 그보다 더 쉬운 것은 친한 친구들과의 소규모 모임일 것이다. 그보다도 쉬운 것은 믿을 만한 친구와 카페에 가는 일일 테고. 일단 목록을 적었으면 맨 위에서부터 시작하는 것이 아니라, 어렵긴 해도 해볼 만하다고 여겨지는 상황을 먼저 선택한다. 그런 다음 가능한 한 자주 그 상황에 자신을 노출시켜라. 일단 자신감이 커지고 그 상황이 자신의 안전지대가 되면, 다음 항목으로 넘어간다.

'완전한 양육자perfect nurturer'는 폴 길버트와 데보라 리가 처음 고안해 연민 중심 치료Compassion Focused Therapy, CFT에 사용한 도구이다. 자신감을 기를 때 필요한 자기 대화로 초점을 돌리는 데 도움이 될 수 있다.

- 완전한 양육자는 자신이 필요할 때 안전함을 느끼고 보살핌을 받는다는 기분을 느끼기 위해 돌아갈 수 있는 사람의 이미지이다. 코치라는 개념을 더 선호한다면 그 표현을 대신 사용해도 된다.
  - 마음속에 완전한 양육자 또는 코치의 이미지를 만들어라(이는 실제 인물일 수도 있고 가상의 인물일 수도 있다).
  - 자신이 현재 직면하고 있는 문제와 그것에 대한 감정,

그에 대해 어떤 노력을 하고 싶은지를 그들과 공유하고 있다고 상상해 보자.

- 완전한 양육자 또는 코치가 어떻게 반응할지 구체적으로 상상해 보고 적어보자. 그렇게 함으로써 자신감을 키우기 위해 노력하는 과정에서 불가피하게 취약한 상황에 직면할 때 자신에게 반응하는 데 사용할 수 있는 말의 어조를 설정한다.

- 자신감이 없어도 해내겠다는 의지가 전혀 없다면 자신감을 기를 수 없다.
- 자신감을 쌓으려면 자신감이 없는 일에 도전하라. 매일 반복하고 자신감이 커지는 것을 지켜보라.
- 자신감은 상황에 따라 다르지만, 상황이 바뀌어도 유지하는 것은 자신감이 커질수록 두려움을 견딜 수 있다는 믿음이다.
- 최악의 시나리오에 압도될 필요는 없다. 작은 변화부터 시작하라.
- 그 과정에서 자신을 향한 최악의 비평가가 아닌 나 자신의 코치가 되어라.
- 자신감보다 용기를 갖는 것이 우선이다.

20장

우리는 우리가 한
실수가 아니다

대부분의 자기 회의는 우리가 실패와 맺고 있는 관계와 관련이 있다. 여기 주저앉아 실패해도 괜찮다고, 그러고 나면 모든 게 쉬워질 거라고 말하려는 것이 아니다. 그건 사실이 아니니까. 실패는 결코 쉽지 않다. 매번 콕콕 찌르듯 아프다. 우리는 모두 충분하기를 원한다. 받아들여지길 바란다. 하지만 실패는 이번에는 우리가 부족했을지 모른다는 신호다.

우리 자신의 실패와의 관계뿐 아니라 타인의 실패에 대응하는 방식에도 변화가 필요하다. 실패에 대한 압도적인 두려움을 키우기 위해 트위터에 너무 오랜 시간을 할애할 필요는 없다.

트위터에서 말을 잘못하면 트위터 사용자 군단이 우리를 공격하고 따라다니며 언어폭력으로 괴롭히면서 우리가 일생 동안 얼마큼 높이 올라갔든 우리를 끌어내리려고 할 것이다. 나는 작은 말실수를 하고 즉시 사과한 사람들이 이런 일을 겪는 것을 목격했다. 소셜미디어가 하나의 사회로서 우리의 모습을 확대하여 보여주는 것임을 고려할 때, 이것은 우리가 모든 형태의 실패와 연관시키는 강렬한 수치심에 대해 말해 준다. 자기회의성이 높은 사람들은 타인에게도 비판적일 가능성이 크다. 우리가 의도와 상관없이 실수와 단점이 있을 때 응당 굴욕감과 수치심을 느껴야 한다고 믿는다면, 앞으로 어떻게 스스로 위험을 감수하거나 실수하는 것에 괜찮아질 수 있을까?

타인이 나의 실패에 어떻게 반응하는지가 나의 인격과 인간으로서의 가치에 대한 정확한 평가를 제공하는 것이 아니라 그 사람이 실패와 어떤 관계를 맺고 있는지를 보여주는 것임을 이해하는 것이 나에게는 큰 도움이 된다. 실수에 대해 서로를 공격하는 환경에서 실패를 받아들이는 일은 어렵다. 우리가 집단적으로 얼마나 실패에 대해 적대적인지와 상관없이, 실패와의 관계를 바꾸는 것은 우리 자신으로부터 시작되어야 한다. 환경이 안전하든 그렇지 않든 실패는 매번 상처를 준다. 그러므로 우리는 무슨 수를 써서라도 피한다. 상황이 어려워지면 그만두고, 더 쉽고 안전한 방법으로 바꾸거나, 아예 시작하기를 거부한다. 그 모든 선택은 중독성이 있는데, 행복한 안도감을 가져다주기 때문이다. 휴! 오늘은 피했다. 우리는 이런 선택을 충분히 반복하고, 그것은 우리 삶에서 패턴이 되는데, 이는 모든 일에 대한 무기력함과 에너지 부족과 함께, 달콤한 시럽 같은 안전지대에 우리를 가둔다.

실패에 저항하는 것의 반대가 실패를 성장과 배움의 일부로 받아들이는 것이라면 어떻게 해야 할까? 어떤 것을 지성적으로 이야기하는 것과 그것을 느끼고 그 순간 진정으로 믿는 것은 전혀 다른 문제다. 말로 하는 것은 그것을 믿을 수 있을 때만 유용하다. 믿음이 전부다. 그래서 우리는 스스로 믿을 수 있는 말을 해야 한다. 그렇기 때문에 실패해도 안전하다고 스스로 설득하려고 해도 소용없다. 우리는 다른 사람들이 어떻게 반응할지 장담할 수 없다. 항상 비판적인 이들은 있을 것이다. 우리가 넘어졌을 때 모든 사람이 우리를 도와주지는 않을 것이다. 우리가 할 수 있는 유일한 선택은 마음을 다해 그렇게 하는 것이다. 실패의 아픔으로부터 회복할 때 다른 사람에게 의존할 수 없음을 인식하는 것부터 시작하라. 가능한 지원을 사용하는 것은 항상 좋은 생각이지만, 다른 사람이 항상 곁에 있으리라고 기대할 수는 없다. 따라서 우리를 위하는 사람들에게 우리의 회복력을 전적으로 의존하지 않으려면, 연민으로 스스로 상처를 돌볼 책임을 지고, 넘어지고 난 뒤 먼지를 털고 일어나겠다고 다짐하는 것이 매우 중요하다.

실패로부터 회복하기

1. 몸의 감각과 감정을 나타내는 충동과 행동의 징후를 인식하라. 몇 시간씩 TV를 보거나 술을 마시거나 소셜미디어에 빠져 있는 등 우리를 무감각하게 하는 모든 활동을 즐겨하고 있는지 돌아보자. 실패의 고통은 우리로 하여금 감정을 차단하도록 만든다. 그래서 처음에 그 감정을 알아차리지 못하더라도 차단 행동은 알아차릴 수 있다.

2. 벗어나라. 짐 캐리가 마스크를 떼어내는 이야기를 기억하는가? 마스크는 그의 얼굴 바로 앞에 있지 않으면 힘을 덜 발휘했다. 우리는 이것을 감정에 적용할 수 있다. 감정을 우리 자신이 아닌, 우리를 스쳐 지나가는 경험으로 보는 것이다. 감정에 이름을 붙일 수 있다면, 우리 마음은 그 감정으로부터 한 발짝 물러설 수 있게 된다. 생각의 패턴에 이름을 붙일 수 있다면, 마음은 똑같이 그렇게 할 것이다. 우리의 마음이 말하는 것처럼, 일어나고 있는 일에 대한 설명은 사실이 아니라 이론이거나 의견, 이야기 또는 생각이다. 그 의견은 우리의 과거와 현재의 비판적 목소리, 취약하다고 느끼거나 실패했던 기억으로 착색되어 있다. 그 비판적 목소리의 패턴과 그것이 어디서 왔는지 알게 되면, 우리는 그러한 생각의 흐름에도 이름을 붙일 수 있다. 저기 헬가가 있네, 그녀에게 2센트를 주고 있어!

이렇게 함으로써 우리는 자기 공격으로부터 거리를 둘 수 있고, 그것을 사실로 믿을지 아니면 단지 (매우 도움이 되지 않는) 선택지 중 하나로 볼 것인지에 대해 더 많은 선택권을 얻게 된다.

3. 고통스러운 감정을 차단하고 싶은 충동을 알아차리고, 그 충동에 따라 행동할 필요가 없음을 계속 상기하라. 우리가 감정과 싸우는 것을 멈추고, 대신 그것이 온 힘을 다해 우리를 쓸고 지나가게 두면, 우리 마음은 고통스럽고 엉망이 된다. 하지만 그때 우리의 과거 또한 쓸려 나간다. 우리가 감정을 억누르고 가둬두고 있으면, 그것은 다시 밖으로 나와 처리될 기회를 기다리며 거기 머문다. 감정을 차단하는 것의 반대는 호기심을 갖는 것이다. 그 감정을 향해 움직여라. 4단계를 수행하면서 모든 경험을 관찰하고 알아차려라.

4. 우리가 바랄 수 있는 최고의 친구가 보여줄 만한 헌신으로 잘 헤쳐가고 나 자신의 뒤를 든든히 받쳐주자. 무조건적인 사랑과 지원을 제공하면서 자신에게 솔직해지자. '와, 힘들었네. 잠깐 멈춰봐.' 최고의 친구들은 우리가 처한 문제를 그들이 해결해 줄 수 없다는 것을 안다. 하지만 그들은 모든 과정에서 우리의 편에 서서 지켜준다.

5. 배워라. 프로 운동선수를 지도하는 사람이라면 누구나 각각의 성과를 분석할 것이다. 그들은 무엇이 문제인지만

을 찾지 않는다. 어떤 것이 효과가 있는지 또한 살핀다. 그러므로 좌절의 고통이 진정되면 그 경험을 유용하게 만들기 위해 노력하라. 자신이 잘 해낸 것이 무엇인지 간과하지 말라. 어떤 것이 효과가 있고 없는지를 제대로 인식하라. 경험을 통해 배우고 앞으로 나아갈 수 있도록 나 자신의 코치가 되어라.

6. 중요한 것으로 돌아가라. 실패와 좌절은 매번 상처를 주지만, 툭툭 털어내고 다시 밖으로 나오는 것은 여전히 우리의 가치관과 일치할 수 있다. 실패의 고통이 여전히 남아 있으면 다시 시도할 생각조차 하기 힘들 수 있다. 다시 시도하는 대신 도망치고 숨고 싶다. 자신의 가치관과 이 일을 하는 이유로 돌아가는 것은 순전히 고통에 근거하여 결정을 내리기보다 최선의 이익과 자신이 원하는 삶에 근거하여 결정하는 데 도움이 될 것이다. 다만, 실패를 겪은 뒤 얼마나 감정에 압도될 수 있는지를 얕잡아보고 싶지는 않으니, 천천히 가기를 바란다. 먼저 경험을 통해 충분히 느끼고 준비가 되었을 때 다시 도전하는 것이 중요하다. 자세한 내용은 가치관에 관해 다룬 장에서 확인하기를 바란다(337쪽 참고). 그러나 그 즉시 작업계획표를 꺼내 들고 내 가치관과 일치하는 항목이 무엇인지 다시 확인할 시간이 항상 있는 것은 아니다. 그럴 때는 단순히 자신에게 질문을 던져라. '나중에 이 시간을 돌아본다면, 나는

어떤 선택을 자랑스러워할까? 1년 후에 내가 한 선택에 감사하려면 어떤 행동을 하면 좋을까? 어떻게 하면 내가 이 실패를 통해 배우고 앞으로 나아갈 수 있을까?'

20장 요약

- 대부분의 자기 회의는 우리가 실패와 맺고 있는 관계와 관련이 있다.
- 타인이 나의 실패에 어떻게 반응하는지가 우리의 인격과 가치에 대해 말해 주지는 않는다.
- 실패의 고통은 우리로 하여금 감정을 무감각하게 만들거나 차단하게 만든다. 그래서 처음에 그 감정을 알아차리지 못하더라도 차단 행동을 알아차릴 수 있다.
- 나 자신의 코치가 되어 스스로에게 가장 중요한 것을 따라 앞으로 나아가면서 실패를 배움의 경험으로 전환시켜라.
- 실패에 대한 감정적인 대응은 견디기 힘들 정도로 압도적일 수 있다. 그러니 천천히 가라.

20장 우리는 우리가 한 실수가 아니다

21장

만족하며 살기

대부분의 사람들이 자기수용으로 가는 길에 부딪히는 큰 장벽은 자기수용을 하게 되면 게으름과 안일함을 유발할 것이라는 잘못된 인식이다. 이런 경우 자기수용은 우리 자신을 있는 그대로 괜찮다고 믿는 것을 의미하기 때문에 자기 발전이나 일, 성취 또는 변화에 대한 동기부여가 되지 않으리라고 생각한다. 하지만 연구 결과에 따르면 실제로는 자기수용을 발달시키고 자기 연민을 배우는 사람들이 실패를 두려워할 가능성이 적고, 실패했을 때 인내하면서 다시 시도할 가능성이 높으며, 일반적으로 더 큰 자신감을 가지고 있다고 한다(네프Neff 등, 2005).

우리가 자아를 받아들일 때 보여주는 자기수용과 자기 연민은 세상에 무관심해지고 상황이 어려울 때 패배를 받아들이기 위해 수동적으로 자신을 체념하는 것과는 다르다. 자신을 무조건적으로 사랑한다는 것은 때로 그 반대를 의미한다. 그것은 나 자신이 최선의 이익을 위해 어려운 길을 택한다는 뜻일 수 있다. 그것은 우울할 때나 자기혐오에 빠져 있는 동안 자책하기를 거부하고, 대신 넘어진 뒤 온 힘을 다해 다시 일어남을 의미한다.

다른 점은 같이 애를 쓰더라도 두려움과 결핍이 있는 곳에서 고군분투하는 것이 아니라 사랑과 만족이 가득한 곳에서 노력한다는 것이다.

자기수용력을 키우기 위한 노력을 하지 않는다면, 우리는 끊임없이 안심시켜 주는 말이 필요한 삶을 살거나, 싫어하는 직업 또는 우리에게 해가 되는 관계에 갇히거나, 원망을 품고 살아가는 자신을 발견하게 될 것이다.

그렇다면 자기수용력을 기르려면 어떻게 해야 할까?

나 자신을 이해하기

단순하게 들리겠지만, 많은 사람들은 삶의 경험에 영향을 미치는 자신의 행동 패턴을 면밀히 돌아보지 않으면서 살아간다. 자기수용력을 기르기 위해서는 먼저 자신이 누구인지,

어떤 사람이 되고 싶은지를 이해해야 한다. 이는 자기 인식을 실천하는 데서 비롯된다. 우리는 자기반성을 통해 스스로를 인식하게 된다. 일기를 쓰고 심리치료사를 찾아가거나 친구들과 이야기를 나누는 것은 우리가 누구인지, 그리고 우리가 하는 일을 왜 하는지에 대해 더 잘 알 수 있게 하는 방식으로 우리 자신과 우리의 경험을 성찰하는 데 도움을 줄 수 있다. 자기수용은 우리 자신의 필요를 경청하고 충족시키는 것을 포함한다. 주의를 기울이지 않으면 신호를 알아차리지 못할 수도 있다.

그 과정에서 우리가 자랑스러워하는 부분과 생각하고 싶지 않은 부분들―우리가 싫어하거나 불안해하거나 후회하거나 바꾸고 싶은 일들―에 주의를 기울이는 것이 중요하다. 하지만 자아의 더 어려운 측면을 성찰할 때, 그것을 통해 배움을 얻고자 한다면 관찰자의 연민을 가지고 접근하는 것이 중요하다. 어려운 상황에 대한 성찰이 격한 감정을 유발하여 명확하게 사고하기 어렵게 만드는 경우에는 심리치료사의 지원을 받아 해결하는 것이 도움이 될 수 있다.

자기수용의 모습 그리기

이 책을 덮는 순간부터 무조건적인 자기수용의 자세로 삶을 살아가기 시작했다고 가정해 보자. 어떤 그림이 그려지는가?

무엇을 다르게 바꿔보고 싶은가? 어떤 것에 동의하고, 어떤 것을 거절할 것인가? 무엇을 더 열심히 할 것인가? 어떤 것을 내려놓을 것인가? 스스로에게 어떻게 말을 건넬 것인가? 다른 이들에게는 어떻게 말할 것인가?

이러한 질문들에 대한 답을 아주 상세히 적어보고, 자기수용이라는 개념이 어떻게 행동의 변화로 이어질지에 대한 비전을 만들어보라. 대부분의 변화가 그렇듯 행동이 먼저고 감정은 나중이다. 그러므로 자존감을 느끼는 삶을 산다는 것은 그것을 삶의 실천 과제로 삼는다는 것이다. 그 과업은 절대 끝나지 않는다. 우리는 결코 종착지에 도착하지 않는다. 무조건적인 자기수용의 마음으로 살아가기 위해 매일 그 일을 실천한다.

모든 나를 받아들이기

평생 함께하는 자아감을 유지하는 동안, 우리는 한 순간에서 다음 순간으로 넘어갈 때마다 변하면서 끊임없이 유동하는 광범위한 감정 상태를 경험하게 된다. 우리는 다양한 시나리오 안에서 다양한 역할과 행동을 하고, 많은 사람들은 그런 모든 것을 자신의 다양한 측면으로 여긴다. 어린 시절의 경험과 세상이 그런 여러 감정 상태에 어떻게 반응했는지에 따라 자아의 어떤 면은 다른 면보다 덜 수용적임을 느낄 수 있다. 자라면서 분노가 받아들여지지 않은 사람이라면, 화가 났을 때 연민과 수용으로 자신을 대하는 일이 훨씬 더 힘들게 여겨질 수 있다. 이는 자기수용력을 우리가 느끼는 감정에 따라 좌지우지될 수 있는 조건부로 만든다.

💬 이렇게 해보자

연민 중심 치료CFT에서 사용되는 다음의 훈련 과제를 통해 다양한 감정에 반응하는 방식에 대한 인식을 구축하고, 감정에서 한발 물러나 연민으로 반응하는 연습을 할 수 있다(아이언스Irons와 보몬트Beaumont, 2017).

복합적인 감정을 유발한 최근의 사건을 잠시 떠올려보자. 훈련하는 연습을 하려다가 크게 부담되는 일이 없도록 너무 힘들지 않은 것부터 시작하는 것이 좋다.

1. 그 사건에 대한 생각을 간단히 적어본다.
2. 그 사건이 불러일으킨 분노, 슬픔, 불안과 같은 다양한 감정을 기록하라.
3. 찾아낸 각각의 감정을 한 번에 하나씩 꺼내서, 그것과 연결해 보고 다음 질문에 대한 답을 탐색하라.
   1) 몸의 어느 부분에서 그 감정을 알아차렸는가? 그 감정이 그곳에 있다는 것을 어떻게 알았는가?

2) 내가 생각하는 것 중 그 감정과 관련이 있는 것은 무엇인가? 그 감정이 말을 할 수 있다면 어떤 말을 할까?

3) 그 감정과 함께 어떤 충동이 들었는가? 그 감정이 결과를 결정할 수 있었다면 내가 어떤 행동을 하도록 했을까? (예를 들어, 불안은 내가 도망가기를 원했을 수 있고, 분노는 내가 누군가에게 소리 지르기를 원했을 수 있다.)

4) 나의 그러한 면이 필요한 것은 무엇일까? 그 감정이 진정되려면 어떻게 해야 할까?

존재하는 각각의 감정에 대해 이 작업을 수행하고 나면, 자기 연민이 있는 자아—스스로에게 무조건적인 사랑과 수용을 보여주고 싶어 하는 나의 모습—를 위한 질문에 답하는 것으로 마무리하라.

각 감정에 대해 이러한 작업을 수행할 때, 복합적으로 얽힌 감정이 많은 경우에는 다음 감정으로 넘어가기 전에 현재 연관된 감정에서 한발 물러설 시간을 갖도록 하라. 이러한 과정을 거칠 때마다 감정에 압도되지 않고 진정시키면서 잘 이해할 수 있는 능력이 강화된다.

이것은 우리가 한때 용납할 수 없다고 여겼던 감정들조차도 정상적인 감정임을 알게 해주며, 복합적인 감정을 자세히 들여다보는 데 도움이 되는 훈련이 될 수 있다. 감정마다 상황을 해석하는 각기 다른 방식을 반영하기 때문에 다음에는 어떤 방향으로 나아가야 할지에 대해 서로 다른 결론을 내릴 수 있다. 잠시 여유를 갖고 이와 같은 감정적 경험을 더 넓은 시각에서 한눈에 바라보면, 우리 자신에게 혹독하게 하도록 배운 상황에서도 연민을 이끌어내는 데 도움이 될 수 있다.

자기비판 걷어차기

- 자신의 자기비판은 어떻게 들리는가? 어떤 표현을 쓰는가?
- 무엇에 중점을 두는가?
- 어떤 종류의 일로 자신을 비판하는가? 외모, 성과, 성격, 비교하는 것?
- 어떤 형태의 자기비판은 다른 것보다 더 해로울 수 있다.
- 때때로 자기비판은 실패 후에 자신이 부족했다고 스스로에게 말하는 형태를 띨 수 있다.
- 그러나 거기서 더 나아가 자신에 대한 혐오감과 증오를 느낀다면, 그것은 훨씬 더 깊은 곳까지 타격을 주며 수치심을 자극한다.

💬 **이렇게 해보자**

이것은 내면의 비평가와 거리를 두고 대상이 무엇인지 보는 데 도움이 되는 신속한 연습이다.

일단 자기 자신을 비판하는 모든 다양한 방법을 성찰하고 난 뒤 그 비평가를 자신의 머리 밖에 있는 사람이라고 상상해 보자. 어떤 모습을 하고 있는가? 나에게 말을 걸었을 때의 표정과 어조는 어땠는가? 그는 어떤 감정을 표현하고 있었을까? 그를 눈앞에 두고 있으니 기분이 어떠한가? 그의 의도는 무엇이었을까? 나를 보호하려고 한 시도가 잘못된 것일까? 이 사람은 내가 함께 시간을 보내고 싶은 사람인가? 이 사람은 내가 행복한 삶을 살 수 있도록 도와줄 수 있는 사람인가? 그리고 마지막으로 스스로에게 물어보라. 매일 매시간 그 비평가와 함께한다면 어떤 영향을 받을까?

연민이 있는 자아의 모습 찾기

우리 내면의 비평가가 삶의 대부분의 시간 동안 가까운 (그렇지만 원하지 않는) 동반자로 지내온 상황에서 단순히 그를 삶에서 지우기로 결정하는 것은 거의 불가능하다. 잘 훈련된 행동은 신경 경로를 통해 우리 뇌에 쉽게 접근할 수 있게 되어 있다. 그래서 그 목소리는 때로 크게 말할 것이다. 우리가 해야 할 일은 우리 자신에게 새롭고 더 건강하며 더 도움이 되는 목소리를 제공하고 난 뒤 연습을 시작하는 것이다. 내면의 비평가를 보고 듣는 시간을 가졌듯이, 연민이 있는 나의 일부를 파티에 초대하자. 나에게 가장 좋은 것을 바라고 자기 공격이 가져오는 피해를 잘 인식하는 면모. 우리의 이러한 면모는 여전히 우리가 성장하고 성취하기를 바라지만, 수치심보다는 사랑이 그 원동력이기를 바란다.

연민이 깃든 자기 대화가 어떨지 생각해 보라. 이것이 긍정적인 생각과는 다르다는 사실을 기억하라. 연민을 가진 사람은 정직하고 친절하며 격려가 되고 힘이 되며 나에게 최고의 것을 주고 싶어 한다. 다른 사람에게 연민을 보일 때 어떤 표현을 사용할 것인가? 다른 사람들은 우리에게 어떤 연민의 말을 건넸는가? 누군가가 우리에게 연민을 보였던 순간의 기억을 떠올려 보자. 그들은 우리를 어떻게 보았는가? 어떤 말을 했는가? 우리의 기분은 어땠는가? 언제든 그 목소리를 들을 수 있다면 어떨까?

 이렇게 해보자

우리 내면의 연민적인 면을 강화하기 위해서는 그저 주기적으로 반복하고 연습하면 된다. 자신에게 연민이 가득한 편지를 써보자. 고통받고 있거나 변화를 위해 최선을 다했던 친한 친구에게 편지를 쓰듯이 자발적으로 글을 써보자. 항상 뒤에서 지지할 것이며 고통이 덜해지기를 바라는 마음을 친구에게 어떻게 표현할 것인가? 아무도 그 편지를 읽지 않아도 된다. 하지만 연민을 가진 자아와 소통하고 그 연민의 마음을 표현할 수 있는 다양한 방법을 통해 생각하는 과정은 우리가 가장 필요로 할 때 사용할 수 있는 마음 근육을 키우는 데 도움이 된다.

자신에 대한 연민의 감정을 느끼는 데 어려움을 겪고 있다면, 나를 무조건적으로 사랑해 주는 누군가를 떠올리고 그 사람에게 편지를 쓰고 있다고 상상하거나 사랑하는 이들이 과거에 나에게 해준 말들을 사용하라.

21장 요약

- 자기수용이 게으름, 안일함, 추진력 부족 등을 야기할 것이라는 잘못된 인식이 있다.
- 연구 결과에 따르면 실제로는 자기수용을 발달시키고 자기 연민을 배우는 사람들이 실패를 두려워할 가능성이 적고, 실패했을 때 인내하면서 다시 시도할 가능성이 높다고 한다.
- 자기수용은 패배를 수동적으로 받아들이는 것과 다르다.
- 자기 연민은 종종 자신에게 가장 유익하지만 더 어려운 길을 택하는 것과 관련이 있다.

6부

두려움에
관하여

22장

불안에서 벗어나라!

내가 기억하는 한 나는 고소공포증이 있었다. 나는 자라면서 그것을 느낄 상황을 대부분 피할 수 있었다. 그런데 지금의 남편을 만나 함께 이탈리아로 여행을 갔을 때였다. 우리는 피사의 사탑을 보러 갔고 그 탑을 보며 서 있는 동안 남편이 두 장의 표를 내밀었다. 곧 우리는 정상으로 가고 있었다. 3.99도의 각도로 기울어진 채 넘어질까 걱정스러운 탑을 다시 올려다보면서 나는 깊은 숨을 들이마셔야 했다.

가슴이 쿵쾅거리며 뛰기 시작했고 속이 메스꺼웠다. 그래도 표를 샀으니 올라갔다. 피사의 사탑 꼭대기에 가려면 탑 내부를 나선형으로 도는 좁은 돌계단을 올라야 한다. 발밑의 땅이 편평하지 않아 올라가면서 넘어질 것 같다는 느낌을 받았다. 적어도 당시 내가 느낀 건 그랬다. 내 뒤로 줄이 늘어서 있었고 나는 계속 올라갔다. 일단 정상에 오르면 기울기가 훨씬 더 심하게 느껴진다. 모두들 경치를 감상하기 위해 가장자리로 곧장 걸어갔다. 나는 바닥에 더 가까워지고 싶은 압도적인 충동을 느꼈다. 가능한 한 가장자리를 벗어나서 바닥에 주저앉았다. 그냥 가만히 앉아 쉬고 있는 것처럼 보이려고 어쭙잖게 노력해 보기도 했지만, 이제는 부끄러움에 대한 두려움보다 떨어져 죽을지도 모른다는 두려움이 더 컸다. 물론 바닥에 앉아 있다고 해서 더 안전한 건 아니다. 하지만 그것은 논리에 근거하지 않았다. 나의 뇌가 내 몸 전체에 주저앉으라고 강렬한 신호를 보내고 있었다. 심지어 경치를 보지 않기 위해 석판을 내려다보는 나 자신을 발견했다. 매튜는 바닥에 웅크리고 앉아 있는 내 모습을 사진으로 찍었고, 이제 그것은 우리가 돌아보며 회상할 수 있는 재미있는 이야깃거리이다. 하지만 그 당시 무슨 일이 있었던 걸까? 왜 나는 바닥에 주저앉고 싶은 충동을 느꼈을까?

어린 시절 배운 나의 공포증은 그 표를 보고 피사의 사탑 꼭대기로 오르는 상상을 한 순간 내 몸이 반응하도록 했다. 심장이 더 빨리 뛰기 시작했고 호흡은 얕아지고 빨라졌으며 손바닥에 땀이 났다. 균형이 맞지 않는 건물은 내가 언제라도 떨어져 죽을지 모른다고 예측하는 데 기여했을 뿐이다. 하지만 나에게 안전한 곳으로 가라고 소리치던 뇌의 경보 시스템은 화재 경보에 더 가깝다. 모든 사실을 고려할 시간은 없다. 뇌 경보 시스템이 할 일은 위험을 감지해서 나에게 알려주는 것이다. 내 몸의 위험신호로부터 정보를, 내 감각으로부터 주변 환경에 대한 정보를, 그리고 마지막으로 이런 느낌을 받았을 때 일어난 일에 대한 기억과 함께 정보를 취한다. 화재가 났을 때 화재경보기가 울리는 것과 마찬가지로 누군가 토스트를 만들 때에도 경보는 울릴 수 있다. 바닥에 주저앉고 싶은 강한 충동은 내 몸이 심각한 상태라는 것을 받아들인 뇌로부터의 제안이었다(그곳에 있던 사람들은 매우 기뻤겠지만). 두려움이 압도적이었기에 가장 먼저 드는 생각이 안전하다고 느끼는 일이었다. 두려움이 사라지기를 바랐다.

이처럼 안전한 곳으로 가고자 하는 강한 충동은 잘못된 것이 아니라 우리의 안전을 지키기 위해 두뇌가 최선을 다하고 있다는 방증이다. 결정적으로, 내가 한 행동은 나를 더 안전하게 해준 것이 아니라 다만 내가 더 안전하다고 느끼도록 도와주었을 뿐이다.

불안을 없애는 방법에 대한 질문은 내가 받는 가장 흔한 질문 중 하나일 것이다. 그렇게 묻는 것도 일리가 있다. 불안은 약하게 오면 불편한 정도이고, 강력하게 올 경우 압도되는 느낌이 들게 한다. 마음이 불안할 때는 몸이 정말 힘들게 움직이기 때문에 진이 빠지기도 한다. 매일 불안감을 안고 살고 싶은 사람은 아무도 없다.

이것이 바로 내가 피사의 사탑에서 실수한 부분이며, 그것은 고소공포증 극복에 전혀 도움이 되지 않았다. 나는 두려움을 최대한 피했다. 바닥에 가까이 다가간 채 경치를 내다보지 않으려 했다. 할 수 있을 때는 눈을 감기까지 했다. 높이 올라와 있는 게 아니라고 스스로를 설득하려고 했다. 두려움이 나를 떠나기 전에 나는 탑을 떠났다. 다시 꿈의 들판의 안락한 풀밭에 두 발이 닿자 안도감이 밀려왔고 몸이 금세 진정되었다. '휴! 위험했어. 다시는 그러지 말자!' 하고 내 뇌가 말했다. 최대한 빨리 두려움이 사라지도록 나는 최선을 다했다. 하지만 즉각적인 안도감을 주는 모든 것들은 장기적으로 우리를 꼼짝 못하게 하고는 한다.

내가 지금 아는 것을 그때도 알았고 고소공포증을 극복하기 위해 여행을 하고 있던 것이라면, 탑 꼭대기로 올라가서 전망을 내다봤을 것이다. 느끼는 감정은 달라지지 않겠지만, 두려움을 피하려 애쓰지 않고 존재하는 그대로 둘 것이다. 호흡을 조절하며 대응했을 것이고 천천히 호흡하는 일에 집중했을 것이다. 어린 시절 높은 곳에 올라가 불안했던 기억이 있어서 몸과 뇌가 이런 식으로 반응하고 있음을 스스로에게 상기시켰을 것이다. 사실은 내가 안전하다는 것을 스스로에게 반복해서 상기시켰을 것이다. 내가 그곳에 간 이유로 관심을 돌리고 몸이 지칠 때까지 시간이 얼마나 걸리든 천천히 호흡을 계속할 것이다. 두려움이 가라앉고 몸이 진정되었을 때 비로소 한발 물러날 것이다. 그런 다음 시간이 지나면 내 몸이 이런 상황에 익숙해지고 두려움에 대한 반응의 강도가 점차 완화될 것임을 인지한 채 가능한 한 오랜 기간 그 패턴을 반복할 것이다.

두려움은 일종의 생존 반응이다. 극도의 불편함을 느끼거나 두려운 상황에서는 도망쳐서 피하고 싶은 충동이 강하기 마련이다. 생명이 위험한 상황에 있다면 그 시스템은 우리를 안전하게 지키기 위해 놀라울 정도로 잘 작동한다. 길을 건너다가 너무 가까이에서 경적 소리가 들리는 순간, 우리는 무슨 상황인지 생각하기도 전에 스스로 움직일 수 있다고 생각했던 것보다 더 재빨리 도로 경계석으로 달려간다. 그때 우리는 온몸에 아드레날린이 솟구치는 것을 느낀다. 이것이 바로 공포 반응이 가장 잘 작동하는 사례. 하지만 그렇게 빠르게 작동하는 시스템은 어떤 신호가 유효한지, 어떤 신호가 신뢰성이 떨어지는지 판단할 시간이 없다. 감지하는 순간 작동한다. 우리는 살아남는다. '고맙다, 뇌야.'

생명이 위험하지 않은 다른 상황에서도 충동은 여전히 동일하게 존재한다. 회의에서 발언하라는 요청을 받으면 심장이 두근거리기 시작한다. 심장은 우리 몸이 기민하게 깨어 있고 임무를 수행할 태세를 갖추고 있음을 보인 것일 수 있다. 하지만 그것을 두려움이라고 해석하고 그 상황을 빠져나올 핑계를 대고 앞으로 그런 회의들을 피한다면, 회의에서 발언하고 그것을 잘 해낼 기회를 영영 잃게 된다.

두려움으로부터 즉각적인 안도감을 느끼게 해주는 것들은 장기적으로 그 두려움을 키우는 경향이 있다. 두려움을 이유로 어떤 일을 하는 것을 거부할 때마다 그것이 안전하지 않다거나 우리 스스로 감당할 수 없다는 믿음을 다시 확인하게 된다. 두려움 때문에 삶에서 무언가를 잘라낼 때마다 우리 삶은 조금씩 줄어든다. 그러므로 오늘날 두려움을 없애기 위한 우리의 노력은 장기적으로 두려움이 우리 삶의 선택을 대신하게 됨을 의미한다.

두려움을 통제하고 없애려는 시도는 우리의 모든 행동을 좌지우지하는 실질적인 문제가 된다. 두려움은 모든 방향, 우리가 직면하는 모든 새로운 상황, 모든 창조적인 노력과 학습경험에서 온다. 그것을 경험하고 싶지 않다고 한다면, 우리에게 남는 것은 무엇일까?

- 불안이 사라지길 바라는 마음은 이해할 만하다. 불편한 감정일 것이다.

- 두려움과 싸우려면 먼저 기꺼이 맞설 의지가 있어야 한다.

- 도피 및 회피는 단기적인 안도감을 제공할 뿐 장기적으로는 불안을 키운다.

- 두려움을 통제하고 없애려는 시도는 우리의 모든 행동을 좌지우지하는 실질적인 문제가 된다.

- 위협 대응은 신속하게 이루어져야 하므로, 더 자세히 생각할 시간을 갖기 전에 경보를 울리는 경향이 있다.

23장

불안을
키우는 행동

무언가에 대해 불안을 느낄 때 인간의 가장 자연스러운 반응은 그 대상을 피하는 것이다. 우리는 불안으로부터 멀리 떨어져 있으면 그 순간은 안전할 것임을 안다. 하지만 회피는 불안을 유지할 뿐 아니라 시간이 지남에 따라 더 깊어지게 한다.

우리의 두뇌는 과학자처럼 학습한다. 긍정적이든 부정적이든 경험을 할 때마다 그것을 자신의 신념을 뒷받침할 증거로서 기록한다. 두려워하는 대상을 피한다면, 그것을 이겨내고 그로부터 살아남을 수 있다는 증거를 마음속에 쌓을 기회를 결코 스스로에게 주지 못한다. 어떤 것이 안전하다고 뇌에 말하는 것만으로는 충분하지 않다. 반드시 경험을 해보아야 한다.

두뇌는 설득이 필요하므로 우리는 계속해서 같은 행동을 반복해야 한다. 설득이 될 때까지 여러 번을 반복해야 한다. 우리가 꾸준히 시간을 들인 것은 안전지대가 된다. 그러므로 무언가에 대해 불안감을 덜고 싶다면, 그것을 가능한 한 자주 해보라. 기술을 사용하여 불안과 함께 앉아 있으면 시간이 지남에 따라 그 강도가 약해질 것이다.

두려움을 느끼게 하는 대상을 직면하는 법을 배울 때, 우리는 더 강해진다. 매일 그렇게 한다면 우리는 성장하는 감각을 키울 수 있다. 앞으로 5년 동안 두려움이 아니라 원하는 삶에 따라 결정을 내렸다고 상상해 보라.

우리는 다양한 방법으로 두려움이 주는 불편함을 피한다. 사교 행사에서 불안감을 느낀다면 참석하지 않는 것으로 피할 수 있다. 또는 참석은 하되 가기 전에 술을 많이 마신다. 술이 그 순간의 불안함을 덜어주어 다음 사교 행사에서도 똑같이 해야 한다는 생각이 들 수 있다. 이러한 안전 추구 행동은 순간의 불안감을 무디게 하는 것과 같은 방식으로 작용한다. 하지만 이것이 미래에 두려움을 덜 느끼도록 도와주지는 않는다. 사실 그 반대다. 안전 추구 행동은 미래에 대한 불안을 키우고 그러한 행동에 의존하게 되어 우리 삶을 더 힘들게 만든다.

다음은 그 순간의 불안은 덜어주지만 장기적으로는 불안에서 벗어나지 못하게 잡아두는 몇 가지 일반적인 안전 추구 행동 목록이다.

도피 사회적 상황이든 슈퍼마켓이든 밀폐된 공간이든, 불안이 엄습하면 우리는 가능한 한 빨리 그곳을 벗어나고 싶은 충동을 느낀다.

불안 회피 사회적 상황을 피하기 위해 초대를 거절하거나 슈퍼마켓에서 느끼는 불안감을 피하기 위해 음식을 배달시키면, 즉각적인 안도감을 선사받는다. '휴. 오늘은 그 기분을 느끼지 않아도 돼.' 하지만 그 대상에서 멀어질수록 두려움은 커지는 것처럼 느껴진다. 그러다가 다시 한 번 직면해야 하는 날이 오는데, 그때가 되면 감당하기 힘들 정도로 벅차다.

보상 전략 보상 전략은 높은 불안 상태를 경험한 후에 발생할 수 있다. 예를 들어, 오염이나 질병에 대한 두려움이 있는 사람은 병원 환경에서 벗어나면 과도하게 씻는 증상을 보일 수 있다.

예기豫期 감작sensitization이라고도 하며, 우려되는 상황에서 발생할 수 있는 다양한 최악의 시나리오를 준비하고 예측하는 것이다. 준비가 되어 있으면 보호를 해줄 것이기 때문에 도움이 된다고 생각하는 경우가 많지만, 건설적인 계획 없이 지나치게 경계하고 과도하게 걱정을 하게 되어 불안이 커질 수 있다.

안심 추구 불안과 의심의 순간에는 사랑하는 사람으로부터 모든 것이 괜찮으리라는 안심을 받고자 요구할 수 있다. 사랑하는 사람이 괴로워하는 모습을 보고 있는 일은 힘들기 때문에 불안을 가라앉히기 위해 기꺼이 안도감 이상의 도움을 주는 경우가 많다. 하지만 시간이 지나면서 그 즉각적인 안도감은 중독이 되고 다른 사람에게 의존하게 된다. 우리는 거의 지속적인 안심이 필요하거나 우리에게 안전하다고 느끼게 해주는 사람과 함께하는 것이 아니면 집을 떠날 수 없다고 느낄 수 있으며, 이는 관계에 큰 부담을 줄 수도 있다.

안전 추구 행동 불안이 닥쳤을 때 스스로 대처할 수 있다고 믿지 않는다면 안전과 관련된 것들에 의존하게 될 수 있다. 우리는 '만약을 위해' 챙기는 약 없이는 어디에도 갈 수 없다고 느낄 수 있고, 휴대전화를 내려다보고 있으면 사교 행사에서 대화를 피할 수 있기 때문에 어디를 가든 휴대전화를 가지고 다닐 수도 있다.

- 무언가에 대해 불안을 느낄 때 인간의 가장 자연스러운 반응은, 그 대상을 피하는 것이다.
- 하지만 회피는 불안을 유지한다.
- 어떤 것이 안전하다고 뇌에 말하는 것만으로는 충분하지 않다. 반드시 경험을 해보아야 한다.
- 두뇌는 설득이 필요하므로 우리는 계속해서 같은 행동을 반복해야 한다.
- 우리가 꾸준히 시간을 들인 것은 안전지대가 된다.
- 무언가에 대해 불안감을 덜고 싶다면, 그것을 가능한 한 자주 해보라.

24장

지금 당장 불안을
가라앉히는 방법

만약 불안과 씨름하고 있다면, 지금 당장 사용할 수 있는 비법을 기대하고 있을 것이다. 즉각적인 효과가 있으면서도 배우기 쉬운 것. 많은 이들이 치료를 시작할 때 이런 기대를 가진다. 그래서 나는 항상 이 첫 번째 기술을 일찍 가르쳐준다. 배우기 쉬우며 불안의 강도를 낮추기까지 몇 분밖에 걸리지 않는다. 적어도 불안이 공황으로 치닫는 것을 막아준다.

불안이 촉발되면 호흡이 더 빨라진다. 이는 우리 몸이 생존 반응을 자극하기 위해 여분의 산소를 얻는 방식이다.

불안이 닥치면 숨을 쉴 수 없는 것처럼 느껴진다. 그래서 빠르고 얕은 호흡으로 더 빠르게 숨을 쉬게 되고, 그러면 몸에 산소가 과다해진다. 숨을 천천히 내쉬면 몸이 진정되고, 그에 따라 다시 호흡을 늦출 수 있다. 그뿐 아니라 숨을 들이마시는 것보다 더 길게 또는 더 힘차게 내쉰다면 심장박동을 낮추는 데 도움이 된다. 심장의 두근거림이 가라앉으면 불안 반응도 가라앉는다.

어떤 사람들은 7까지 세면서 숨을 들이마시고 11까지 세면서 내쉬는 것과 같이, 길게 날숨을 쉬는 동안 호흡 세기를 좋아한다.

느린 호흡 기술을 연습을 하는 데 시간을 들이는 것은 훌륭한 시간 투자이다. 이것은 순간적으로 효과가 있는 불안 관리 도구이다. 언제 어디서나 할 수 있으며 아무도 우리가 그것을 하고 있는지 알 필요도 없다. 내가 좋아하는 것 중 하나는 사각 호흡square breathing이다. 아래 단계를 따라 해보자.

도구 상자
사각 호흡

1단계: 가까운 창문, 문, 액자 또는 컴퓨터 화면과 같은 사각형에 시선을 집중하라.

2단계: 왼쪽 하단 모서리에 초점을 맞추고, 숨을 들이쉬면서 넷까지 세는 동안 상단의 모서리까지 눈으로 따라

간다.

3단계: 숨을 4초간 멈추고 시선을 왼쪽 상단에서 반대쪽 모
　　　서리까지 따라간다.

4단계: 숨을 내쉬면서 시선을 오른쪽 하단 모서리까지 따라
　　　가며 다시 넷까지 센다.

5단계: 숨을 4초간 멈추고 시선을 옮겨 시작한 지점인 왼쪽
　　　하단 모서리로 돌아온 뒤 다시 시작한다.

　정리하자면, 4초 동안 숨을 들이마시고 4초 동안 참은 뒤
4초 동안 내쉬고 4초 동안 참는 방식이다. 사각의 무언가에 집
중하는 것이 안내 역할을 해주며 너무 빨리 주의가 흐트러질
가능성을 최소화하고 호흡에 주의를 집중할 수 있도록 도와
준다. 몇 분 동안 해보아도 안 되는 듯할지라도 계속 시도하라.
우리 몸이 반응하는 데는 시간이 걸린다.

　한 가지 추가 비법은 불안한 상태가 아닐 때 매일 이 호흡을
연습하는 것이다. 연습이 잘되어 있으면 두려움에 압도당한 상
황에서도 사용하기가 훨씬 더 쉽다.

신체의 움직임

　거의 즉각적인 효과가 있고 숙달하기 위한 연습이 거의 필요

하지 않은 또 다른 도구는 운동이다. 불안 반응이 일어나면 우리 몸의 근육은 빠르게 움직일 준비를 하며 산소와 아드레날린으로 가득 찬다. 그런데 움직이지 않고 연료를 태워버리지 않는다면 우리 몸은 발사되었지만 갈 곳이 없는 로켓과 같다. 달달 떨리고 땀이 나고 집 주변을 서성거리고 싶은 충동이 든다.

운동은 위협 대응의 자연스러운 과정을 따르기 때문에 최고의 불안 관리 도구 중 하나이다. 우리 몸은 움직일 준비가 되어 있다. 그렇게 하도록 놓아두면 몸에서 생산한 에너지와 스트레스 호르몬을 모두 소모하고 다시 균형을 잡을 수 있다.

스트레스를 많이 받은 날에는 야외에서 잠깐 조깅을 하거나 샌드백을 치면서 30분간 격렬한 운동을 해보자. 신체적 움직임은 몸의 육체적인 스트레스를 진정으로 해소해 주기 때문에 긴장을 풀기 위해 앉았을 때 평온함이 느껴지고 더 쉽게 잠들 수 있어 더 많은 에너지를 재충전할 수 있도록 도와준다.

여기서 내가 덧붙이고 싶은 조언은 운동 또한 강력한 예방 수단이므로 불안하지 않은 날에도 운동을 하라는 것이다. 그렇게 하면 내일 더 나은 하루를 보낼 수 있다. 우리의 정신 건강은 그에 대해 감사할 것이다.

- 불안하면 호흡이 빨라지고 매 호흡이 얕아진다.

- 몸을 진정시키기 위해서는 더 느리고 깊게 호흡하라.

- 들숨보다 날숨을 더 길고 힘차게 내쉬어보자.

- 시간을 두고 좀 기다리면 불안 반응이 가라앉기 시작할 것이다.

25장

불안한 생각을
어떻게 다룰 것인가

90년대 초반의 다른 많은 아이들처럼, 나 역시 금요일 저녁에는 응급실에서 일어나는 이야기를 다룬 TV 드라마 〈캐주얼티Casualty〉를 보기 위해 조금 늦게까지 깨어 있었다. 오늘날까지 내가 기억하는 유일한 에피소드는 아파트 6층에 사는 한 남자에 관한 것이다. 남자는 아래층에서 화재가 발생해 갇힌다. 그것을 보고 나서 얼마 지나지 않아 나는 침대에 누운 채 머릿속으로 계속 그 장면을 재생했다. 집에 불이 나면 어떻게 해야 하지? 지금 집에 불이 난 건가? 내가 어떻게 알겠어? 만약 바로 일어나지 못하면? 아무래도 잠들면 안 될 것 같아. 방문을 열고 아래층을 살펴봐

야겠어. 나는 침대에 누워 눈을 크게 뜬 채 머릿속으로 다양한 시나리오를 떠올려보았다. 나랑 같은 방에서 자고 있는 여동생을 깨우고, 방문을 열어보니 연기가 자욱하며, 창문을 열고 도움을 청하는 상상을 해본다. 곧 우리 방의 문 위쪽의 유리 패널을 통해 따뜻한 광채가 점점 더 오렌지색 빛처럼 보이기 시작했다. 나는 꼼짝도 하지 않은 채 타닥거리는 소리를 들으며 연기가 들이닥치기를 조용히 기다리고 있었다.

그날 밤, 나는 우리 집에 불이 날 수 있다고 믿었을 뿐만 아니라 머릿속으로는 불이 나는 광경을 계속 떠올렸다. 모든 시나리오가 마치 정말 일어나고 있는 것 같았다. 영화처럼 머릿속에서 계속 재생되었다.

걱정스러운 생각이 떠오를 때, 그것은 자동차 사고를 지나쳐가는 것과 같다. 보지 않을 수 없다. 위험에 대한 생각이 주의를 끄는 데는 이유가 있다. 우리 두뇌는 일어날지도 모르는 일에 대한 이야기를 해주고 있으며 최악의 시나리오가 일어날 가능성이 있다면 그에 대비하는 편이 좋다.

이전 장에서 설명했듯이 우리의 뇌는 화재경보기와 같은 역할을 한다. 우리가 처한 환경에서 위협이 감지될 때마다 해당 경보가 작동하고 몸에 생존 모드로 전환하라고 알린다. 이를 투쟁 도피 반응fight or flight response이라고 한다. 우리 몸은 그 위협에 맞서 싸우거나 우리가 움직일 수 있다고 생각했던 것보다 더 빨리 도피할 준비를 한다.

화재경보기는 불이 났을 때 작동하도록 되어 있다. 생존을 위한 필수 도구이다. 화재경보기와 마찬가지로, 불안은 우리가 실제로 위험에 처한 상황이 아닐 때에도 촉발될 수 있다. 하지만 토스트를 태우는 바람에 화재경보기가 울렸다고 화재경보기를 제거하지는 않는다. 화재경보기가 존재하는 이유와 작동 원리를 이해하면 조치를 취하고 조정하고 창문을 열어둘 수 있다. 이해하게 된다. 우리의 생존 반응을 제거할 수는 없다. 우리는 그렇게 하기를 원하지 않는다. 무엇이 그것을 악화시키는지를 알고 잘못된 경보를 감지하고 그에 따라 행동할 수 있다.

거리두기

생각은 사실이 아니다. 생각은 추측이고 이야기이며, 기억이자 사고방식이고 이론이다. 생각은 우리가 지금 경험하고 있는 감각에 대한 하나의 잠재적인 설명으로서 뇌가 우리에게 제공하는 구성체이다. 우리는 생각이 사실이 아님을 알고 있다. 우리의 신체적 상태(몇 가지만 예를 들자면 호르몬, 혈압, 심박수, 소화 및 수화水和 작용 등이 있다)와 각각의 감각, 그리고 과거 경험에 대한 기억에 큰 영향을 받기 때문이다.

그렇다면 우리 머릿속에 불쑥 떠오른 그 불안한 생각들은 무엇을 의미할까? 그 생각의 힘, 그리고 그 밖에 다른 생각의 힘은 우리가 그것을 얼마나 믿는지에 달려 있다. 생각은 우리가 그것이 실제로 현실을 반영하는 것이라고 얼마나 믿는지에 따라 힘을 발휘한다. 우리의 감정적 상태를 지배하는 생각의 힘을 무너뜨리는 가장 좋은 방법은 우선 그 생각들로부터 거리를 두는 것이다. 머릿속에 존재하는 생각과 거리를 두려면 어떻게 해야 할까?

생각과 거리를 두는 방법은 여러 가지가 있을 수 있다. 마음챙김은 자신의 생각을 알아차리고 그 생각에 사로잡히지 않고 지나가게 둘 수 있는 능력을 쌓기 위한 연습을 시작하기에 좋은 기술이다. 그러나 우리가 불안할 때 갖게 되는 사고 편향의 유형을 아는 것 또한 도움이 된다. 우리가 어떤 생각의 정체(편파적인 추측)를 알아차리고 그렇게 이름표를 붙일 수 있다면, 그 또한 그 생각을 멀리 떨어뜨려두는 방법이다. 그러면 우리 마음은 그것을 단지 하나의 가능한 관점으로 볼 수 있다. 그때 우리는 대안을 고려할 수 있는 훨씬 더 나은 위치에 있게 된다.

불안한 생각으로부터 거리를 두는 한 가지 방법은 거리를 둔 언어를 사용하는 것이다. 이 방법은 감정을 완화시키는 데 도움이 된다. '이 연설을 하는 동안 나는 스스로를 바보로 만들 거야'라고 말하는 대신, '나는 내가 스스로를 바보로 만들 것이라는 생각을 하고 있어'라고 해보는 것이다. 나는 그러한 생각들이 불안감을 유발한다는 사실을 알아차린다. 이런 식으로 생각하거나 말하는 일이 처음에는 어색할 수 있다. 그러나 생각으로부터 한 발짝 물러나 그것을 우리 자신이 아닌 경험으로 받아들이도록 돕는 것에서 차이를 만든다.

그런 생각들로부터 거리를 두는 또 다른 방법이자 개인적으로 가장 좋아하는 방법은 기록을 하는 것이다. 불안한 생각에만 한정되는 것은 아니다. 약간의 거리를 두고 자신의 감정 상태나 상황을 새로운 관점으로 바라보고 싶을 때, 스스로 생각하고 느끼는 모든 것을 적는다. 그렇게 기억한 것을 꺼내어 보는 것은 보다 넓은 시각에서 경험을 처리하고 이해하는 강력한 방식이 될 수 있다.

기분을 악화시키는 편향적 사고 발견하기

우리가 불안을 느낄 때 흔히 발생하는 몇 가지 사고 편향이 있다.

파국화

파국화破局化는 생각이 최악의 시나리오로 뛰어들 때로, 지금 일어날 수 있는 일에 대한 예측으로서 제시된다. 최악의 시나리오는 우리 머릿속에서 반복되는 나만의 공포 영화처럼 계속 재생된다. 이는 가능한 예측 중 하나이지만, 유일한 예측은 아니다. 우리가 이것을 머릿속으로 계속 반복 재생하고 절대적 확신으로 받아들이면 불안감은 커진다. 앞 장에서 나의 고소 공포증과 그것을 직면하려던 초기의 시도에 대해 이야기한 바 있다. 피사의 사탑 꼭대기에서 내가 했던, 곧 죽을 것이라는 생각이 바로 계속 되풀이되어 떠오르는 파국적인 생각이었다. 그 이야기에는 단 하나의 가능한 결말만 존재했다. 하지만 실제 결말은 다음과 같았다. 나는 계단을 내려와 휴가를 이어갔다.

개인화

개인화는 세상에 대해 제한적이거나 모호한 정보를 가지고 있을 때 그것을 우리 자신에게 적용하는 것이다. 예를 들어, 길을 걷다가 건너편에 있는 친구를 발견한다. 친구의 이름을 부르며 손을 흔들지만, 친구는 손을 흔들어주지 않는다. 그 즉시 내 머릿속에서 개인화된 생각은 친구가 나를 싫어하는 것이 틀림없다고 말한다. 내가 친구의 기분을 상하게 하는 말을 했음이 분명하다. 어쩌면 친구들 모두 나에 대해 쑥덕이고 있던 것일지 모른다. 나에게 친구가 있다고 생각했는데, 지금은 없다.

개인화된 생각이 이 상황에 대한 이유로 제시한 수천 가지 잠재적 시나리오가 있다. 아마 내 말을 못 들었을지도 몰라. 아마 평소에는 콘택트렌즈를 끼고 있을지 몰라. 어쩌면 집에서 크게 다투고 나왔는데 길에서 눈물이 터질까 봐 누구와도 말을 할 수 없는 것일지 몰라. 공상에 잠겨 있는 건지도 몰라. 목록은 계속된다. 개인화 편향은 위협에 초점을 맞추고 있기 때문에 우리의 주의를 요구한다. 친구들이 갑자기 나를 싫어한다면, 나는 그것에 집중해야 하는 것이다.

정신 필터

정신 필터란 우리가 부정적인 감정을 악화시키는 모든 정보에 매달리고, 그 외의 감정을 느끼도록 도와주는 모든 정보는 간과하는 경향을 의미한다. 우리가 소셜미디어에 글을 올렸는데 50개의 댓글이 달린다고 가정해 보자. 그중 49개는 긍정적이고 고무적이다. 하나는 부정적인데, 스스로 이미 불안하다고 느껴온 점을 지적한다. 정신 필터는 우리가 하나의 부정적인 의견에 주목하고 나머지 49개는 고려하지 않을 때 작동한다. 내가 피사의 사탑이 기울어져 있다는 사실에만 초점을 맞추고, 수백 년 동안 무너지지 않고 서 있었으며 수많은 전문가로 구성된 팀이 지속적으로 안전성을 모니터링하고 있다는 사실을 고려하지 않았을 때 분명히 정신 필터가 작동했다.

뇌는 당연히 위협적인 정보에 집중하기를 원한다. 우리를 안전하게 보호하는 것이 뇌의 역할이기 때문이다. 우리가 이미 스트레스를 받거나 불안한 상태라면, 뇌는 이 임무를 더 열심히 수행할 것이다. 뇌는 신체로부터 모든 것이 좋지 않다는 정보를 입수하고 그 이유를 찾기 위해 우리의 환경(및 기억)을 스캔하기 시작한다. 이때 정신 필터가 작동한다. 우리 뇌는 불안

증상을 이해하는 임무를 맡고 있다. 하지만 우리에게 정신 필터가 작동하고 있음을 알아차릴 수 있다면, 우리가 집중하고 있는 정보의 편향성을 인식하고 이용 가능한 다른 정보를 고려하는 방안을 의도적으로 선택할 수 있다.

과잉일반화

과잉일반화는 하나의 경험을 모든 경험에 적용하는 것이다. 면접을 봤다가 떨어지면, 과잉일반화된 사고는 이렇게 말을 건다. '어차피 절대 취직 못 할 텐데 다른 데 지원해서 뭐 해.' 또는 실연을 경험한 뒤에 다음과 같이 생각한다. '내가 다 망쳤어. 연애 따위 다시는 안 할 거야.' 과잉일반화는 몇 가지 이유로 불안을 악화시킨다. 하나의 문제를 더 커다란 인생의 문제로 바꿔버리기 때문에 감정을 더 격렬하게 증폭시킨다. 두 번째로, 과잉일반화는 종종 우리가 미래의 상황을 피하도록 유도한다. 이는 불안을 조장하고, 문제에 직면하는 것을 훨씬 더 어렵게 만든다.

꼬리표 달기

꼬리표 달기는 과잉일반화와 유사하지만, 한 사건이나 일정 기간 동안의 모습으로 우리가 한 개인으로서 어떤 사람인지에 대한 전체적인 판단을 내리는 것을 포함한다.

인생에서 불안의 시기를 경험하고 그 시점부터 스스로에게 불안한 사람이라는 꼬리표를 달기 시작한다면, 우리는 자아와 정체성에 대한 개념을 형성하기 시작하고, 이는 우리가 미래에 느끼고 행동할 것으로 기대하는 방식에 영향을 미친다. 삶에서 경험하는 감정과 행동과 기간은 일시적이며 우리가 어떤 사람인지를 반드시 영구적으로 반영하지는 않는다.

그러므로 스스로 자신을 특정 유형의 사람으로 분류하고 있음을 알게 되면 그냥 내버려두지 말라. 그렇게 하면 미래에 뇌가 구성하는 감정에 영향을 미친다. 대신에 경험의 세부 사항을 일시적인 것으로 인정한다면, 그 과정에서 겪는 경험들로부터 한 개인으로서 거리를 두는 데 도움이 된다. 단순히 불안감을 줄이는 것보다 불안한 사람으로서의 정체성을 바꾸는 것이 훨씬 더 어렵다.

사실 확인

모든 생각의 힘은 우리가 그것이 실제로 현실을 반영하는 것이라고 얼마나 믿는지에 달려 있기 때문에, '생각 도전thought challenging'은 많은 이에게 도움이 되는 과정일 수 있다. 어떤 생각이 우리를 고통스럽게 한다면, 그것이 가짜 뉴스인지 아니면 그렇게 불안해할 가치가 있는 것인지 알아내는 것이 맞다. 생각 도전은 단순한 과정이다. 시작하면, 사건이 지나고 나서 돌이켜보는 게 더 쉽다. 불안한 생각을 알아차리면 다음 단계에 따라 도전할 수 있다.

1. 불안한 생각을 적어라.
2. 종이 중앙에 선을 그어서 두 개의 열을 만든다. 사실을 저울질하는 변호사처럼 그 생각이 사실이라는 모든 증거를 나열한 목록을 작성하라. 증거는 법정에서 증거로서 쓰일 경우에만 인정된다.
3. 두 번째 열에는 그 생각이 사실이 아니라는 모든 증거를 나열하라.
4. 연습을 통해 불안한 생각이 처음에 믿었던 것보다 덜 사실적임이 밝혀지면, 상황에 대해 생각할 수 있는 대안을 고려하기 시작하는 것이 좋다.

이 연습은 매우 간단하지만 생각에 대한 처음의 믿음을 느슨하게 하고 대안적인 해석을 고려할 기회를 여는 데 도움이 될 수 있다.

하지만 이것이 실제로 얼마나 사실인지에 대한 내부 논쟁으로 이어질 경우, 이 기술은 도움이 덜 될 것이다. 그런 일이 발생하면 생각 도전 연습은 그만두고 대신 생각으로부터 거리를 두는 데 초점을 맞춘 다른 기술을 사용하라.

관심의 스포트라이트

2010년의 새해 첫날. 나는 바스락거리는 파란색 점프슈트를 입으면서 눈을 감은 채 앞쪽 지퍼를 올리고 있다. 나는 마지막 숨을 쉬듯이 깊게 숨을 들이쉰다. 속이 좋지 않다. 손바닥에서부터 점프슈트 앞면을 타고 흘러내리는 땀을 닦아낸다. 눈을 뜨자 매튜가 나를 보고 웃고 있다.

"준비됐어?" 매튜는 입에 옷걸이를 끼우고 있는 것처럼(시드니 하버브리지의 별명인 코트행어coat hanger를 이용해 비유한 말장난-옮긴이 주) 커다랗게 미소 짓는다.

나는 웃지 않는다.

"아니." 숨을 한 번 더 들이마시자 어깨가 올라간다. 내가 오므린 입술 사이로 숨을 내뱉는 동안 어깨는 한껏 치켜올려진 채 긴장을 유지한다. 내가 대체 이걸 왜 한다고 했을까? 우리는 시드니 하버브리지의 하부로 통하는 문 쪽으로 이동한다. 나는 고개를 끄덕이며 할 수 있다고 스스로에게 말하기 시작한다. 우리는 좁은 격자 철근으로 이동하는데, 그 격자를 통해 밑이 훤히 보인다. 욕설이 입에서 튀어나오고 나는 양쪽의 쇠난간을 꽉 잡는다. 울고 싶다. 매튜는 내가 괜찮은지 묻고는 계속 앞으로 나아가라고 말한다. 그의 말이 불을 붙이는 성냥이라도 되는 듯 나는 불꽃처럼 그에게 쏘아붙인다.

"가고 있어! 누가 이런 빌어먹을 아이디어를 낸 거야!" 그리고 나는 내가 여전히 다리 아래쪽에 있고 상황은 점점 나빠지고 있을 뿐임을 깨닫는다. 다리를 등반하기 위해 계단을 오르면서 부터 다리 근육이 너무 심하게 떨려 벌써 아플 정도다. 나는 내가 훌쩍거림과 신음 소리 사이 어디쯤의 조용한 소리를 내고 있음을 어렴풋이 알고 있다. 돌아갈 길이 없다는 걸 알기에 계속 한쪽 발을 다른 발 앞에 둔다. 우리가 134미터에 달하는 다리 정상에 도착하자 가이드가 멈추더니 돌아선다.

'왜 멈추는 거지? 왜 멈추는 거야?' 금방이라도 또 욕이 튀어나 올 것 같다.

가이드는 경치에 대해 뭔가를 말하는데, 나는 관심이 없다. 그러고 나서 가이드는 우리 모두에게 몸을 돌려 뒤쪽을 봐달라고 한다. 나는 붙잡고 있던 난간에서 단 한 순간도 손을 떼고 싶지 않아서 난간을 그대로 붙잡은 채 최대한 몸만 돌려 본다.

바로 그때 무릎을 꿇고 반지 상자를 들고 있는 매튜가 눈에 들어온다.

이미 눈물이 고여 떨어지기 직전이었다. 나는 몸을 완전히 돌리기 위해 난간을 잡은 손을 잠깐 놓았다가 다시 잡는다.

우리의 아름다운 순간 내내 내 손은 난간을 꽉 붙들고 있었다.

일행은 박수를 치며 다리 중앙을 건너 반대편으로 내려가기 위해 앞으로 이동하기 시작한다. 매튜와 나는 잠시 대화를 나눈다. 나는 그에게 이런 이벤트를 어떻게 준비했느냐고 묻는다.

그는 다리 중앙을 가로질러 걸어가 반대편 계단을 내려가면서 설명한다. 나는 미소를 짓고 소리 내 웃기도 하고 고개도 젓는다. 매튜는 시드니에 살고 있는 가족들뿐 아니라 우리와 여행을 함께 온 가족들 모두가, 우리가 내려가고 있는 이 계단의 맞은편 레스토랑에서 우리를 지켜보고 있다고 이야기한다. 맞은편을 보자 그들이 모두 손을 흔들고 있다. 나는 한 손을 흔들면서 다른 한 손으로 반지를 잡는다.

그때 나는 깨닫는다. 내가 난간을 잡지 않고 있다는 것을. 나는 계단을 내려오는 내내 난간을 안 잡고 있었다.

우리의 두뇌는 매일 매초마다 많은 정보를 받아들이고 처리한다. 하지만 우리 주변의 세계는 무한한 양의 정보를 제공한다. 만약 우리 뇌가 모든 정보를 받아서 처리하려고 했다면 우리는 제대로 기능하지 못했을 것이다. 그래서 뇌는 무엇에 초점을 맞출지를 선택한다. 우리의 관심은 스포트라이트와 같다. 우리가 스포트라이트는 제어할 수 있지만, 무대 위에 오르는 배우들을 통제할 수는 없다. 우리는 배우들이 얼마나 오래 무대에 서 있을 것인지, 무슨 말을 할 것이며 또 언제 내려갈 것인지 통제할 수 없다. 우리가 해야 할 일은 한 번에 한두 가지에 집중해서 스포트라이트를 비추는 것이다. 최악의 시나리오와 그에 대처하지 못하는 우리 자신의 이미지에 대한 불안한 생각을 조명하면, 모든 상황이 좋지 않다는 피드백을 뇌에 전하게 된다. 스포트라이트를 비출 관심의 대상을 무대 위의 다른 이야기를 제공하는 다른 생각으로 전환하면, 그 생각은 우리의 신체 반응에도 영향을 미칠 것이다. 하지만 그 생각에 집중하고 있는 동안 다른 생각들도 무대를 떠나지 않는다. 다시 스포트라이트 받기를 기다리면서. 하지만 조명 밖에서는 우리의 감정 상태에 미치는 영향이 작아진다.

내 약혼 이야기는 다소 극단적인 예이지만, 관심의 초점이 지닌 힘에 대한 사례로서 내 안에 깊이 남아 있다. 나는 그날 다리를 오르는 내내 내가 우발적으로 죽을 수도 있다는 사실에 온통 집중했다. 하지만 내려오는 내내 나는 삶에 집중했다.

물론 우리는 매일 파국을 초래하는 생각으로부터 우리 자신의 주의를 돌리기 위한 깜짝 프러포즈에 의존할 수는 없다. 하지만 우리의 관심을 집중시키는 힘을 행사하는 것은 강력한 도구이다. 이는 생각을 차단하는 방식과는 다르다. 마음속에 떠오르는 어떤 생각을 없애고 다시는 하지 않으려고 애쓰는 순간 그 생각은 어느 때보다 더 많이 고개를 불쑥 들 것이다. 바로 이런 식으로 사람들은 침투적 사고intrusive thought(달갑지 않고 비자발적인 사고나 인상, 혹은 강박이 될 수 있는 불쾌한 생각으로, 동요하게 만들거나 고통을 안겨주며, 대처하거나 없애기 어렵다고 느낄 수 있다-옮긴이 주)의 굴레에 갇힌다. 우리가 그것을 가질 의향이 없다면 가지게 될 것이다. 어떻게 하면 그런 불안한 생각을 안 할 수 있을지에 대해 생각함으로써 바로 그 생각에 스포트라이트를 비추고 있는 것이다. 스포트라이트를 다른 생각으로 옮기기로 선택해도 불안한 생각은 여전히 무대에 남아 있을 수 있다. 우리는 그 생각의 존재를 의식하지만 그것이 쇼의 주인공은 아니다.

그런 불안한 생각이 고개를 들어 우리가 그것에 스포트라이트를 비추고 미래에 일어날 두려운 사건에 대해 곱씹기 시작하면, 우리 몸이 반응하게 된다. 뿐만 아니라, 어떤 끔찍한 일이 일어나고 그것에 대처하지 못하는 자신의 모습이 담긴 최악의 시나리오를 마음속으로 상상할 때마다 우리의 뇌는 세상에 대한 개념이나 모형을 구축하는 데 사용할 경험을 구성하고 있다. 우리가 그 과정을 반복할수록 우리 뇌가 재현해 내는 것은 더 쉬워진다.

우리가 관심의 스포트라이트를 어디에 비추는지의 여부는 경험을 구성하는 데 도움이 된다. 따라서 그 스포트라이트를 제어하는 법을 배우는 것은 우리가 미래에 겪을 세상에 대한 감정적 경험에 진정으로 투자하는 일이다.

그런데 무대에 다른 배우가 없다면? 걱정하는 일에 잘 훈련이 되어 있다면 우리는 어떻게 다른 생각으로 관심을 돌릴 수 있을까?

대신 집중해야 할 것—새로운 자기 대화

불안한 생각은 위협에 집중되어 있다. 불안한 생각을 하면서 시간을 보내면, 그것은 뇌에 위협 반응을 증가시키기 위해 우리의 몸과 뇌에 피드백을 보낸다. 위협 반응의 강도를 낮추기 위해 침착함을 유지하게 해주는 사고 흐름을 기를 필요가 있다.

아들이 태어난 지 2년 6개월쯤에 수술을 받았는데, 얼굴이 부어올라 눈이 짓눌린 채 감겨 있었다. 아들은 눈을 뜨지 못한 채 낮잠에서 깼다. 아들은 고의존도 병실에서 들려오는 온갖 이상한 소리를 들을 수 있었다. '삐' 소리를 내는 수많은 기계들, 발소리 그리고 알아채지 못한 목소리들. 위협 대응이 작동했고, 아들은 나를 찾으며 소리를 지르고 울었다. 내가 병실로 돌아와서 손을 잡고 말을 걸어줄 때까지 진정이 되지 않았다. 나는 아들이 눈을 뜨고 보게 해줄 수가 없었다. 고통을 바꿔줄 수 없었다. 모든 고통을 사라지게 할 마법의 말이 없었다. 나는 그저 아들의 귀에 대고 차분한 목소리로 이야기해 주었다. 엄마가 곁에 있고 너는 안전하다고. 너의 뒤를 지켜줄 사람이 여기 있으며 아무 데도 가지 않을 거라고. 그러자 이 두려운 상황을 받아들이고 헤쳐가는 아이의 능력은 놀라움 그 이상을 보여주었다. 그 후에도 며칠 동안 눈을 계속 못 뜨고 있었지만, 아이는 장난감을 가지고 놀고 즐기며 삶을 이어나갔다. 연민은 상황이 좋지 않을 때에도 아이가 세상을 마주할 수 있을 만큼 충분히 안전하다고 느끼도록 도와주었다.

친절과 연민을 받으면, 우리는 위협 대응을 낮추고 스스로 더 안전하다고 느낀다. 이러한 반응은 그 친절이 타인으로부터 오든 우리 자신의 생각에서 오든 상관없이 똑같이 일어난다. 자신에게 말하는 방식을 바꾸면 뇌의 화학 작용과 감정 상태에 변화가 생긴다.

쉬운 일은 아니다. 자기 연민의 날을 하루 갖는다고 해서 자기비판과 자기 공격을 하면서 보낸 평생이 통째로 바뀌지는 않을 것이다. 이는 지속적인 노력이 필요한 삶의 수련이다. 하지만 이것이 우리 인생을 바꾸어놓을 수도 있다. 기억하라. 연민이 항상 쉬운 것은 아니다. 두려워할 일이 없다는 뜻이 아니다. 차분하고 단호한 목소리로 자신을 격려하고 응원하며, 지금의 힘든 순간을 헤쳐 나갈 수 있고 그렇게 할 것임을 상기시켜 주는 것이 바로 우리 귀에 대고 이야기를 건네는 코치의 목소리다.

연민 중심의 사고 과정으로 주의를 돌리는 방법 중 내가 가장 좋아하는 하나는 내가 이 과정을 통해 친구를 코칭한다면 무엇을 말하고 어떻게 말할 것인지 자문하는 것이다. 최고의 코치는 우리를 구하기 위해 달려드는 사람이 아니라, 우리를 진심으로 대하고 우리가 힘든 순간들을 헤쳐 나갈 수 있는 힘을 스스로 찾도록 격려하는 사람이다.

관점 바꾸기

임상 실습 과정이 끝날 무렵, 나는 구두 시험을 치러야 했다. 전문가 패널 앞에서 자신의 연구에 대한 질문에 답하는 인터뷰에 가까운 시험이었다. 시험 당일 나는 대학교에 도착해서 이름이 불리기 전까지 앉아 있도록 마련된 대기실에 들어갔다. 심장이 쿵쾅거리는 소리를 들으며 앉아 있는데 동기 실습생이 눈물을 흘리며 대기실로 돌아왔다. 한 교직원이 그녀의 어깨를 감싸고 대기실 밖으로 안내할 때도 그녀는 흐느끼고 있었다. 대기실에 있던 이들은 모두 두 눈을 크게 뜨고 두려움에 휩싸여 서로를 쳐다봤다. 뭔가가 배 속으로 뛰어든 기분이었다. 나는 자리에서 일어나 나에게 행운을 빌어주는 지도교수를 지나 대기실 밖으로 나왔다. 그때 그는 내가 들은 최고의 조언을 건넸다.

지도교수는 나에게 시험을 즐기라고 말했다. 이번 기회는 내가 지금까지 실습하는 동안 배우고 노력한 모든 것을 뽐낼 수 있는 기회라고 이야기했다. "누구든 내 논문을 끝까지 읽어주고 진정한 관심을 보여줄 유일한 시간"이자 "그런 관심을 함께 나눌 수 있는 기회"라고. 나는 고개를 끄덕이며 미소 띤 얼굴로 대기실로 돌아왔다. 내가 더 안전한 곳에 도달하기 전까지는 이제까지의 경험을 완전히 다른 관점으로 바라볼 수 있도록 그가 어떤 도움을 주었는지 알아차리지 못했었다. 내가 마주한 극심한 압박의 상황은 전혀 달라지지 않았다. 하지만 나는 헤드라이트 앞에서 얼어붙은 토끼에서 용기와 즐거움과 설렘이 뒤섞인 경험을 만들어내는 사람으로 바뀌어 있었다.

관점을 바꿈으로써 내가 치른 구두 시험이 위험에서 도전으로 완전히 재구성된 것과 같은 방식으로, 이 기술을 위협 또는 우리가 해결하지 못할 대상으로 해석할 수 있었을 다른 경험에도 적용할 수 있다. 관점 바꾸기는 주어진 상황에 내재된 위험을 부정하는 것이 아니다. 내가 시험에서 떨어질 위험은 여전히 있었다. 하지만 내가 그 위험에만 집중하기로 선택했다면 스트레스 반응이 훨씬 더 높았을 수 있으며 실력을 제대로 발휘하기가 훨씬 더 힘들었을 것이다.

관점 바꾸기는 상황을 극복하는 데 도움이 되는 방식으로 상황을 재해석하는 것을 고려하도록 하는 기술이다. 경험을 도전으로 재구성하는 것은 우리가 도피 충동을 보다 제어된 투쟁 충동으로 전환시키는 데 도움이 될 수 있다. 우리는 의도를 가지고 무언가를 향해 나아갈 수 있다. 다음 단계는 관점 바꾸기 기술을 실행하는 데 도움이 될 수 있다.

가치관과 정체성 고려하기

불안한 생각이 스포트라이트를 독점하고 있을 때는 우리에게 가장 중요한 것에 대한 생각을 무대 위에 올려야 한다. 어떤 결정은 두려움에 근거해서 내리는 것이 타당하다. 우리의 삶이 위험에 처해 있는 경우라면 그러한 생각들이 우리에게 가장 중요한 기준이 된다. 하지만 우리의 가치관과 가장 중요한 것을 바탕으로 결정을 내릴 때 삶은 더욱 풍성해지고 충만해진다.

그렇게 하기 위한 가장 쉬운 방법은 다음과 같은 질문으로 돌아가는 것이다. '왜 이것이 나에게 중요한가? 1년 뒤 지금 이 순간을 돌아볼 때 어떤 행동이나 대응이 스스로를 자랑스럽게 여기고 감사하게 만들까? 나는 이 상황에서 어떤 사람이 되고 싶은가? 나는 어떤 가치를 따르고 싶은가?

우리의 가치관도 우리 정체성의 일부가 될 수 있다. 모험심이 강한 사람이든 체격이 좋고 건강한 사람이든 사교적이고 친근한 사람이든, 자신이 어떤 사람이 되고 싶든 간에 그 점을 분명히 하면 불안을 안고 있는 이들에게 대안적인 생각을 제시하는 데 도움이 될 수 있다. 대화를 시작하는 것이 불안하지만 자신을 사교적이고 친근한 사람으로 여기기로 마음먹었다면, 불안감이 대화를 피하라고 속삭일 때도 사회적 상황에서 어떻게 행동할 것인가에 대한 개념이자 견본을 만드는 것이 도움이 된다. 또는 용기 있게 사는 사람으로서 자신의 정체성을 선택한다면 이 상황에 어떻게 대응해야 할지 자문해 볼 수 있을 것이다. 용기를 기준으로 둔다면 나의 다음 행보는 무엇이 될 것인가? 오늘 밤 일기를 쓰고 내년 이맘때 되돌아보면 어떤 반응이 나를 자랑스럽게 할 것인가?

- 편견을 발견했을 때 그것에 꼬리표를 달아 불안한 생각과 거리를 두라.

- 불안한 생각이 지속적인 관심을 요구할 때에도 우리에겐 관심의 스포트라이트를 제어할 주도권이 있음을 기억하라.

- 친절은 그것이 타인에게서 온 것이든 우리 자신에게서 온 것이든, 우리의 위협 대응 기준을 낮춘다.

- 위협을 도전으로 바라보는 관점 바꾸기를 통해 우리는 용기를 갖게 된다.

- 두려움이 아닌, 가장 중요한 것을 기준으로 결정을 내릴 수 있도록 가치관에 따라 행동하라.

26장

피할 수 없는 것에
대한 두려움

모든 두려움에 대한 두려움은 우리 자신의 죽음에 대한 두려움이다. 모든 인간은 삶에는 반드시 끝이 있다는 이 불가피함과 언제 어떻게 맞이하게 될지 모르는 마지막에 대한 궁극적인 불확실성을 안고 살아간다. 알려진 것과 알려지지 않은 것에 대한 이러한 두려움은 지금 여기에서의 우리의 평화와 만족을 흔들고자 끊임없이 위협한다. 자신의 죽음에 대해 생각하는 것만으로도 순간적으로 무력해지고 두려움을 느끼게 되는 동시에 삶의 무의미함을 느끼게 된다.

어떤 사람들에게는 죽음에 대한 두려움이 일상생활을 직

접적으로 침범하여 매 순간 죽음의 가능성에 대해 걱정하게 한다. 다른 사람들에게는 건강과 위험 감수에 대한 염려와 같이 겉보기에는 사소한 두려움으로 위장하여 예기치 않은 방식으로 두려움의 거품이 일 수 있다. 두 경우 모두 우리 삶의 질을 떨어뜨리고 심지어 파괴할 수 있는 잠재력을 가지고 있다.

죽음에 대한 두려움은 다른 많은 정신 건강 문제의 기저가 된다고 주장되어 왔다(이베라흐Iverach 등, 2014). 건강염려증은 병에 걸리고 병원에 가는 것에 대한 두려움과 고통 속에 죽을 가능성에 대한 생각으로 우리 자신을 가득 채운다. 공황발작을 경험하는 사람들은 보통 심장 두근거림을 심장마비로 잘못 해석하고, 자신이 곧 죽을 것이라고 믿는 데서 오는 공포는 공황발작을 유발한다. 여러 특정한 공포증은 그것이 높은 곳이든 뱀이든 피와 관련된 것이든, 특정 대상과 접할 때 죽음에 대한 가능성이 더 커진다는 예측을 중심으로 발현된다.

죽음에 대한 전망은 우리의 삶 전반에 걸쳐 계속 존재하겠지만, 우리는 그러한 지속적인 두려움 속에서 살 수 없다. 따라서 끊임없는 위협으로부터 우리 자신을 보호하는 안전 추구 행동으로 삶을 채움으로써 스스로를 지킨다. 우리는 위험을 감수하는 일에 엄격한 제한을 둘 수 있으며, 명예나 부를 통해, 다른 사람들과의 연결과 그들에게 어떻게 기억되기를 원하는지를 통해 불멸의 개념을 얻고자 노력한다. 누가 우리를 비난할 수 있을까? 스탠퍼드대학교 정신의학과 명예 교수인 어빈 얄롬은 자신의 저서 『태양 바라보기Staring at the Sun』에서 이를 완벽하게 설명하고 있다.

"매 순간 죽음을 온전히 의식하며 산다는 것은 쉬운 일이 아니다. 그것은 태양을 정면으로 바라보려는 것과 같다. 우리는 딱 그 정도만 견딜 수 있다."

또한 그는 "죽음의 물질적 실체가 우리를 무너뜨리더라도 죽음의 개념이 우리를 구한다"라고 전한다. 그런 의미에서 죽음에 대해 우리가 가지는 바로 그 인간적인 불안은 단순히 없어져야 할 불편함이 아니다. 죽음에 대한 우리의 인식에 직면하는 것은, 또한 우리가 살아가는 방식에서 새로운 의미와 목적을 찾는 심오한 도구가 될 수 있다. 우리 모두가 죽는다는 사실은 우리가 삶에 부여하는 의미를 정의하고 보다 신중한 의도를 가지고 살아가는 방식을 선택하는 데 도움을 줄 수 있다. 같은 측면에서 우리가 죽음에 부여하는 의미는 오늘날 우리의 행복에 영향을 미칠 수 있다(네이마이어Neimeyer, 2005).

유방암 생존자들을 대상으로 내가 직접 수행한 연구에 따르면, 그들 중 다수가 죽음을 직면하는 경험을 하고 난 뒤 긍정적인 삶의 변화를 겪게 되었다고 보고했다. 그 경험은 갑자기 엄청난 두려움을 느끼게 하는 동시에 자신에게 주어진 유한한 시간에 어떤 의미를 부여할 것인지 재평가하도록 만든다. 외상후 스트레스 반응에 대한 점수가 높을수록 외상 후 성장 및 긍정적인 삶의 변화와 더 많은 관련이 있었다.

하지만 유한한 삶이 우리에게 어떤 의미인지를 직접 느껴보고자 죽음에 가까이 갈 필요는 없다. 우리는 수용 전념 치료 Acceptance and Commitment Therapy, ACT를 통해 자신의 장례에 대해 깊이 생각해 보거나, 더 이상 이 세상에 살아 있지 않은 우리 각자의 영웅들을 떠올려봄으로써 그 의미를 알 수 있다. 이러한 연습은 우리가 모든 것이 끝날 것이라는 사실에도 불구하고가 아니라 바로 그 사실 때문에 살아가는 것임을 생각하도록 한다. 자신의 삶이 어떤 의미를 지니기를 바라는지에 대한 질문에 직면함으로써 우리는 거대한 혼란과 변화를 동시에 맞이할 수 있다. 고통스러울 수 있지만, 그 괴로움에 얽매여 있는 것이 아니라 선택에 힘을 실어주는 것이다. 예를 들어, 자신이 가장 중요하게 여기는 것에 따라 인생을 살 수 있었다고 상상한다. 그런 다음 그것이 어떤 모습일지 떠올려본다. 스스로 선택한 의미와 목적에 따라 살았다면, 우리는 그날그날 어떻게 행동했을까? 무엇에 몰두했을까? 무엇을 놓았을까? 비록 완성하지 못할지라도 어떤 것에 전념했을까?

그런 식으로 죽음을 탐구하는 것은 지금 중요한 것이 무엇인지 명확히 하는 데 도움이 될 수 있다.

죽음에 대한 두려움은 그것이 일어날 일임을 알기 때문에 없애는 것이 불가능해 보인다. 두려움은 이해할 수 있고 예측은 현실적이다. 그러나 죽음에 대한 우리의 비현실적인 믿음은 이성적인 두려움을 더 악화시킨다. 더 심각한 것은, 정상적인 일상생활을 방해할 정도가 될 수 있다는 사실이다. 이를테면 이런 믿음이다. '우리 가족은 나 없이는 잘 해나갈 수 없을 것이다.' 또는 '죽음의 고통은 정말 괴로울 것이다.'

죽음에 대한 두려움을 이야기할 때 대부분의 사람들은 그것이 곧 일어날 가능성에 도전함으로써 두려움을 줄이려고 시도한다. 의도는 좋지만 도움은 안 되는 방법이다. 우리 모두가 죽음이라는 사건이 결국에는 발생할 것이며 경고 없이 찾아올 것임을 알고 있기 때문이다. 지금 당장 죽음으로부터 안전하다고 느끼도록 함으로써 죽음에 대한 두려움을 피하고자 하면, 우리가 삶의 허무함을 떠올릴 때 같은 두려움이 다른 어딘가에서 불쑥 다시 튀어나올 수밖에 없다.

우리가 찾고 있는 것은 삶의 일부로서의 죽음이 가진 확실성과 그것이 어떻게 일어날지에 대한 불확실성을 깊이 받아들일 필요가 있다는 사실이다. 어떤 이들에게는 이 두 가지 사실이 삶 자체가 지닌 의미의 원천이다. 반면 죽음에 대해 생각하지 않으려고 하고 충분히 안전하게 지내면 일어나지 않을 수 있는 일이라는 듯이 살아가는 이들도 있다. 우리는 죽음과 관련된 모든 것을 피한다. 죽음에 대해 말하고 보기를 피한다. 그러한 회피 패턴은 우리가 위험하다고 인식하는 것들을 중심으로 형성되고, 위험 수준에 대한 예측은 그에 대한 불안 수준과 함께 증가하기 시작한다.

이런 일이 발생하면, 여러 가지 공포증이 우리의 삶 전반에 나타날 수 있다. 하지만 우리가 죽음에 대한 두려움을 다루지 않는 한, 하나의 공포증은 잠시 후 다른 공포증이 나타날 때 비로소 진정된다.

그렇다면 우리가 최악의 상황에 대한 두려움에 사로잡혀 있고 그것이 반드시 일어나리라는 것을 알 때 할 수 있는 일은 무엇일까? 궁극적으로 죽음에 대한 두려움으로 인해 매일의 일상을 흐트러뜨리지 않고 온전히 살아가고 싶다면, 우리가 해야 할 일은 죽음을 삶의 일부로 받아들이기 위한 자신만의 방법을 찾는 것이다. 받아들임은 죽음이 우리가 원하는 바라고 말하는 것이 아니다. 통제할 수 없는 현실의 부분들에 대한 투쟁을 포기하는 것이다.

죽음을 받아들이는 것은 삶을 포기하는 것과는 다르다. 정반대이다. 죽음을 받아들이면 삶에 의미를 부여하게 된다. 결과적으로 삶의 의미를 구축하고 그에 맞춰 살아가기 위해 노력함으로써 죽음을 삶의 일부로 받아들일 수 있게 한다.

이는 우리가 사는 방식을 바꿀 수 있다. 우리는 각자의 가치관이 이끌고 의미가 있는 방식으로 살아갈 수 있다. 자신에게 가장 중요한 것에 더 많은 관심을 기울이고 목적을 가지고 살 수 있다.

우리가 아는 누군가의 죽음과 그로 인한 슬픔은 우리를 우리 자신의 죽음과 직결해 생각하게 만들 수 있다. 그 사람이 갑

자기 죽을 수 있다면 나 또한 그럴 수 있다. 이것이 나와 내 삶에 어떤 의미가 있을까? 오늘은 어떤 의미를 지니고 있을까?

죽음과의 관계 바꾸기

죽음에 대한 수용 감각을 기르는 방법에는 여러 가지가 있다. 아래 나열하는 세 가지 방법은 게서Gesser와 웡Wong, 레커Reker에 의해 처음 제안되었다(1988).

- **접근적 수용** 내세來世 또는 어떤 형태로든 천국에 갈 수 있는 가능성에 대한 믿음을 갖는 것은 개인이 죽음을 받아들일 수 있게 한다.
- **도피적 수용** 삶에서 큰 고통을 경험하는 이들에게 죽음은 그 고통으로부터 벗어나거나 구원받을 수 있는 수단으로 인식될 때 받아들여질 수 있다.
- **중립적 수용** 죽음을 가치 있는 일도 아니고 고통에서 벗어나는 수단도 아닌, 우리가 통제할 수 없는 삶의 자연스러운 부분으로 인식하는 태도이다.

💬 이렇게 해보자

수용 전념 치료에서 가끔 주어지는 과제는 자신의 묘비명을 쓸 수 있다고 상상해 보는 것이다. 우리 자신의 묘비에 몇 줄만 남길 수 있다면, 어떤 말을 하고 싶은가? 이것은 타인이 뭐라고 말할지 추측하는 것이 아니라 자신이 따르고 싶은 바를 탐색하기 위한 방법이다. 오늘부터 따라 살고 싶은 삶의 의미를 찾는 일이다(헤이스Hayes, 2005).

이와 같은 과제를 수행하는 데 어려움을 겪을 수 있는 사람은 치료사의 도움을 받아 시도할 것을 권장한다.

자신이 갖고 있는 죽음에 대한 생각 중 두려움을 심화시키는 것이 무엇인지 살펴보자. 우리는 각자 죽음에 대해 도움이 되거나 해로운 수많은 믿음을 가지고 있다. 일례로 죽음은 불공평하며 우리는 그것을 겪어야 할 필요가 없다고 생각하는 경우를 들 수 있다. 이러한 믿음은 죽음에 대한 생각이 떠오를 때 불안을 키우고 고통을 심화할 가능성이 있다. 그와 같은 믿음 중 일부는 탐색하고 시간을 들여 도전할 가치가 있다. 하지만 그런 작업의 일부는 너무 감정적이어서 자신이 신뢰하는 누군가와 함께하는 것이 도움이 된다. 우리를 잘 아는 사람 또는 그 과정을 이끌어주며 도와줄 치료사와 함께하는 것을 고려해 보자.

🔧 도구 상자
죽음에 대한 두려움을 풀기 위한 글쓰기

죽음이라는 주제에 대한 표현적 글쓰기는 우리가 죽음에 대한 두려움을 탐색하는 데 도움을 줄 수 있다. 죽음에 대한 두려움은 그 과정에서 통찰과 발견의 실마리를 잃지 않으면서 우리 자신을 끌어내고 현실에 자리하게 해주기 때문이다. 과제를 수행하던 중이라도 언제든지 중지했다가 준비가 되면 다시 이어갈 수 있다.

죽음에 대한 두려움에 직면하는 일은 쉽지 않으며, 이것이 고도로 훈련된 치료사가 큰 변화를 가져올 수 있는 지점이다. 치료를 받을 수 없는 사람들의 경우 신뢰할 수 있는 친구나 사랑하는 사람과 함께한다면 큰 힘이 될 수 있다. 죽음은 우리 모두가 직면하는 일이기 때문이다.

다음은 일기 쓰기, 치료 또는 사랑하는 사람의 도움을 받으며 나누는 대화에 사용할 수 있는 몇 가지 즉각적인 질문이다.

- 죽음에 대해 어떤 두려움을 가지고 있는가? 그 두려움은 일상생활에서 어떻게 나타나는가?
- 자신이 갖고 있는 죽음에 대한 믿음 중 다른 사람들과 다른 것은 무엇인가?
- 이러한 차이가 우리에게 말해 주는 것은 무엇인가?
- 과거에 경험한 죽음으로 인한 종결이나 상실이 삶과 죽음

에 대한 믿음을 어떻게 형성하였는가?

- 죽음으로부터 안전하다고 느끼는 데 도움이 되는 행동은 어떤 것이 있는가?
- 자신의 삶이 무엇을 의미하거나 나타내기를 원하는가?
- 현세現世를 떠난 뒤 어떤 발자취를 남기고 싶은가?
- 그 의미는 오늘날 그리고 인생의 다음 장으로 나아가는 과정에서 어떻게 실제 행동과 선택으로 이어질 수 있을까?
- 먼 미래에 자신이 삶의 끝자락에 있고 이제 막 시작하는 이 장을 돌아본다고 상상해 보라. 스스로 한 선택과 매일 다가간 방식에 만족감을 느끼며 웃는 얼굴로 뒤를 돌아보려면 일상은 어떤 모습이어야 할까?
- 인생의 다음 장이 가장 의미 있고 목적이 분명한 장이 된다면 그 안에는 어떤 내용이 들어가 있을까?
- 죽음에 대한 인식이 삶의 의미를 축소시키는 것이 아니라 강화시키는 것이라면, 그것은 어떤 모습일까?

- 죽음에 대한 우리의 집단적 두려움은 알려진 것과 알려지지 않은 것 모두에 대한 두려움이다.
- 어떤 사람들은 죽음에 가까워짐으로써 성장과 긍정적인 삶의 변화를 경험한다.
- 죽음을 받아들이는 것은 삶을 포기하는 것과는 다르다. 정반대이다.
- 죽음을 받아들이면 삶에 의미를 부여하게 된다.

7부

스트레스에
관하여

27장

스트레스와 불안은
다를까?

스트레스와 불안은 모두 다양한 경험에 대한 포괄적 용어로서 널리 사용되고 있다. 스트레스를 받아 불안감이 심해졌다는 말은 드물지 않게 들려온다. 또는 반대로 말하는 경우도 있다. 그 결과 대부분의 사람들은 거의 무한할 만큼 수많은 경험을 묘사하기 위해 두 단어를 서로 바꿔 사용한다. 업무 마감과 관련해 스트레스를 받거나 화장실에서 거미를 발견하는 상황에 대해 불안을 느낄 수 있다. 우체국에서 줄을 서서 기다리다가 늦게 되어 스트레스를 받을 수도 있다. 한편 직장을 잃고 집세를 내는 데 어려움을 겪는 스트레스에 대해 이야기할 수도 있다. 다음 사람은 두 가지 상황 모두가 불안을 유발한다고 설명할 수 있다.

하지만 이 책에서는 스트레스와 불안이 각각 다른 부분으로 구분되어 다뤄진다. 우리가 스트레스라고 부르는 경험은 감정과 같은 메커니즘을 통해 구성된다(펠드먼 배럿, 2017). 우리의 두뇌는 외부 세계의 요구에 대한 정보를 지속적으로 신체로부터 받아들이고 얼마큼의 노력을 들여야 할지 알아내고자 애쓴다. 몸에서 방출되는 에너지의 양을 외부 세계의 요구와 일치시켜 낭비되는 것이 없도록 한다. 우리의 내적 생리적 상태가 환경에 잘 맞는다고 느낄 때, 우리는 그 순간의 감정이 스트레스를 수반하더라도 대체로 긍정적 감정으로 해석한다. 예를 들어 큰 스포츠 경기를 앞두고 기운이 넘치고 준비가 되어 있음을 느낄 때가 그렇다. 하지만 내적 상태가 외부 세계의 요구와 맞지 않을 경우, 우리는 그것을 부정적인 감정으로 해석하는 경향이 있다. 피곤하지만 초조해서 잠을 잘 수 없을 때가 그 예이다. 아니면 너무 스트레스를 받아서 시험이나 면접에서 질문에 집중할 수 없을 때도 그렇다. 이러한 경우 우리는 현재의 요구에 부응할 수 없으리라는 느낌을 받고는 한다.

스트레스와 불안은 모두 경계 상태와 관련이 있다. 그러나 이 책의 목적상 불안은 그 경험에서 오는 두려움과 과도한 걱정과 연관이 있다. 반면 우체국에서 줄을 서며 느끼는 스트레스는 불안과는 의미가 다를 것이다. 줄을 서며 스트레스를 받고 있다면 그것은 아마 그날 해야 할 일정이 빡빡하기 때문일 것이다. 스트레스가 급증하면 줄을 계속 서야 할지 아니면 그날의 기대치를 충족하기 위해 다시 우선순위를 정해야 할지 결정하는 데 도움이 되도록 경계 태세를 높일 것이다. 그 감정이 불안이었다면, 위협적이거나 위험한 일이 일어날지도 모른다는 걱정과 예측으로 이어질 가능성이 높다.

따라서 스트레스와 불안의 메커니즘은 같지만, 우리는 이들 각각을 다른 방식으로 개념화한다. 침대에 누워 있는데 아래층에서 유리가 깨지는 소리가 들린다면, 스트레스 반응이 작동하겠지만 우리는 그 감각을 불안과 두려움의 범주에 넣기 쉽다. 그 위협을 물리치거나 그로부터 도피하고 싶은 충동이 들 수 있다. 같은 스트레스 반응이 우리가 실업의 위협을 안고 다니거나 일과 육아를 병행하느라 고군분투하는 경우에는 다른 의미를 지닌다. 이러한 상황은 즉각적인 위험으로 인식되지 않는다. 전자의 경우와 같은 방식으로 맞서 싸우거나 도피할 수 없다.

즉 우리는 스트레스 반응을 투쟁 또는 도피로 단순화해 왔지만, 실제로 스트레스 반응이 발현되는 방식은 다양하다. 분비되는 호르몬의 비율, 심혈관 변화 및 기타 생리적 반응이 결합하여 서로 다른 심리적 경험과 행동의 충동성을 형성하는 데 차이가 있을 수 있다.

우리는 뇌가 무언가를 하도록 준비할 때 스트레스를 느

긴다. 그것이 아침에 일어나는 일이든, 업무 발표를 시작하는 일이든, 차를 운전하는 일이든, 우리의 뇌는 경계 태세를 올리고 환경에 반응할 준비가 되어 있는지 확실히 하기 위해 에너지를 방출한다. 우리 모두가 해로운 스트레스 호르몬이라고 생각하는 코르티솔은 사실 연료를 얻기 위해 포도당 형태의 에너지를 혈류로 빠르게 방출하여 연료로 사용할 수 있도록 한다. 우리의 폐와 심장은 산소와 설탕으로부터 받은 필요 에너지를 주요 근육과 뇌에 전달하기 위해 더 빠르게 작동하기 시작한다. 아드레날린과 코르티솔은 근육이 그 에너지를 가장 효율적으로 사용하도록 도와준다. 우리는 어떤 도전을 받든 직면할 준비가 되어 있다. 이는 우리 몸이 가장 잘 작동하고 있다는 방증이다. 우리의 감각은 날카로워지고 두뇌는 더 빠르게 정보를 처리한다.

두뇌는 그러한 자원을 제공할 때 휴식이나 영양의 측면에서 그에 대한 대가를 되돌려 받기를 기대한다. 그러나 아무것도 돌려받지 못하면, 부족분이 발생한다. 이런 과정이 반복되면 몸의 자원은 보충되지 않는다. 잠을 충분히 자지 않거나 제대로 먹지 않거나 매일 배우자와 말다툼을 할 경우 부족분이 더 증가한다. 시간이 지남에 따라 고갈된 몸은 스스로를 방어하기 위해 분투하고 질병에 취약해진다.

생존에 대한 위협에 직면하면 투쟁 도피 반응을 하게 될 것이다. 반면 즉각적인 위협이 아닌 스트레스 상황을 인지하면 거의 동일한 방식으로 어려움에 잘 대처할 수 있도록 하는 도전 반응이 더 많이 나오긴 하겠지만, 그 감각들은 강렬한 두려움이라기보다는 움직이기 위한 불안함에 더 가깝다.

예상 스트레스는 스트레스를 유발하는 일이 다가오고 있고 우리에게 많은 것을 요구할 것임을 예측할 수 있을 때 발생한다. 다음 주에 있을 취업 면접에서 긴장하고 스트레스를 받으리란 사실을 알아서 미리 그 어려움을 예상하는 것이다. 우리가 그것을 잘못 이해하여 대처할 수 없는 도전에 직면하게 될 것이라고 계속 예측한다면, 우리는 그 스트레스로 인한 생리적, 심리적 불편함을 두려워하기 시작하고 불안해한다. 신체적 위협에 의해 스트레스가 유발되고 신체가 움직이도록 활성화되면, 신체를 움직이고 안전에 도달하는 과정은 신체가 기준선으로 돌아오도록 유도한다. 그러나 우리가 그러한 심리적 이유로 스트레스 반응을 지속적으로 불러일으킨다면, 생리적 격변이 단기적 이벤트로 끝나기 힘들 수 있고 평온을 되찾을 명확한 경로가 없어진다. 이 지점이 바로 우리가 신체 건강과 정신 건강, 그리고 행동에 미치는 영향 사이에서 문제를 겪기 시작하는 때이다(새폴스키Sapolsky, 2017).

- 스트레스와 불안이라는 두 용어는 종종 서로 바뀌어 사용된다.
- 우리가 환경의 요구를 충족할 수 있는 경우에는 스트레스가 수반되더라도 기분이 좋아지는 경향이 있다.
- 우리가 스트레스라고 느끼는 것은 뇌가 무언가를 하기 위해 준비할 때이다.
- 두뇌는 에너지 방출을 허용하여 경계 태세를 높이고 환경에 반응한다.
- 우리는 불안을 보다 두려움에 기반한 반응으로 개념화한다. 그러나 이는 전반적인 스트레스 반응이 필요에 따라 달라질 수 있는 하나의 방법일 뿐이다.

28장

스트레스를 줄이는 것만이
유일한 답은 아닌 이유

우리 선에서 줄일 수 있는 스트레스를 줄이는 것은 일반적으로 좋은 생각이다. 하지만 우리 인생에서 스트레스를 줄이는 일이 스트레스 관리 대책으로 너무 자주 제시되고 있고, 나는 지금까지 그 부분이 편하게 느껴진 적이 없었다. 첫 번째 이유는 스트레스 관리 대책이 실제로 무엇을 담고 있는지 아는 이가 아무도 없는 모호한 용어이기 때문이고, 두 번째 이유는 대다수의 스트레스 요인이 타협이 불가한 것이기 때문이다.

인생을 살아가며 마주하는 스트레스 중에는 선택의 여지가 있는 스트레스(운동경기나 결혼식 같은 큰 행사를 준비하며 느끼는 스트레스)도 있지만, 우리가 직면하는 가장 극심한 스트레스는 선택의 대상이 아닌 경우가 많다. 심한 스트레스를 유발하는 상황이 복싱 선수가 링에 들어가는 순간일 수도 있지만 조직 검사 결과를 듣기 위해 병원에 들어가는 순간일 수도 있다. 재정 상태를 살피고 집을 잃을지도 모른다는 사실을 깨닫는 일이 될 수도 있다. 극심한 스트레스 반응을 유발하고 그것을 가능한 한 가장 건강하고 효율적인 방법으로 해결하기 위한 즉각적인 도구가 필요한 순간들이다.

우리 인간은 스트레스와 애증의 관계를 맺고 있다. 우리는 공포 영화를 보면서 느끼는 전율이나 롤러코스터의 속도를 좋아한다. 이렇게 스트레스 반응이 치솟는 상황을 적극적으로 선택하며, 그로부터 큰 흥분을 느낄 수 있기를 기대한다. 통제할 수 없는 상태에 있다고 느낄지 모르지만, 잠시일 뿐임을 안다. 두려움을 느끼지만, 동시에 괜찮아질 것임을 믿는다. 우리는 언제든 경험을 멈출 수 있는 충분한 통제력을 유지하고 있다. 스트레스가 너무 적은 인생은 지루하다. 스트레스가 적당하면 인생은 매력적이고 재미있고 도전적이다. 하지만 스트레스가 과하면 이것이 가진 이점이 모두 사라질 수 있다(새폴스키, 2017). 예측 가능성과 모험 사이의 미세한 균형이 필요하다.

감정이 모두 나쁜 것이 아닌 것처럼 스트레스도 나쁘지만은 않다. 스트레스는 우리 뇌나 몸에서 일어나는 오작동이나 약점이 아니다. 우리가 필요한 것이 무엇인지 이해하는 데 도움이 되는 일련의 신호이다.

스트레스는 단기적으로 긍정적인 영향을 미친다. 스트레스 반응 중 하나인 아드레날린의 방출은 몸 안의 박테리아 감염 및 바이러스 감염을 물리치는 데 도움을 준다. 아드레날린은 심박수를 증가시키고 인지기능을 향상시키며 동공을 확장시킨다. 이를 통해 집중 범위를 좁히고 환경을 평가하는 동시에 우리에게 주어진 요구를 충족하도록 반응할 수 있다.

우리는 스트레스가 더 이상 필요하지 않은 구시대적인 생존 메커니즘이라는 대중적 견해를 따르게 되었다. 이는 심장이 두근거리고 손바닥이 땀으로 젖는 등의 스트레스 징후를 느끼기 시작하면 우리는 자신이 잘 대처하지 못하고 있거나 몸이 제 기능을 하지 못하고 있다고 생각하게 된다는 것을 의미한다. 이는 시스템의 결함이나 시스템을 종료해야 하는 이상 신호로 간주된다. 하지만 그렇게 흑백의 문제로만 볼 수는 없다. 스트레스가 항상 해롭지는 않으며 우리의 주된 목표가 항상 스트레스를 제거하는 것일 필요는 없다.

과학은 우리에게 스트레스의 위험성에 대해 가르쳐주었을 뿐 아니라, 스트레스의 기능과 그것을 유리하게 사용할 수 있는 방법, 그리고 스트레스가 위험해지는 것을 막기 위해 우리의 몸과 마음을 재충전하는 최선의 방법과 관련한 더 완전한 이야기를 밝혀왔다.

따라서 직장이나 학교에서 발표를 시작할 때 앞서 언급한 스트레스 징후를 느낀다면 우리 몸은 우리가 최고의 성과를 낼 수 있도록 돕고 있는 것이다. 그러한 상황에서 우리는 완전한 평온과 휴식을 원하지 않는다. 현재 달성하고자 하는 목표가 무엇이든지 간에 성과를 이룰 수 있도록 기민하고 명료한 사고를 할 수 있기를 바란다. 우리가 원하지 않는 것은 스트레스가 너무 높아서 결과에 해로운 영향을 미치거나 도피하고 회피하게 되는 상황이다. 필요하지 않을 때는 스트레스를 낮추고 필요할 때는 높이는 법을 익히는 것이 건강한 스트레스 관리의 기초이다.

의미 있는 삶에서 오는 스트레스는 풀 수 없다. 우리 개개인이 가진 고유한 가치관이 무엇이든, 우리가 이루고자 노력하고 애쓰는 모든 것은 스트레스 반응을 필요로 할 것이다. 스트레스 반응은 우리가 목표에 도달할 수 있도록 하는 주요 도구이다. 높은 스트레스를 유발할 가능성을 지닌 일은 우리에게 중요한 것일 경우가 많다. 중요하다면 움직일 가치가 있다. 따라서 스트레스를 경험하는 일은 그저 문제의 조짐이나 건강에 대한 경고 신호가 아니다. 이는 우리가 소중히 여기는 가치에 따라 행동하고 목적과 의미를 가지고 살아가는 삶을 반영하기도 한다. 우리 자신에게 이득이 되도록 사용하는 방법을 배우고 필요에 따라 강도를 낮출 수 있다면, 스트레스는 우리가 지닌 가장 가치 있는 도구가 될 수 있다.

- 스트레스가 항상 적은 아니다. 스트레스는 우리에게 매우 유용한 도구이기도 하다.

- 일정 기간 동안 스트레스를 받은 뒤 재충전하는 법을 배우는 것이 스트레스를 없애려고 애쓰는 것보다 더 현실적이다.

- 스트레스는 중요한 일을 수행하는 데 도움이 되지만, 우리는 지속적인 스트레스 상태에 있도록 만들어지지 않았다.

- 재미있고 도전적인 삶을 위해서는 스트레스가 필요하지만 너무 과하면 유익한 점들을 잃게 된다.

29장

좋은 스트레스가
나빠지면

스트레스 반응은 단기적이고 제한적일 때 가장 잘 작동한다. 우리의 상황이 우리가 바꿀 수 없는 지속적인 스트레스를 유발하거나 우리가 그 스트레스를 낮추는 방법을 모를 때, 우리 몸은 노력만큼 보충되지 않는다. 고속도로를 2단 기어의 속도로 달리고 있다고 상상해 보라. 사고가 나기 전에 그 상황을 유지할 수 있는 시간이 오래 남지 않았다.

스트레스가 장기간 지속되면, 우리 뇌는 더 적은 에너지가 소요되는 습관적인 행동을 하는 경향이 있다. 충동을 제어하고 정보를 기억하고 결정을 내리는 능력이 손상된다. 시간이 지남에 따라 우리의 면역체계가 영향을 받는다. 단기적으로 아드레날린은 박테리아 및 바이러스 감염과 싸우는 데 도움이 되도록 면역 기능을 향상시킨다. 그러나 장기적으로는 아드레날린 과다 생산과 코르티솔의 비정상적인 양상이 기대수명 단축을 초래한다(쿠마리Kumari 등, 2011). 아드레날린이 만성 스트레스를 통해 반복적으로 우리 면역체계를 지탱하다가 멈추고 그 분비가 줄어들면, 면역체계도 떨어진다. 이것이 몇 달 동안 쉬지 않고 하루 24시간이 모자라게 일을 하다가 마침내 휴가를 보내기 위해 일을 멈추면 거의 바로 병이 난다는 사람들의 이야기가 종종 들려오는 이유이다.

번아웃burnout은 직장 생활에서 느끼는 장기간에 걸친 과도한 스트레스에 대한 반응을 설명하기 위해 사용되는 용어이지만, 유급 고용의 형태로 일하는 환경에서만 번아웃을 경험하는 것은 아니다. 보살핌 활동, 양육 활동, 또는 자원봉사 활동을 하는 사람들도 번아웃이 올 수 있다.

사람들은 종종 감정적으로 고갈되고 기진맥진한 느낌이라고 말한다. 마치 연료가 바닥나고 남은 자원이 없는 상태에서 가동하고 있는 듯이 말이다. 또한 스스로 타인 또는 자기 자신으로부터 분리되어 있다고 생각할지 모른다. 번아웃 상태의 사람들은 종종 직장이나 가정에서 자신의 역량이 부족하다고 느끼며 예전에 그런 것들을 통해 얻었던 성취감이 더 이상 느껴지지 않는다고 보고한다.

번아웃은 우리가 가지고 있는 단기적인 스트레스 반응이 중간중간 충분한 휴식과 회복의 기회 없이 장기간 반복적으로 유발될 때 발생한다. 개인과 다음 중 하나 사이에 만성 부조화가 있는 경우가 많다.

1. **통제** 주어진 요구에 응하기 위해 필요한 자원이 없는 상황에서 생활함.
2. **보상** 직장인의 경우에는 재정적인 것일 수 있음. 그러나 동시에 업무 환경에서든 다른 환경에서든 사회적 인정 또는 가치의 인정이 될 수도 있음.
3. **공동체** 긍정적인 인간 상호 작용 및 사회적 지지 또는 소속감의 부족.
4. **공정성** 이 목록의 다른 요소 중 어느 하나가 불균등하다고 인식되는 경우. 어떤 사람이 다른 사람보다 요구를 더 많이 충족하거나, 맡은 일이 다른 사람에 비해 더 많은 경우.
5. **가치관** 자신에게 요구되는 일이 개인적 가치와 직접적으로 충돌하는 경우.

분명히 해두자. 번아웃은 심각한 건강 문제다. 자신이 번아웃을 겪고 있다고 생각한다면 가능한 한 빨리 조치를 취해야 한다. 하지만 현실적이어야 할 필요도 있다. 주 50시간 근무 외에 추가 업무를 떠맡는 것과 같은 압박은 거부할 수 있지만, 신체 질병이나 재정난 또는 인간관계 문제로 인한 정서적 긴장감과 같은 압박은 우리가 해결할 수 있는 부분이 아니다.

매일 두 가지 일을 하면서 살 집을 마련하고 아이들을 먹여 살리기 위해 고군분투하고 그 와중에 최고의 부모가 되고자 애쓰고 있다면, 삶의 스트레스를 없애고 명상과 요가로 목가적인 아침 일상을 즐길 방법은 없다. 그러나 번아웃을 해소하는 일이 휴가 사진처럼 보일 필요는 없다. 해내야 할 일이 산적해 있고 그에 따른 스트레스를 안고 살아가면서도 스스로 건강을 챙기는 것은, 이쪽저쪽으로 흔들리며 균형을 잡는 과정이다. 모든 문제를 해결해 줄 묘책은 없다. 누군가가 일의 균형을 맞추는 데 도움이 된 방법이 다음 사람에게는 현실적이지 않을 수 있다.

스트레스를 줄일 수 없거나 너무 오랫동안 과부하 상태가 지속되면, 스트레스는 만성이 될 수 있다. 만성 스트레스의 징후는 개인차가 있을 수 있지만 다음과 같이 몇 가지 징후를 나열할 수 있다.

만성적인 장기 스트레스의 징후:

- 주기적인 수면 장애
- 식욕 변화
- 관계에 영향을 미칠 수 있을 정도로 잦아진 불안과 짜증

- 업무에 집중하기 어려움
- 에너지가 소진된 상태에서도 일을 중단하거나 휴식하는 데 문제가 있음
- 지속적인 두통 또는 어지러움
- 근육통 및 긴장
- 위장 장애
- 성적性的 문제
- 흡연, 음주 또는 과식과 같은 중독성 행동에 대한 의존도 증가
- 중압감을 느끼며 일반적으로 감당할 수 있다고 여길 만한 작은 스트레스 요인 회피

💬 이렇게 해보자

번아웃을 겪고 있다고 생각된다면 다음 질문에 답해 보자. 그런 다음 자신의 대답과 그 대답이 스스로에게 어떤 의미가 있는지 곰곰이 생각해 보자. 검증된 번아웃 척도(크리스텐센 Kristensen 등, 2005. 마슬라흐Maslach 등, 1996)가 있지만, 내 경험에 대한 전문가는 바로 나 자신이다.

현재 상황이 자신의 건강에 어떠한 영향을 미치는지 곰곰이 생각해 보면 변화가 필요한 시점이 언제인지를 인식하는 데 도움이 될 수 있다.

- 얼마나 자주 감정적으로 피로하다고 느끼는가?
- 아침에 일어나서 해야 할 모든 일을 생각하면 피곤해지는가?
- 자유시간이 주어지면 그 시간을 즐기기 위한 에너지가 충분히 남아 있는가?
- 지속적으로 신체 질병에 취약하다고 느끼는가?
- 문제가 발생하면 그에 대처할 수 있다고 여겨지는가?
- 자신의 노력과 성취가 가치 있다고 느껴지는가?

뇌와 몸은 양방향으로 소통한다. 이는 우리 몸이 장기간 스트레스를 받으면 이에 대한 지속적인 메시지가 신체를 조절하려고 하는, 적응력이 매우 뛰어난 뇌에 변화를 준다는 것을 의미한다. 스트레스가 육체적, 정신적 건강에 매우 해로운 이유가 바로 이것이다. 스트레스는 우리의 모든 부분에 구석구석 영향을 미친다(맥쿠엔McEwen과 지아나로스Gianaros, 2010).

건강을 유지하면서 스트레스를 관리하고 스트레스의 이점을 유리하게 활용하는 균형 잡기를 통해, 우리에게 요구되는 일과 재충전 사이의 균형을 찾아가야 한다. 주어지는 일이 많을수록 더 많은 재충전의 시간이 필요하다. 양동이에 스트레스가 가득 찰수록 밸브를 더 자주 열어 방출을 해주어야 하며, 계속 들어오는 일을 수용할 공간을 확보해야 한다.

좋은 소식은 다음 장에서 다룰 몇 가지 간단한 도구를 사

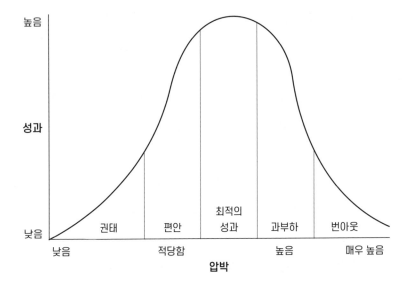

성과

높음

낮음

권태　편안　최적의　과부하　번아웃
　　　　　　성과

낮음　　　적당함　　　높음　　매우 높음

압박

그림 9 스트레스 곡선. 일정 수준의 스트레스는 우리가 최고의 성과를 내는 데 도움이 된다. 하지만 그 이상이 되면 성과가 떨어진다.

용하여 스트레스가 신체에 미치는 영향을 줄일 수 있다는 것이다.

- 스트레스 반응은 단기적일 때 가장 잘 작동한다.

- 만성 스트레스는 고속도로에서 기어를 2단으로 놓고 달리려고 애쓰는 것과 같다. 사고가 나는 것은 시간 문제다.

- 번아웃은 직장에서만 일어나는 문제가 아니다.

- 모든 경우에 효과가 있는 특효약은 없다. 누군가에게는 적절한 균형이 다른 이에게는 비현실적인 처방일 수 있다.

- 번아웃의 징후가 보인다면 그 징후에 주의를 기울이고 자신에게 필요한 것을 충족시키기 시작함으로써 지금 바로 대응하라.

30장

스트레스를
역으로 이용하기

앞서 두려움을 다룬 장에서, 몸과 마음을 진정시키는 빠른 방법으로 호흡 기술을 사용하는 것에 대해 이야기했다 (239~243쪽 참조). 그러한 기술은 스트레스에도 도움이 된다. 호흡은 심박수와 스트레스 지수 또는 평온 지수에 직접적인 영향을 미칠 수 있다. 숨을 들이마시면 횡격막이 아래로 이동해 흉부에 더 많은 공간을 만들어 심장이 더 팽창하고 혈류 속도가 느려진다. 이에 대한 정보를 받으면 뇌는 심장이 운동 속도를 높이도록 신호를 보내는 역할을 한다.

반대로 숨을 내쉴 때는 횡격막이 위로 움직여 심장이 움직일 공간이 줄어들어 혈액이 더 빠르게 통과한다. 따라서 뇌는 심장 활동을 느리게 하라는 신호를 보내게 된다.

- 날숨이 들숨보다 길고 힘차면 심박수가 느려지고 몸이 안정된다.
- 들숨이 날숨보다 길면 몸은 더 각성 상태가 되고 활동성을 띠게 된다.

따라서 스트레스 반응을 진정시키는 가장 즉각적인 방법 중 하나는 숨을 들이쉴 때보다 내쉴 때 더 길고 강하게 호흡하는 것이다.

스트레스에 압도당할 때의 목표는 불안하고 걱정이 가득한 상태에서 벗어나 편안하고 명상적인 상태가 되는 것이 아니라는 점에 주목할 필요가 있다. 세상이 우리에게 많은 것을 요구할 때 우리는 기민하게 대응할 수 있기를 원한다. 이와 같은 호흡법을 사용할수록 더 명확하게 생각하고 문제를 해결할 수 있는 사고 능력이 더 잘 발휘되는 것을 알 수 있을 것이다. 그런 의미에서 우리는 모든 스트레스를 없애고 궁극적 이완 상태가 되기 위해 노력하는 것이 아니라 스트레스 반응(예: 경각심)의 이점을 잘 활용하고 단점(예: 걱정과 압박감)의 정도를 낮출 수 있는 최상의 상태를 만들고자 하는 것이다

만약 이완 연습을 위해 시간을 할애하고 있거나 호흡 운동

에 관심이 있다면 이 기술을 더 오랜 기간 동안 사용해 몸을 깊은 이완의 상태로 만들 수 있다. 깊은 이완의 상태는 시간적 여유가 충분히 있고 집중을 방해하는 요소나 현재 주어지는 요구가 없을 때 이르게 되는 경향이 있으므로, 더 길게 숨을 내쉬거나 다른 이완 기법을 사용해 이완할 수 있다. 그러나 그 순간 성과를 내야 하는 상황이라면 호흡 기법은 그 시간을 잘 이겨내는 데 도움이 되는 좋은 선택이다.

관계에 의지하기

대부분의 부모가 침대에 누워 집에 불이 나면 무엇을 할 것인지에 대해 머릿속으로 상황을 그려본 경험에 공감할 수 있으리라 확신한다. 우리는 어떻게 하면 최대한 재빨리 아이들을 데려와 안전하게 지킬 수 있을지에 대한 각각의 시나리오를 떠올려본다. 이와 같은 보호에 대한 필요가 어떻게 투쟁 도피 모드에 들어맞을까? 투쟁이나 도피가 모든 것을 말해 주지는 않는다. 타인과의 관계와 타인을 보호하는 일은 화재를 진압하거나 화재로부터 탈출하는 것만큼이나 생존 본능의 일부이다. 어떤 스트레스 상황은 더 이기적인 행동으로 이어질 수 있지만, 우리로 하여금 타인을 더 배려하도록 이끄는 상황도 있다.

또한 연구에 따르면 스트레스를 받을 때 다른 사람을 돌보는 일에 집중하면 우리 뇌의 화학작용이 희망과 용기라는 감정을 생성하는 방식으로 바뀐다(이나가키 등, 2012). 심지어 이것은 장기 만성 스트레스와 트라우마의 해로운 영향으로부터 우리를 보호하도록 도와준다. 따라서 회복력의 원천이 된다(맥고니걸, 2012). 이러한 돌봄-친근 스트레스 반응은 자손을 보호하기 위해 진화했을지 모르지만, 스트레스 반응은 일반적으로 일어난다. 즉, 동일한 용기의 감정을 우리가 마주하는 모든 시나리오에 적용할 수 있음을 의미한다. 다른 사람과의 교감은 스트레스를 회복하는 데 도움이 된다.

사회적 고립은 그 자체만으로 몸과 마음에 큰 스트레스를 가져온다. 사랑하는 사람들과 직접 만나 인사하고 관계에 완전히 집중하면 단기 및 장기 스트레스의 영향을 완화할 수 있다.

목표

특히 자기 계발 산업 분야를 비롯해 우리가 접하는 많은 부분이 최고가 되고, 군중 속에서 눈에 띄며, 특출난 사람이 되는 일에 관한 것이다. 새로운 사람을 만났을 때 가장 먼저 듣는 질문 중 하나는 "무슨 일을 하세요?"이다. 물어볼 수 있는 질문이지만, 이는 우리가 직업에 얼마나 주목하는지를 반영한다. 인생의 목표는 종종 경쟁적인 관점에서 설정되며, 모두가 성취의 상징으로 자신을 충분히 증명하려고 분투한다. 우리는 행복이 특별해지는 것 저 너머의 어딘가에 있다고 믿게 된다. 그렇지 않음을 발견한 많은 사람들은 번아웃과 정신 건강의 위기를 겪으며 힘들게 비싼 교훈을 얻어야 했다.

그러나 과학은 이 오류를 풀기 시작했다. 자기중심적인 목표를 가지고 삶을 꾸려가는 사람은 우울, 불안, 외로움에 더 취약하다. 반면, 자신을 넘어선 더 큰 무언가에 목표를 두는 이들은 더 희망적이고 감사할 줄 알며 영감을 받고 흥분을 느끼고 더 나은 행복과 삶의 만족을 경험하는 경향이 있다(크로커Crocker 등, 2009). 물론 우리는 자신에게 집중할 때가 있는가 하면 자신보다 더 큰 목표에 집중할 때도 있다. 우리는 이처럼 사고방식을 전환할 수 있는 능력이 있는데, 이는 매우 중요하다. 우리는 스트레스 경험을 전환하기 위해 약간의 시간을 할애하여 자신의 선택과 노력이 더 큰 대의에 어떻게 도움이 될 수 있는지 성찰해야 한다. 자신의 행동이 크든 작든 타인을 도울 수 있는 방법에 집중할 때 어렵고 힘든 상황에서도 스트레스 반응을 덜 보인다(에이벌슨Abelson 등, 2014).

그렇다면 이것이 현실 세계에서 의미하는 바는 무엇일까? 스트레스를 받는 상황에서 우리가 하는 일을 우리가 지닌 가치관과 연결하고 다른 사람들과 차이를 두기 위해 노력할 때 스트레스에 더 쉽게 대처할 수 있다. 스트레스를 도피하고 회피하기보다는 스트레스를 인내하도록 동기부여를 하는 방식으로 투쟁의 의미를 바꾼다. 시험은 더 이상 자신의 가치를 증명하는 수단이 아니기에 덜 위협적이다. 우리의 가치는 변화를 만들기 위해 우리가 해나가는 노력에 내재되어 있다.

 이렇게 해보자: 자기중심적인 것에서 더 큰 것으로 시선을 돌리는 방법

스트레스를 받고 도피하거나 회피하고 싶은 충동을 느끼면, 시간을 내어 가치 확인 수속 절차를 다시 밟아보자. 스스로에게 다음과 같은 질문을 던져보자.

- 이 노력과 목표가 나의 가치관에 어떻게 부합하는가?
- 나는 어떤 기여를 하고 싶은가?
- 내가 하고 있는 일로 다른 사람에게 어떤 변화를 주고 싶은가?
- 이 일을 하는 동안 내가 나타내고 싶은 것은 무엇인가? 내가 하는 노력이 나 자신에게 어떤 의미를 갖는가?

 도구 상자
명상으로 스트레스 다루기

명상은 신념 체계나 새로운 시대의 유행이 아니다. 과학이 알아내고 있는 바와 같이, 명상은 뇌와 우리 삶의 질에 강력한 영향을 미치는 기술이다. 과학자들이 그 과정에 대한 더 자세한 내용을 계속해서 밝히고 있지만, 알려진 사실은 명상이 스트레스를 줄이고 감정을 조절하는 능력을 향상시키는 데 도움이 되는 방식으로 뇌의 구조와 기능을 변화시킨다는 것이다.

우리는 휴식할 시간이 그나마도 현저히 줄어들 때 스트레스를 받는다. 요가 니드라yoga nidra는 깊은 휴식과 이완을 촉진하는 명상 기법이다. 이는 종종 우리를 자각 연습(예: 호흡과 몸의 부위에 집중하기)으로 이끄는 안내 명상 오디오를 사용해 수행되는 간단한 기법이다. 최근 몇 년 동안 연구자들이 점점 더 많이 연구하고 있는 주제이며, 스트레스를 줄이고(보어하르트 Borchardt 등, 2012), 수면의 질을 개선하며(아미타Amita 등, 2009), 전반적인 행복감을 증진하는 효과가 있는 것으로 나타났다. 대부분의 안내 명상은 30분 동안 지속되지만, 최근 11분 명상에 대한 연구에 따르면 짧게라도 요가 니드라를 수행하는 것이 오랜 시간 명상을 할 수 없는 사람들에게는 스트레스 관리에 도움이 될 수 있다(모스자이크Moszeik 등, 2020).

따라서 할 일은 많은데 시간은 짧을 때, 잠깐의 틈을 이용해 요가 니드라를 하는 것이 10분 동안 소셜미디어를 배회하는 것보다 더 나은 선택일 수 있다.

명상은 만병통치약이 아니다. 운동과 마찬가지로 명상은 상자 안에 들어 있는 강한 잠재력을 지닌 또 다른 도구이다. 명상에는 다양한 종류가 있지만 연구를 통해 면밀히 검토된 몇 가지 수련법은 다음과 같다.

- 마음 챙김 명상. 이 명상은 가장 널리 홍보되어 왔으며 여러 심리치료 접근법 중 하나로 전수되고 있다. 마음 챙김 명상에서는 현재 순간에 대한 경각심을 유지하고 감각을 판단하지 않고 그에 얽매이지도 않은 채 관찰하는 정신 기술을 가르친다. 이는 우리가 경험하는 스트레스와 감정을 다뤄야 하는 순간에 사용할 수 있는 훌륭한 도구이다. 과거나 미래에 대한 생각에 몰두하는 상태에서 벗어나 우리가 부여하는 판단과 의미와는 별개로 경험을 관찰하는 능력을 길러준다.
- 그림이나 만트라(자신에게 의미나 의의가 있는 단어나 구절) 또는 사물을 사용하여 주의를 집중하는 데 도움이 되는 영상.
- 연민과 친절의 마음을 기르는 데 도움이 되는 안내 명상.

마음 챙김이라고 해서 촛불에 둘러싸인 채 하루 종일 명상을 해야 한다는 의미가 아니다. 마음을 챙긴다는 것은 현재의 순간에 집중하고 얽매이거나 맞서려 하지 않으면서 우리 안을 오고 가는 감각을 관찰하는 연습을 하는 것이다. 마음 챙김은 판단 없이, 섣불리 의미를 부여하려 하지 않으면서 경험에 대해 열린 자세로 호기심을 갖는 것이다. 명상을 통해 우리는 마음 챙김을 정식으로 연습할 수 있다. 운전 연습을 통해 운전하는 법을 배우고 연습을 하다 보면 본능적으로 운전을 할 수 있게 되듯이, 명상을 통해 마음 챙김을 연습하는 법을 배우는 것도 마찬가지이다.

따라서 이미 명상을 하고 있고 이러한 기술을 일상 활동에 적용하고 싶거나 명상에 어려움을 겪고 있지만 마음 챙김의 상태에 들어갈 수 있도록 다시 도전해 보고 싶은 모두를 위해 마음 챙김을 행동으로 옮길 수 있는 몇 가지 방법이 있다.

마음 챙김 걷기

- 발바닥의 감각을 알아차리는 것부터 시작하라. 두 발이 땅에 닿았을 때의 느낌을 알아보라. 한쪽 발을 땅에서 떼고 앞으로 내딛을 때의 움직임을 느껴보라. 발이 땅에 닿는 시간이 하루에 얼마나 많은가.
- 움직일 때 팔의 움직임에 주목하라. 바꾸려고 하지 않고 그냥 알아차리는 것이다.
- 몸 전체를 느끼고 앞으로 나아가는 느낌을 알아차리기 위해 의식을 확장하라. 이 과정을 돕기 위해 몸의 어느 부위를 움직여야 하고 어떤 부분이 그 과정을 수용하기 위

해 그대로 있는지 살펴보라.

- 주의를 더 확장하여 주변의 소리에 더욱 집중하라. 단정
적이지 않은 입장에서 관찰할 때마다 평소에는 알아차리
지 못할 수도 있는 소리를 인지하도록 노력하라.
- 마음이 방황하고 새로운 이야기를 하기 시작할 때마다 그
에 대한 관심을 이 순간 겪고 있는 경험으로 부드럽게 돌
려놓아라.
- 걸을 때 보이는 모든 것에 주목하라. 지나가는 동안 눈에
들어오는 색과 선, 질감과 시각적으로 지각되는 움직임에
주목하라.
- 숨을 들이마실 때 공기의 온도와 냄새가 나거나 나지 않
는 것에 주의를 집중하라.

마음 챙김 샤워

우리 중 대다수에게 아침 샤워 시간은 하루를 계획하고 해
야 할 모든 일을 걱정하며, 뜨끈한 물에서 나와 하루를 시작해
야 하는 순간을 두려워하는 시간이다. 그러나 그 몇 분이 마음
챙김을 연습할 좋은 기회가 될 수 있다. 하루의 나머지 시간대
와 비교해 이상하게 느껴지는 감각 정보가 많기 때문에 샤워
를 하면서 현재에 더 쉽게 닻을 내릴 수 있다고 여기는 사람들

도 있다.

- 물이 몸을 때리는 감각에 주의를 집중하라. 물이 가장 먼저 닿는 몸의 부위와 닿지 않는 부위는 어디인지 느껴라.
- 물의 온도를 살펴라.
- 비누와 샴푸에서 나는 향을 인지하라.
- 눈을 감고 소리에 귀 기울여라.
- 공기 중의 수증기와 물방울이 다른 표면에 떨어질 때 주의를 집중하라.
- 거기 서 있는 동안의 몸의 감각을 알아차려라.

마음 챙김 이 닦기

- 미각에 주의를 기울여라.
- 칫솔이 움직일 때의 감각을 인지하라.
- 손의 움직임과 칫솔을 잡는 그립의 조임 정도에 주목하라.
- 칫솔질 소리와 흐르는 물소리에 귀를 기울여라.
- 입을 헹굴 때의 감각에 주목하라.
- 마음이 방황할 때마다, 바로 지금 일어나고 있는 이 과정에서 느껴지는 다양한 감각으로 주의를 부드럽게 다시 이끌어라.

- 우리가 매일 하는 이 일상이 스스로에게 완전히 새로운 것처럼, 같은 호기심을 가지고 주목하도록 노력하라.

수영, 달리기, 커피 마시기, 빨래 개기, 설거지 등 모든 일상 활동에도 이 명상 방식을 똑같이 적용할 수 있다. 단순히 정상적이고 일상적인 활동을 선택하고, 지시에 따라 해당 활동을 마음 챙김의 자세로 할 수 있다.

기억하라. 우리 마음이 계속 헤매고 있음을 알아차린다면, 제대로 느끼고 있는 것이다. 모든 마음은 끊임없이 방황하고 세상을 이해한다. 마음 챙김은 궁극적이고 깨지지 않는 집중력이 아니다. 우리 마음이 언제 초점을 바꾸는지 알아차리고 의도적으로 그 초점을 다시 현재의 순간으로 돌리기로 선택하는 과정이다.

경외감

명상이 우리의 생각과 감정으로부터 어느 정도 거리를 두는 데 도움이 되는 방식과 비슷한 효과를 보이는 다른 경험이 있다. 경외감은 인간이 현재 이해할 수 있는 범위를 넘어선 광대한 무언가에 직면할 때의 느낌이다. 우리는 아름다움, 자연 세계, 비범한 능력 앞에서 경외감을 경험할 수 있다. 이 새로운 경험을 수용하기 위해 우리가 상황을 재평가하고 다시 생각하게 하는 순간들이 있다. 강인하고 카리스마 넘치는 지도자를 직접 만나는 일부터 밤하늘을 바라보며 우주에 대해, 태어날 가능성에 대해 골똘히 생각하는 순간까지 말이다. 어떤 경외감은 아이의 탄생을 목격하는 것과 같이 일생에 한 번 있는 경험을 통해 찾아든다. 다른 경외감은 더 자주 느낄 기회가 있을 수 있다. 아마도 숲을 거닐며 바다를 바라보거나 대단한 가창력을 가진 가수의 노래를 듣는 일이 그럴 것이다.

지금까지 심리학 연구는 이 영역을 간과해 왔지만, 우리는 사람들이 일상의 아름답지 않은 이런저런 사정들에서 벗어나 작은 것에서 더 넓은 세상으로, 엄청나게 크게 느껴지는 무언가로 시야를 넓히기 위해 경외감을 사용하는 것을 본다. 그러나 긍정심리학 분야가 도래한 이후, 심리학 연구는 부정적인 감정의 근절뿐 아니라 긍정적인 감정 또한 중요하다는 사실을 인지하기 시작했다(프레데릭슨Frederickson, 2003).

경외감과 감사 사이에는 관련성이 약간 있지만 아직까지는 어떠한 실증적인 근거가 부족한 상황이다. 사람들이 경외감을 느낀 경험에 대해 이야기하는 것을 들어보면, 그들은 보잘것없다고 느끼는 것에 대해 이야기하고 그렇기 때문에 가장 중요한 것이 무엇인지 더 쉽게 인지할 수 있다고 말한다. 이는 살아 있음에 대한 감사와 경이를 불러일으키는 듯하다. 그리고 그것은 태국의 해변에서 살거나 나이아가라 폭포 근처에 가야 느낄 수 있는 것은 아니다. 생각과 이미지에 초점을 맞추면 느낄 수 있는 감정이다. 많은 자기 계발 전문가들과 동기부여 강연자들은 태어날 확률이 어떻게 400조분의 1인지에 대해 이야기한다. 이런 생각은 사실 이해하기조차 어렵고 짧은 시간 동안이라도 살 수 있는 기회를 갖게 된 것이 얼마나 큰 행운인지 인정하기 위한 시간을 할애하도록 한다. 그러한 생각은 경외감과 나 자신보다 더 큰 무언가가 있다는 느낌을 불러일으킨다. 넓은 우주에서 스스로의 보잘것없음을 느끼는 것만큼 스트레스를 덜고 새로운 관점으로 위로를 받는 것은 없다. 마음속에 그런 생각을 수용하기 위해서는 모든 것을 바라보는 데 변화가 필요하고, 소모적이라고 느끼는 것들에 대해 조금은 신선한 관점을 갖게 된다.

그러므로 스트레스를 다룰 때, 동물이나 자연과 함께할 때, 특별한 공연을 보거나 별을 올려다볼 때 등 경외감을 불러일으키는 것이 무엇인지 생각해 보자. 일기 쓰기를 통해 이러한 경험을 기록하는 것이 도움이 된다. 그렇게 함으로써 자신에게 미치는 영향이 무엇인지 이해하고 나중에 그 장소로 돌아갈 수는 없더라도 기억을 되짚어볼 수는 있다.

- 숨 쉬는 방법과 같이 간단한 것을 바꾸면 스트레스 수준에도 영향을 준다.
- 과학은 명상이 우리가 스트레스를 다루는 방식과 두뇌에 중요한 영향을 미친다는 사실을 보여주고 있다.
- 타인과의 교감은 스트레스 회복에 도움을 준다. 사회적 고립은 몸과 마음에 큰 스트레스를 준다.
- 경쟁보다는 기여에 기반을 둔 목표는 스트레스를 받는 상황에서도 동기를 유지하고 인내하는 데 도움이 된다.
- 관점을 바꾸기 위해 경외감을 느끼는 경험을 찾아보자.

31장

중요할 때
대처하기

스트레스가 얼마나 나쁜지에 대한 정보가 너무 많아서 대부분의 해결책은 스트레스 요인을 제거하고 더 많은 휴식과 이완을 추가하는 데 중점을 둔다. 그러나 스트레스의 유발 여부를 협상할 수 없는 일은 어떻게 받아들여야 하는가? 면접이나 시험에 임할 때 치솟는 스트레스에는 어떻게 대처하는가? 그런 순간에 어떻게 대처하고 계속 게임에 임할 수 있을까? 강압적인 상황에 직면했을 때는 긴장을 이완하고 스트레스를 푸는 방법에 대한 훌륭한 연구도 전부 별로 도움이 안 된다고 여겨지기 시작한다. 시험이 시작됐는데 서둘러 깊은 이완 운동을 할 수도 없고, 몇 달 만에 간신히 기회를 얻은 유일한 취업 면접을 보러 들어가면서 완벽하겠다는 마음을 내려놓겠다고 맹세한다고 해서 스트레스를 덜 받지는 않을 것이다. 이러한 상황에서 우리에게 정말로 필요한 것은 어떻게 하면 스트레스를 잘 활용하여 주어진 일을 성공적으로 수행하고 한발 더 나아가 그 경험으로부터 배우는 데 도움이 되는 방법에 대한 몇 가지 명확한 도구이다. 협상할 수조차 없는 고도의 스트레스 상황에 적극적으로 대처할 수 있는 방법을 알아야 한다.

스트레스가 우리에게 유리하게 작용하는 경우는 바로 이처럼 고도의 스트레스가 존재하는 단기적인 상황이므로 그런 상황에서의 목표는 스트레스를 해소하고 소파에 앉아 있는 듯한 편안한 마음으로 면접장에 들어가는 것이다. 대신 그 압박감이 자신을 압도하고 성과에 해로운 영향을 끼치지 않도록 스트레스의 이점을 잘 활용하는 것이 핵심이다.

사고방식―스트레스와의 새로운 관계

연구에 따르면 우리가 스트레스에 대해 생각하는 방식은 스트레스를 받는 상황에서 일을 수행하는 방식에 영향을 미친다. 스트레스 반응을 문제로 인식하는 차원에서 벗어나 도움이 되는 자산으로 보는 방향으로 생각을 전환한다면 개인이 감정을 억누르기 위한 에너지를 덜 소비하고 주어지는 요구를 충족하는 데 집중할 수 있도록 긴장을 해소해 준다. 결과적으로 우리는 스트레스에 대한 걱정을 덜 하고 자신감을 더 느끼며 더 성공적으로 일을 수행하는 경향이 있다. 이러한 사고방식의 변화는 '그렇게 많은 스트레스를 받고 있음에도 최선을 다하라'와 '스트레스의 징후가 느껴지면 그 에너지와 강화된 집중력을 최선을 다하는 데 쓸 수 있도록 하라' 사이의 미묘한 차이가 될 수 있다. 이렇게 하는 것이 우리가 스트레스에 덜 지치도록 돕는다는 증거도 있다(스트래크Strack와 에스테브스Esteves, 2014).

그게 무엇이든 큰 사건을 앞두고 순전히 스트레스를 줄이는 일에만 힘을 쏟는다면 스트레스는 풀어야 할 문제라는 잘못된 인식을 강화하는 것이다. 우리가 어딘가로 가려고 할 때 스트레스가 고개를 치켜들면, 함께 데리고 가라. 그것이 우리가 집중하고 활력을 불어넣고 정확하게 움직이도록 돕게 하라. 우리는 압박감 속에서도 해낼 수 있도록 만들어졌으며 그것이 바로 우리가 할 일이다. 이것을 기억하면 문제의 '증상'으로 보일 수 있는 스트레스 징후의 의미가 바뀐다. 연구에 따르면, 압박을 느끼는 상황에서 수행 능력이 향상된다는 사실을 상기시켜 주는 것만으로도 실제 성과가 33퍼센트 향상된다(제이미슨Jamieson 등, 2018).

말의 힘

사고방식을 바꾸는 방법 중 하나는 언어를 사용하는 것이다. 우리가 사용하는 단어는 상황의 의미와 그에 대한 접근 방식을 상당 부분 결정할 수 있다. 자신이 프로 운동선수인데 경기를 나가기 직전에 코치가 "넌 다 망쳐버릴 거야"라고 말했다고 상상해 보자. 스트레스가 증가할 뿐 아니라 이후에 따라오는 생각들은 스트레스를 공황처럼 느껴지게 하는 무언가로 바꾸는 파국적인 생각처럼 느껴질 수 있다.

소셜미디어는 매일 확신의 말과 인용구로 넘쳐나고, 그중 일부는 적절한 타이밍에 적절한 사람에게 도달한다면 우연히 마음에 와닿게 될 수도 있다. 하지만 그런 말들이 어떤 차이를 만들 수 있을까?

그중 일부는 무엇을 중단해야 하는지 또는 인생에서 무엇을 피해야 하는지에 대한 포괄적인 진술에 초점을 맞춘다. 그런데 하지 말아야 할 일에 대한 확언에 집중하는 것에는 큰 문제가 있다. 우리는 한 번에 한 가지에만 관심을 쏟을 수 있는데, 그 관심을 하지 말아야 할 일에 집중한다면 일이 잘 진행되도록 하기 위해 해야 할 일에 주목할 수 있는 여지를 거의 남기지 않게 된다.

어떤 것들은 순전히 긍정적인 것에만 초점을 맞추기도 한다. 긍정의 말들은 우리가 그것을 믿는 경우에만 희망을 줄 수 있다. 단순히 "늘 긍정적으로 생각하라"라든가 "당신은 잘하고 있다"와 같은 말은 모호하게 들릴 뿐, 눈앞에 놓인 도전 과제를 어떻게 헤쳐 나갈지에 대한 분명한 지침은 제공하지 않는다.

데이브 알레드 박사는 세계 최고의 운동선수들과 일하며 선수들이 극도의 사회적 압박 속에서도 최고의 기량을 발휘할 수 있도록 돕는 최정상의 스포츠 코치이다. 알레드 박사는 선수들에게 건넬 확신의 말을 준비할 때 그 말들이 두루뭉술한 절대적인 표현이 아닌 구체적이고 사실을 담고 있는지—선수 스스로 믿을 수 있는 내용인지—를 분명히 한다. 그러한 확신의 말은 필요한 사고방식의 핵심을 명확하게 파악하고 과정을 잘 따르는 것이 성장으로 이어질 수 있음을 상기시킨다. 말이 집중해야 할 대상을 분명히 할 때 방향 또한 제시된다. 알레드 박사는 '방법'을 이야기하는 말로 시작한 뒤, 과정이 올바른 방향으로 가고 있을 때 어떤 일이 일어나는지 생생하게 묘사하고, 세 번째로 자신의 의도와 맞는 감정 상태를 떠올릴 것을 제안한다 (2016). 스트레스가 높고 집중력이나 수행 능력을 방해할 위험이 있을 때, 우리는 생각과 감정, 행동을 자신의 의도에 일치시킬 수 있도록 미리 그와 같은 길잡이 언어를 준비할 수 있다. 우리가 직면한 일의 유형에 따라 필요한 언어의 유형이 바뀔 것이다. 핵심은 짧고 구체적이고 분명하며 배울 거리가 있도록 하며, 일을 수행하기 전에 연습했을지도 모르는 과정의 느낌이 전달되도록 하는 것이다.

관점 바꾸기

이 책의 다른 부분에서도 다룬 바 있는 관점 바꾸기는 이 부분에서도 특히 도움이 된다. 관점 바꾸기는 언어나 이미지의 힘을 사용하여 상황을 인식하는 방식을 조정하는 것이다. 우리는 스스로가 진실일 수 있다고 믿지 않는 것에 대해 자신을 설득하려고 애쓰지 않는다. 우리는 단순히 기준틀을 바꾸려고 하고 있다. 새로운 관점에서 상황을 바라보면 경험으로부터 새로운 의미를 끌어내고 그렇게 함으로써 감정 상태를 변화시킬 수 있다. 두려움에 관한 부분에서 우리는 불안을 흥분으로 바꾸는 것에 대해 이야기했다. 이런 경우, 스트레스의 감각을 결의의 느낌으로, 위협을 도전으로 관점을 바꿔 생각할 수 있다. 이렇게 단어 하나 바꾸는 것으로 우리가 직면하는 물리적 감각의 현실에 대해 거짓말을 하지 않고도 그 의미를 완전히 바꿀 수 있다. 후자의 표현을 통해 우리는 그 감정을 받아들이기로 선택하는 것이다. 전자의 경우, 우리가 대상을 혐오하고 밀어내고 있음을 알 수 있다.

초점

스트레스가 많은 상황에서 우리는 시야가 좁아지는 경향이 있다. 그럴 수밖에 없는 것이, 스트레스는 우리가 중요한 일에 집중하도록 도와주는 역할을 하기 때문이다. 하지만 그 스트레스의 감각이 과도한 압박감을 준다면 마음을 진정시키는 동안 신체가 높은 출력을 유지하도록 할 수 있는 일이 있다. 이와 관련해 진행 중인 연구에 따르면 좁은 터널 시야에서 더 넓게 전경을 내다볼 수 있는 시야로 다시 전환함으로써 마음의 안정을 찾을 수 있다. 이는 주위를 둘러보기 위해 고개를 움직이는 것이 아니라, 우리의 시야가 더 넓어지고 주변을 더 많이 받아들이도록 하는 것을 의미한다. 시각계는 자율신경계의 일부이기 때문에 스트레스 및 경계 수준과 관련한 두뇌 회로에 접근하는 방식으로 시야를 확장한다. 신경과학자 후버만 교수는 이것이 어떻게 더 높은 수준의 활성화에 익숙해지는 강력한 기술인지에 대해 설명한다(2021). 우리는 스트레스 반응이 멈추는 것을 원치 않는다. 압박이 심한 상황에서 종종 필요하기 때문이다. 다만 스트레스 임곗값을 높여 마음이 좀 더 괜찮아지기를 바랄 뿐이다.

실패

압박이 가해지는 것은 걸려 있는 것이 크기 때문인 경우가 많다. 우리는 실패가 큰 의미를 갖는다고 믿는다. 일리가 있는 말이다. 실패가 큰 위협으로 해석될 때, 뇌는 우리가 실패하지 않도록 하기 위해 그 위협에 집중하기를 원한다. 크든 작든 실패를 겪은 뒤 자기 공격을 하는 경향이 있는 사람들의 경우에는 잠재적인 실패의 징후가 스트레스 반응의 급상승으로 이어질 가능성이 높다.

우리는 모두 주의를 집중할 수 있는 능력이 제한되어 있으므로, 스트레스가 많은 상황에서 일을 수행해야 할 때 우리는 스포트라이트를 완전히 제어하고 도전에 직면하는 데 도움이 되는 것에 집중해야 한다. 순간의 실패에 대한 두려움과 틀어질 수 있는 모든 일에 대한 집착을 극복하려면 잠재적 결과에 대해 걱정할 여지를 남기지 않고 시야를 축소해 오로지 그 과정에 몰두해야 한다.

가능하다면 상황에 따라 미리 연습하는 것이 도움이 될 수 있다. 그러한 과정과 그 과정을 겪는 느낌에 익숙해지면서, 우리는 그날 그것이 필요하다면 무엇에 초점을 맞추고 기대해야 하는지를 상기시켜 줄 길잡이 언어를 미리 준비할 수 있다. 그 과정이 잘 닦인 길이 된다면 그 과정에서 신뢰를 쌓을 수 있는 기회를 얻게 된다.

우리가 직면한 도전과 실패의 현실에 따라 우리는 실패에 대한 인식을 달리하기 위해 동일한 관점 바꾸기 기술을 사용할 수 있다.

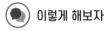 **이렇게 해보자**

일기 쓰기를 통해 이 주제를 탐구하고자 할 때 도움이 되는 몇 가지 질문 사항이 있다.

- 우리는 자신의 실패에 어떻게 대응하는가?
- 실패를 부정하고 그런 일이 일어난 사실을 잊은 채 빨리 정리하고 넘어가는가?
- 즉시 자신을 공격하고 욕하고 인격에 대한 비난을 시작하는가?
- 아니면 바깥으로 화살을 돌려 삶을 힘들게 하는 세상을 비난하기 시작하는가? 우리가 제대로 배우지 못한 것이 있다면, 바로 실패에 대처하는 방법이다.

실수와 좌절이 한 사람으로서의 자신의 모습, 그리고 자존감과 연결되어 있다고 생각하면, 아주 작은 실패라도 수치심을 비롯하여 포기하고 물러나 숨고 싶은 고통스러운 감정들을 떨쳐버리고 싶은 충동이 들게 될 것이다. 완벽주의 성향을 가진 이들에게 이런 경우가 많이 발생한다. 타인이 보기에 충분해야 하고, 타인이 완벽함을 요구한다고 가정하는 것에 초점이 맞춰져 있다. 실패하면 나는 실패자가 된다. 지면 패배자가 된다. 그 실패가 아주 사소하고 일시적인 것이라고 해도 말이다.

그러나 우리가 자신의 인격에 대한 총체적 공격으로 실패에 대응하는 대신, 불완전함이 우리 인간이 공통적으로 가진 인간성의 본질적인 부분이라는 인식을 유지하면서 그 순간의 세부 사항에 집중한다면, 감정적인 결과는 다르다. 잘못된 판단이나 선택에 대해 죄책감을 느끼면 영원히 실패자가 될 운명이라는 생각을 하지 않고도 자신이 어디에서 실수했는지에 스스로 솔직해질 수 있다. 그렇게 함으로써 자신을 공격하기보다는 특정 행동에 중점을 두게 된다.

결정적으로, 자신의 행동에 대한 책임을 여전히 지고 있다. 자기 연민이란 끊임없이 스스로를 어려움에서 구해주는 것이 아니다. 자기 연민은 분리된 사건으로서 특정 실수에 초점을 맞춤으로써 그로부터 자유롭게 배우고 가치관을 향해 다시 방향을 바꿔 나아갈 수 있게 한다. 이것이 우리가 지속적으로 성장하고 실수로부터 나아가는 길이다. 반면 수치심은 우리를 움직이지 못하게 하고 마비시킨다.

실패는 항상 어렵고 우리의 스트레스 반응을 높인다. 스트레스를 받으면 우리가 가진 부정적 핵심 신념이 활성화될 수 있다(오즈모Osmo 등, 2018). 우리는 다음과 같은 생각을 마음에 품기 시작한다. '나는 패배자야. 나는 완전한 실패자야. 나는 쓸모없는 사람이야. 나는 아무것도 아니야.' 이런 생각들과 그에 수반되는 수치심은 우리가 완전히 외롭고 고립되었다고 느끼게 하는 데 아주 강력한 영향을 미친다. 우리는 그 생각을 사실로 받아들인다. 우리는 자기 혼자 이런 생각을 한다고 생각하므로 그 감정을 숨긴다. 그러나 밝혀진 바와 같이 지구상에는 70억의 인구가 있지만, 이러한 종류의 핵심 신념은 전 세계적으로 불과 10~20개 정도에 불과한, 일반적으로 부정적 핵심 신념 목록의 일부이다. 본질적으로 이것은 우리가 혼자가 아니라는 반증이다. 인간으로서 사랑받고 싶고 자신이 소속될 수 있는 집단을 갖고 싶은 욕구는 우리 모두에게 있다.

실패에 대해 수치심을 느낄 때 우리는 마치 실패를 수용하면 생존을 위협받는 것처럼 느낄 수 있다. 특정 행동이나 선택이 아닌 우리 자신이 그 자체로 문제라고 믿는다는 점에서, 이는 문제를 해결하려는 시도조차 멈추게 할 수 있는 완전히 소모적인 감각이다.

세상에 나가 위험을 감수하면서 수치심에 취약해질 때, 우리는 그 수치심을 감당하고 그것을 헤쳐 나갈 수 있는 능력이 필요하다. 우리는 인간으로서 우리가 가진 가치를 의심하지 않고도 실패로부터 배울 수 있게 하며 돌아갈 수 있는 안전한 곳이 필요하다. 그리고 그곳은 우리 자신의 마음이 되어야 한다. 사랑하는 누군가가 고통받고 있을 때, 우리는 그들에게 친절함을 보인다. 그들에게 필요한 것이 친절함임을 알기 때문이다. 자신이 넘어지면, 우리는 우리 자신을 위해서도 그렇게 해야 한다. 그것은 우리가 다시 일어나 앞으로 나아갈 수 있도록 하는 가장 확실한 방법이다.

하지만 어떻게 하면 스스로에게 적대적으로 구는 대신 우리 자신이 들어야 할 목소리가 되어줄 수 있을까?

수치심 회복력

우리가 실패에 대해 수치심을 느낄 때 엄청난 사고 편향이 수반되는 경우가 많다. 우리는 하나의 사건, 행동, 선택 또는 심지어 행동 양상을 우리의 정체성과 한 인간으로서 지니는 가치에 대해 포괄적으로 표현하는 데 사용한다. 우리 자신의 강점과 약점, 의도 등 겹겹이 있는 모든 요소를 간과한 채 이 특정 정보에만 기초해 한 사람을 판단하는 것이다. 이것은 사랑하는 사람에게는 하지 않을 일이다. 우리가 조건 없이 사랑하는 이가 실수를 했을 때, 우리는 그가 스스로를 인간으로서 실패한 존재라고 깎아내리는 것을 원치 않을 것이다. 경험으로부터 배우고 그 자신이 되고자 하는 인간상과 더욱 일치하는 선택을 하면서 앞으로 나아가기를 원할 것이다. 여전히 그가 잘되기를 바랄 것이기에 그에게 폭언을 퍼붓지는 않을 것이다.

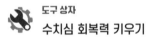
도구 상자
수치심 회복력 키우기

수치심은 강렬하고 극도로 고통스러울 수 있다. 다음은 좌절 및 실패와 관련된 수치심에 대한 회복력을 위한 조언이다.

- 언어 선택에 신중해야 한다. '나는…'과 같은 말은 자신의 인격과 인간으로서의 가치에 총체적인 공격으로 이어지며 수치심을 유발하고 다시 자극한다.
- 일어난 일을 생각할 때 실수라고 여긴 행동에 대해 매우 구체적으로 이야기하라. 하나의 행동이나 일련의 행동이 자신의 전부는 아니다.
- 이런 감정을 느끼는 것이 혼자가 아님을 인정하라. 실패나 좌절을 겪고 나면 대부분의 인간은 수치심에 취약해지고 자기혐오에 대한 생각에 집중하는 것이 정상이다. 그러한 생각은 전 세계적으로 드러나지만 반드시 도움이 되거나 정확하지는 않다.
- 고통스럽고 강렬하지만 이 감정 또한 일시적인 것임을 인정하라. 감정의 파도를 타는 데 도움이 되도록 자기 진정 기술을 사용할 수 있다(3부 138쪽 참조).
- 사랑하는 누군가가 이러한 상황에 처했다면 어떻게 말을 건네겠는가?
- 어떻게 하면 상대를 사랑한다는 것을 보여주는 동시에 솔직하게 이야기해 주고 그가 자신의 행동에 책임을 질 수 있게 할 것인가?
- 자신이 알고 있고, 신뢰하는 사람과 이야기하라. 수치심을

숨기면 오래 지속된다. 수치심을 공유하면 그것이 실패 후에 인간으로서 겪는 흔한 경험임을 인식하는 데 도움이 된다. 또한 좋은 친구들은 우리가 한 실수에 대해 스스로 책임을 지도록 도와준다. 그들이 우리의 모든 모습을 그대로 받아들이는 동시에 우리에게 정직할 것임을 믿기 때문이다.

- 이 상황에 대해 어떻게 대응하는 것이 자신이 되고 싶은 사람의 모습과 가장 일치하는가? 지금 이 시간을 돌이켜 볼 때 자랑스럽고 감사할 만한 방식으로 앞으로 나아가려면 어떻게 해야 할까?

31장
요약

- 우리가 스트레스를 어떻게 생각하느냐는 압박감 속에서 일을 수행하는 방식에 영향을 미친다.
- 스트레스가 우리를 도와줄 자산이라고 생각하면 감정을 억누르려고 애쓰는 데 에너지를 덜 소비하고, 대신 직면한 일에 집중할 수 있다.
- 성과에 관한 확신의 말 또는 주문은 하지 말아야 할 일보다 해야 할 일에 초점을 맞추라.
- 스트레스 수준을 조정하기 위해 초점을 맞추라.
- 실패와의 관계를 재정비하고 수치심 회복력을 키워 압박이 심한 상황에서 스트레스에 대처하는 데 도움이 되도록 하라.

8부

의미 있는 삶에
관하여

32장

'그저 행복해지고 싶을 뿐'이라는
말에 담긴 문제

심리치료를 하면서 우리가 앞으로 나아갈 길을 밝히고 우리가 원하는 것이 무엇인지 생각하기 시작할 때 "난 그저 행복해지고 싶을 뿐이에요"라는 말을 심심치 않게 듣는다.

그러나 행복에 대한 생각은 지난 수년간 삶에 대한 끊임없는 즐거움과 만족이라는 모호한 동화에 장악되어 왔다. 소셜미디어에서는 애써 찾아보지 않아도 '긍정적으로 살아라, 행복하라, 삶에서 부정적인 것들을 없애라'고 말하는 게시물이 넘쳐나는 것을 쉽게 확인할 수 있다.

우리는 행복이 규범이고 그 밖의 것들은 모두 정신 건강 문제가 될 수 있다는 인상을 받는다. 물질적인 부를 얻으면 행복이 찾아와 곁을 맴돌게 될 것이라는 생각 또한 팔리고 있다.

하지만 인간은 항상 행복한 상태를 유지하도록 만들어지지 않았다. 우리는 생존이라는 도전 과제에 대응하기 위해 만들어졌다. 감정은 우리의 신체 상태, 행동, 신념 그리고 주변에서 일어나는 일을 반영한다. 이 모든 것은 끊임없이 변화하고 있다. 따라서 정상 상태는 끊임없이 변화하는 상태이기도 하다. 의사이자 심리치료사인 러스 해리스는 자신의 저서 『행복의 함정 The Happiness Trap』에서 감정이 날씨와 같다고 설명한다. 감정은 끊임없이 움직이고 변화하며, 때로는 예측이 가능했다가 때로는 갑작스럽고 예상치 못하게 변화한다. 감정은 늘 우리가 하는 경험의 일부이다. 하지만 날씨처럼 기분 좋은 순간도 있고 견디기 힘든 순간도 있다. 어떤 때에는 쉽게 묘사할 수 있을 만한 뚜렷한 특징이 없기도 한다. 우리가 이러한 식으로 인간 경험의 본질을 인식한다면, 또 행복이 유쾌하지 않은 감정이 전혀 없는 상태를 의미하는 것이라면, 영원히 행복하리라는 약속을 내세워 우리에게 팔리는 어떤 것도 그 약속을 지킬 수 없으리란 사실은 명백해진다. 우리는 행복하고 충만한 삶을 살면서도 여전히 인간이기에 겪는 모든 감정을 경험할 수 있다. 행복이 변하지 않는 긍정성을 의미한다는 말을 믿으면 우울함이 들 때 실패했다고 생각하게 될 수 있다. 뭔가 잘못되고 있다고 느끼거나 자신의 정신 건강에 문제가 있을 수도 있다는 두려움에 빠지게 된다. 그렇게 생각하면 어둡고 흐린 날이 더 어두워진다. 우리는 때로 행복하지 않다. 우리는 인간이고 삶은 힘든 일로 가득하기 때문이다.

우리의 삶에서 가장 큰 행복을 가져다주는 것은 행복한 감정 그 이상을 가져다준다. 가장 좋은 예는 우리 삶을 함께하는 사람들이다. 우리에게 세상을 의미하는 가족은 무언가를 잘못했을 때 우리를 가장 화나게 할 수 있다. 부모는 부모로서의 역할에서 깊은 의미를 느끼고 사랑과 기쁨이라는 강렬한 감정을 느낀다. 그러나 때때로 큰 고통과 두려움과 수치심을 느끼기도 한다. 그러니 행복한 순간은 아주 커다란 꽃다발에 담긴 한 송이 꽃에 불과하다. 둘 중 하나가 없으면 나머지 하나를 가질 수 없다. 감정은 하나의 다발로 온다.

의미는 왜 중요한가

어떤 사람들은 인생에서 길을 잃었다고 느끼기 때문에 치료를 시작한다. 그들은 특정 문제를 딱 짚어 말할 수는 없지만 자신이 괜찮지 않음을 알고 있다. 어떤 것에든 흥분하거나 진정한 에너지나 열정을 가지고 일에 몰두하는 것이 어렵다. 분명하고 구체적인 문제가 없으면 문제를 해결하고 나아갈 방향을 찾기가 힘들다. 목표를 이루기 위해 고군분투하는 것이 아니라

애초에 어떤 목표를 세워야 할지, 그중 어느 것이라도 가치가 있다고 여겨지는지 확신하지 못한다.

대부분의 경우 이런 문제는 핵심 가치와의 단절과 관련이 있다. 삶은 그들을 가장 중요한 것에서 멀어지게 했다. 자신의 가치관에 진정한 명확성을 부여한다면 많은 일을 할 수 있다. 우리가 가고자 하는 방향을 안내해 주고 가장 성취감이 크고 목적의식이 있는 목표의 유형에 대한 의견을 제시해 줄 수 있다. 인생의 고통스러운 지점에서 인내할 수 있도록 도와주며, 결정적으로 힘든 시기라도 올바른 길을 가고 있음을 스스로 상기할 수 있도록 해준다.

가치관이란 무엇인가?

가치관은 목표와 같지 않다. 목표는 달성하기 위해 노력할 수 있는 구체적이고 유한한 대상이다. 목표는 성취하면, 그걸로 끝이다. 그러면 우리는 다음 목표를 찾아야 한다. 목표는 시험에 합격하거나 할 일 목록의 모든 항목에 했음 표시를 하거나 개인 최고 기록을 세우는 것일 수 있다.

가치관은 완료할 수 있는 작업의 집합이 아니다. 우리가 삶을 어떻게 살아가고 싶은지, 어떤 사람이 되고 싶은지, 내세우고 싶은 원칙은 무엇인지에 대한 일련의 생각이다.

인생이 하나의 완전한 여행이라면, 가치관은 우리가 선택한 길이 될 것이다. 그 길은 결코 끝나지 않는다. 그 길은 우리가 여행을 하는 방법 중 하나이고, 가치관에 따라 사는 일은 항상 그 길 가까이 머물고자 기울이는 의식적인 노력이다. 그 길은 가는 동안 뛰어넘어야 할 장애물로 가득하다. 어떤 장애물은 클 수도 있고 우리는 자신이 그것을 넘을 수 있을까 확신조차 할 수 없다. 하지만 이 길을 계속 가는 일은 아주 중요하기 때문에 우리는 최선을 다해 도전한다.

다른 장애물과 도전 과제가 있는 다른 길도 많이 있다. 그러나 이 길을 고수하고 어떤 일이 따라오든 도전하기로 선택하는 일은 모든 사건과 행동에 의미와 목적을 부여한다. 다른 방법으로는 시도하지 않았을 수 있는 장벽을 뚫고 나갈 수 있도록 하는 것이 바로 이 길을 선택하려는 의도이다. 우리의 가치관 중 하나가 평생 공부하고 개인의 성장을 이루는 것이라면, 평생 수많은 시험을 통과하기 위해 열심히 노력할 것이다.

가치관은 우리가 하는 일, 그것을 하는 태도, 그 일을 하고자 선택한 이유이다. 가치관은 우리가 어떤 사람인지, 또 어떤 사람이 아닌지를 의미하지 않는다. 우리가 소유하거나 되거나 이루거나 완성하는 것이 아니다.

때때로 우리는 가치관에 따라 사는 인생으로부터 멀어진다. 그것은 아마도 인생은 우연으로 가득하고 우리는 다른 방향으로 이끌려가기 때문일 것이다. 또는 우리가 자신의 가치관이 무엇인지에 대해 명확한 인식이 없기 때문일 수도 있다. 우리가 인생을 통해 성숙해지고 발전하듯이, 우리의 가치관 또한 바뀔지 모른다. 우리는 독립심을 기르고 집을 떠나고, 마주하는 사람들로부터 배우고 세상에 대해 더 많이 배우며, 아이를 가질 수도 있고 아닐 수도 있다. 목록은 계속된다. 이러한 모든 이유로 인해, 무엇이 가장 중요한지에 대해 정기적인 평가를 하는 것은 가치 있는 실천이다. 그렇게 하면 필요에 따라 방향을 전환하기 위한 의식적인 결정을 내릴 수 있고 삶이 의미 있다고 느낄 수 있도록 그 길에 가까이 머물 수 있다.

가치관이 명확하지 않을 경우 해야 한다고 생각하는 것, 타인의 기대 또는 그 목표를 달성하기만 하면 마침내 충분해질 것이며 긴장을 풀고 우리 자신의 모습에 만족하게 될 것이라는 추측을 바탕으로 목표를 정할 수 있다. 여기서 한 가지 주요한 결점은, 우리가 만족하고 행복할 수 있는 조건 주위에 엄격한 매개변수를 놓는다는 것이다. 또한 삶의 만족과 행복을 모두 미래에 배치한다(클레어Clear, 2018).

절대 스스로 목표를 정해서는 안 된다고 이야기하고 싶은 것은 아니다. 하지만 무언가를 위해 노력할 때, 그것을 향해 나아가는 이유가 명확하고 인생의 모든 좋은 것은 목표의 끝에서 기다리는 것이 아니라 그 길을 따라가는 과정에서 겪게 되는 것임을 인식한다면 도움이 된다. 미래에 상황이 더 나아지기를 바라기보다, 자신에게 가장 중요한 것을 따라 살아감으로써 지금의 삶이 의미 있고 목적의식을 담고 있을 수 있다면 어떨까? 우리는 여전히 변화와 성취를 향해 온 힘을 다해 노력하게 되지만, 의미 있는 삶을 기다리고 있는 것이 아니다. 우리는 이미 가지고 있다.

32장
요약

- 우리는 종종 행복이 규범이며 그 밖의 것들은 모두 정신 건강 문제가 될 수 있다는 생각에 설득된다.
- 때로 우리는 행복하지 않다. 우리는 인간이고, 삶은 힘들기 때문이다.
- 인생을 가치 있게 만드는 것들은 단순히 행복한 감정 이상의 것을 가져다준다. 가끔은 행복, 사랑, 기쁨, 두려움, 수치심, 상처가 혼합된 감정 또한 가져다준다.
- 개인의 가치관을 명확히 하는 것은 의미와 목적을 담을 목표를 세우는 데 도움이 될 수 있다.
- 우리의 가치관을 최우선 순위에 두는 것은 우리가 올바른 길로 가고 있음을 알고 인생의 고통스러운 지점을 인내하며 지나가는 데 도움이 된다.

33장

무엇이 중요한지
알아내기

오늘날처럼 자신의 가치관을 명확히 하기 위해 실행할 수 있는 몇 가지 간단한 연습 과제가 있다. 우리가 인생의 어느 단계에 서 있고 무엇을 직면하고 있는지에 따라 가치관은 시간의 흐름과 함께 변한다는 점에 주목할 필요가 있다. 우리의 가치관이 변할 뿐 아니라 우리의 행동과 가치관에 대한 정렬 또한 변화한다. 인생은 우연히 발생하는 일로 가득하고, 따라서 때때로 시간을 내어 가치관을 확인하고 재평가하는 것이 도움이 된다. 이는 나침반과 지도를 동시에 확인하는 방법이다. 나는 어느 쪽으로 가고 있는가? 나는 이 방향으로 가고 싶은가? 그

```
열정    솔직함    신뢰    공정성

친절    관심    연민

힘    야심 가득한    믿음직한

의지할 수 있는    존재하는    융통성    호기심

편견 없음    대담한    충실

창의력    모험심이 강한    고마움

신뢰할 수 있는    이해심이 있는    정신성

지속가능성    성실성    자기 인식

독립성    연결성    수용하는

사랑스러운    결단력    인내

전문성    공손한    용기
```

그림 10 가치관: 자신과 관련되고 중요하다고 느끼는 가치에 동그라미를 쳐라.

가치관	목표	일상 행동
평생 학습 호기심 개인의 성장	교육 과정	독서와 공부, 그리고 그러한 기술들을 확장시키고 학습을 촉진하는 시험이나 과제 수행을 통해 자신에게 도전하기
타인을 향한 사랑과 연민	사랑하는 사람을 위한 특별한 날 기억하기, 특정 시간에 친척 방문하기	매일 소소한 방법으로 사랑과 연민 표현하기 생일과 기념일 적어두기 사랑하는 사람들과 시간 보내기 길 건너는 이웃 노인 돕기

그림 11 위의 표는 가치관과 결을 함께하는 목표 및 그것이 어떻게 일상 행동으로 전환될 수 있는지에 대한 몇 가지 예를 보여준다.

렇지 않다면 나 자신에게 가장 중요한 것을 향해 다시 나아갈 수 있도록 어떻게 방향을 조정할 수 있을까?

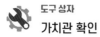

도구 상자
가치관 확인

이 책 마지막의 예비 도구 부분(400쪽)에는 인생의 각 영역에서 자신이 가장 가치 있다고 여기는 것이 무엇인지 성찰하는 데 사용할 수 있는 빈 격자표가 있다. 위 표에 나열된 예는 그저 시작점에 불과하다. 우리가 이것을 정확히 따를 필요는 없다. 자신에게 가장 적합한 가치와 목표로 자유롭게 변경하라. 표의 각 칸을 보며 인생의 이 영역에서 자신에게 가장 중요한 가치가 무엇인지 생각해 보라. 다음은 도움이 될 수 있는 질문 목록이다.

- 인생의 이 영역에서 어떤 사람이 가장 되고 싶은가?
- 무엇을 지지하고 싶은가?
- 자신의 노력이 무엇을 나타내기를 원하는가?
- 어떤 기여를 하고 싶은가?
- 인생의 이 영역에서 어떤 자질이나 태도를 갖고 싶은가?

관계	건강	창의성
육아	정신성 / 신념	기여
배움 및 자기 계발	놀이 / 여가 활동	일

이 연습의 핵심 부분은 각 칸에 자신의 가치관을 나열한 후에 나온다. 수용 전념 치료에서 우리는 개인에게 각 가치관 집합이 자신에게 얼마나 중요한지 0~10까지의 척도 점수로 평가하도록 요청한다.

이 척도에서는 10이 '가장 중요하다'이며 0은 '전혀 중요하지 않다'를 나타낸다. 그런 다음 사람들에게 동일한 척도에서 해당 가치에 얼마나 가깝게 살고 있다고 느끼는지를 평가하도록 요청한다. 10은 중요 가치와 매우 일치하는 삶을 살고 있는 경우이고 0은 전혀 그렇지 않은 경우이다. 그러고 난 뒤 중요도 점수와 중요성에 맞춰 살고 있는지를 나타낸 점수 간의 차이를 살펴보는 데 시간을 할애한다. 그 차이가 크다면 그것은 우리 자신에게 가장 중요한 가치와 일치하는 삶에서 멀어졌음을 나타내는 것일 수 있다. 예를 들어 건강을 챙기고 몸을 돌보는 일의 중요도가 10점 만점에 10점인데 얼마나 그에 맞춰 생활하고 있는가에 대한 평가 점수가 10점 만점에 2점에 그친다는 사실을 깨달을 경우, 자신의 삶 중 해당 영역에서 약간의 긍정적인 변화를 모색할 필요를 느끼는 계기가 된다.

이 모든 것이 하는 역할은 삶에서 방향을 전환해야 할 영역을 제시해 주는 일이다. 그것은 때때로 우리 삶에서 우선순위를 다투는 일들을 보다 넓은 시각으로 바라볼 수 있는 좋은 방법이다. 하지만 그것이 우리가 무엇을 해야 하는지 또는 어떻게 해야 하는지를 지시하지는 않는다. 그저 현재 상황에 대한 개요이자 지도를 제공할 뿐이다. 그 지점에서부터 우리는 우리가 가고 싶은 길에 더 가까이 다가가기 위해 어떤 행동을 할지 선택하게 된다.

결정적으로 이 연습은 우리가 직면하는 모든 문제와 우리가 매일 마주하는 즐겁거나 고통스러운 감정에 관한 것이 아니다. 가장 힘든 날과 가장 수월한 날 모두에서 찾을 수 있는 의미에 관한 것이다. 이것은 우리가 되고 싶은 사람으로 살기 시작하기 전에 모든 일이 잘될 때까지 기다리라고 요구하지 않는다. 대신 우리 주변에서 어떤 일이 일어나고 있는지와 상관없이 우리 자신의 가치관에 따라 살고자 의식적으로 선택하는 방법에 대해 생각하게 한다.

자신의 삶에서 가장 중요하다고 여기는 몇 가지 측면과 그 영역에서의 가치가 무엇인지 알았다면, 이 간단한 연습을 통해 현재 얼마나 자신의 가치관에 맞게 살고 있는지 확인할 수 있다. 이 연습은 스웨덴의 수용 전념 치료 전문가인 토비아스 룬드그렌이 처음 고안했다. 이것은 내가 사용하고자 하는 방향에 맞춰 직접 수정한 버전이다.

다음의 별 모양에는 별의 각 꼭짓점마다 6개의 측정값이 있다. 각 측정값에 자신에게 특히 중요한 삶의 영역의 명칭을 적어라. 현재 얼마나 각 영역의 가치에 따라 살아가고 있는지를 평가해 0~10의 척도 중 해당 점수에 X표를 하라. 예를 들어, 원하는 만큼 건강을 우선시하지 못하고 있다고 여겨진다면 10점 만점 중 5점을 줄 수 있다. 하지만 인간관계 영역에서 자신이 되고자 하는 반려자의 모습에 꽤 가깝게 살고 있다고 생

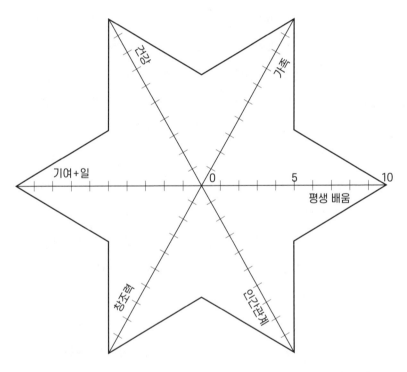

그림 12 가치관 별

각된다면 10점 만점에 9점을 줄 수 있다.

각 영역에 점수를 표시하고 난 다음에는 선을 그려 각 표시를 연결한 뒤 별이 어떤 모양을 갖추는지 보라. 별 모양이 고르지 않은 경우 선이 더 짧은 부분이 주의가 필요한 영역이다. 402~403쪽에는 각자 자신의 가치관을 채워 넣을 수 있도록 비어 있는 가치관 별 도표가 있다.

우리는 우리의 가치관이 얼마나 우리 자신의 소망을 대변하는지, 그리고 그것이 얼마나 다른 이들의 기대에 의해 좌우되는지에 대해 혼동을 느끼기 쉽다. 이것은 분명히 해야 할 중요한 문제이다. 가족이나 지역공동체에 대한 의무감이나 헌신이 중요하지 않다거나 그 가치를 선택하지 말라는 것은 아니다. 하지만 어떤 가치관이 진정 우리가 추구하는 것인지, 어떤 가치관이 강요당했다고 느끼는지를 알아내는 것은 그것이 우리 삶의 특정 측면에서 덜 성취되었다고 여겨지거나 단절되었다고 느껴지는 이유를 알 수 있게 한다.

🗨 이렇게 해보자

보다 정기적으로 가치관 확인을 하기 위한 또 다른 방법은 일기 쓰기 또는 간단한 자기반성 과정을 통합하는 것이다. 다음은 이러한 성찰에 도움이 되는 몇 가지 질문이다. 나는 이 질문들을 가치관을 탐구할 때 개인적으로 활용하거나 치료 과정에서 다른 사람에게 적용한다.

탐구해 볼 질문

1. 인생의 다음 장을 돌아보고 삶이 던져주는 도전 과제를 어떻게 풀어냈는지에 대해 뿌듯하고 만족한다면, 일상생활에는 어떤 식으로 접근하고 싶은가? 다음 장은 어떤 모습일까? 대답을 할 때 통제할 수 없는 타인이나 사건이 아닌 자신의 선택, 행동과 태도에 초점을 맞춰라. 무슨 일이 일어나든 인생에 어떻게 접근할 것인지 생각해 보라.

2. 나 자신과의 관계, 건강과 개인적 성장에서 어떤 가치를 지지하고 싶은가? 이러한 것들에 대해 자신에게 가장 중요한 것은 무엇인가?

3. 인생에서 관계를 맺는 사람들에게 어떤 사람이 되고 싶은가? 그들과 어떻게 상호작용을 하고 그들의 삶에 기여하고 싶은가?

4. 내 인생에 들어와 있는 사람들이 내 주변에서 어떻게 느끼기를 바라는가? 친구 및 가족 모임에서 무엇을 나타내고 싶은가?

5. 한 번만 살 수 있다면, 이곳에 있는 동안 어떤 영향을 미치고 싶은가?

6. 내가 어떻게 시간을 보내는지 아무도 모른다고 해도 여전

히 이것을 하고 있을 것인가?

7. 오늘 또는 이번 주 중에 앞으로 나아가는 동안 각각의 선택과 행동에 부여할 하나의 가치관은 무엇인가? 여기서 들 수 있는 예로는 '오늘 나는 각 경험과 선택과 행동에 열정/용기/연민/호기심을 불어넣기로 선택한다. 나는 이를 …를 통해 해낼 것이다' 정도가 있다.

33장 요약

- 현재의 가치를 명확하게 하기 위해 할 수 있는 몇 가지 간단한 연습이 있다.
- 가치관은 시간이 지남에 따라 변할 수 있으며 우리가 얼마나 그에 맞춰 사는지 또한 변할 수 있다. 따라서 가치관 확인을 하는 데 도움이 된다.
- 우리가 가치관을 사용하여 목표 설정 방향을 잡는다면 일상적인 목표를 세우는 데에도 도움이 된다.
- 초점은 자신에게 어떤 일이 일어나기를 바라는 것이 아니라 스스로 어떤 사람이 되고 싶은지, 어떤 기여를 하고 싶고 어떤 일이 일어나든 어떤 태도를 갖고 삶을 마주할지에 있다.

34장

삶을 의미 있게
만드는 방법

  중요한 것이 무엇인지 알아내고 자신이 그 가치관에 따라 살고 있지 않음을 깨닫는다면 어떨까? 어떻게 그 방향으로 움직이기 시작할까? 우리는 변화가 필요한 시점이라고 판단하면 거대하고 급진적인 새로운 목표를 내세우려는 경향이 있을 수 있다. 예를 들어, 가치관을 확인한 뒤 운동으로 건강 관리를 시작해야겠다는 생각을 했다고 가정해 보자. 그러면 우리는 새로운 목표를 세우기 시작한다. 마라톤을 하거나 영양 섭취를 개선할 것이다. 하지만 단순히 목표가 있다고 해서 삶이 바뀌거나 바뀐 상태가 유지되는 것은 아니다. 우리 삶에 변화를 가져다주는 것은 우리를 그 방향으로 계속 나아가게 하는 반복적인 행동이 담고 있는 일상의 세세한 면면이다.

우리의 목표는 마라톤 완주일 수 있다. 하지만 마라톤이든 아니든 인생을 바꾸는 부분은 매일 달리기를 할 수 있도록 도와주는 것, 계속 달리기 위해 참여하는 달리기 그룹, 커버 거리를 점차 늘리는 방법, 도움이 되도록 변경한 영양 섭취량 등에서 비롯된다. 목표를 설정하면 초기에 올바른 방향으로 달리는 데 도움이 될 수 있다. 그러나 목표의 종점, 즉 목표의 완성에 다다르는 일은 사실상 한계임을 기억하는 것이 중요하다. 자신의 가치관을 재평가했고 자신의 인생에서 가장 중요한 것에 기초하여 새로운 방향으로 나아가고 싶다면, 그 방향으로 계속 나아가고 싶어지게 될 것이다. 많은 이들이 마라톤을 하고 얼마 지나지 않아 운동화를 걸어둔다.

개인의 가치관에 담고 있는 세세한 내용은 시간이 지남에 따라 변할 수 있으므로 가치관 확인을 주기적으로 해주는 것이 도움이 된다. 그것은 또한 우리가 살아가고 있는 방식을 보여주는 일상의 핵심 속 복잡다단한 일들에 집중할 수 있는 기회를 제공한다. 우리는 스스로에게 질문한다. '나는 오늘 어떤 사람이 되고 싶은가?' '나는 오늘 그 방향으로 나아가기 위해 무엇을 할 것인가?' 만약 자신의 정체성이 매일 건강을 챙기는 사람이라면, 마라톤이 끝나고 난 뒤에도 달리기를 오래 지속할 가능성이 있다.

이런 식으로 작업하는 것이 양면적 공격이다. 자신이 되고자 하는 사람에 대해 생각하고 시각화하면서, 그러한 생각을 구체적이고 지속 가능한 행동으로 전환함으로써 우리는 그 노력이 얼마나 의미 있게 느껴질지 생각이 바뀌기 시작할 수 있다. 변화는 어렵다. 그렇기에 이유에 대한 견고한 닻을 내리고 '이것이 바로 지금의 나이기 때문에'라는 영구적인 정체성을 갖는 것은 그 변화가 불가피하게 자신의 마음이나 주변 사람들의 저항에 부딪힐 때에도 오래 지속하는 데 도움이 된다. 시간이 지남에 따라 그러한 새로운 사고방식과 행동 방식이 자리를 잡게 되면, 자신에 대한 믿음 또한 바뀌기 시작할 수 있다. 그래서 우리는 마라톤을 하는 처음의 목표가 아니라 새로운 생활양식을 지속함으로써 건강과 체력을 진정으로 우선시하는 사람이 된다. 운동은 달성해야 할 목표 때문이 아니라 우리가 그것에 동일시하기 때문에 행하는 것이 된다. 최초의 마라톤 개념은 거의 무의미해진다.

결과에 지나치게 집중하면 기대만큼 빨리 결과를 보지 못하거나 그 과정에서 저항과 장애물을 맞닥뜨렸을 때 더 쉽게 그만두게 될 수 있다. 처음 목표를 세우기로 결정했을 때, 우리는 그 목표에 흥분해서 동기부여의 불꽃이 타올랐을 것이다. 하지만 동기부여는 성냥불과 같다. 스스로 타버릴 것이다. 지속 불가능한 연료 공급원인 것이다. 하지만 유지하기에 너무 급진적이거나 극적이지 않은 작은 행동들로 이루어진 일상이 있다면, 우리의 새로운 정체성은 스스로를 지탱하는 데 도움을 줄 것이다.

- 변화가 필요한 시점이라고 판단했을 때, 새로운 목표를 급진적이고 거대한 것으로 생각하는 경향이 있을 수 있다.

- 단순히 목표를 갖는 것만으로는 삶이 변화하고 변화된 상태를 유지하는 데 충분하지 않다.

- 자신이 되고자 하는 사람에 대해 생각하고 시각화하며 그러한 생각을 구체적이고 지속 가능한 행동으로 전환하는 데 시간을 할애함으로써 그 노력이 얼마나 의미 있게 느껴질지 생각이 바뀔 수 있다.

- 자신의 의도를 정체성과 연결시키면 새로운 행동이 처음의 목표를 훨씬 넘어 지속될 수 있다.

35장

인간관계

우리는 인간관계에 대해 이야기하지 않고는 의미 있는 삶에 대해 이야기할 수 없다. 인간관계는 우리를 인간으로 만드는 것이다. 행복한 삶을 사는 일에 관한 한 인간관계는 돈, 명성, 사회적 계급, 유전자를 비롯해 노력해서 얻으라고 이야기하는 모든 것보다 우선한다. 우리의 관계와 그 안에서 우리가 얼마나 행복한가는 우리의 전반적인 건강과 별개가 아니다. 이들은 문제의 핵심이다. 건강한 관계는 일생에 거쳐 우리의 신체적·정신적 건강을 모두 보호한다(왈딩어, 2015). 여기서의 관계란 인생의 반려자와 결혼뿐 아니라 우리가 맺는 모든 관계를 의미한다. 친구, 가족, 자녀 그리고 우리 공동체와의 관계. 이는 다양한 보건 조치 및 생물학적 지표에 대한 과학적 데이터를 비롯해 실제 사람들의 이야기에도 드러난다. 죽음을 앞둔 사람들이 가장 후회하는 일 5가지 중 하나는 '친구들과 계속 연락하고 지냈으면 좋았을 텐데' 하는 것이다(웨어Ware, 2012).

하지만 우리가 누구인지, 어떻게 사는지를 심오하게 정의하는 것과, 얼마나 오래 그리고 얼마나 행복하게 사는지에 강력한 영향력을 미치는 것에 대해, 그리고 우리는 모두 우리의 관계를 건강하게 하려면 무엇을 해야 할지에 대해 추측할 수밖에 없다. 아무도 우리에게 사용 설명서를 주지 않는다.

우리는 태어나는 순간부터 다른 사람들과 교감하고 그러한 경험을 통해 배우기 시작한다. 부모와 형제자매, 대가족, 또래와의 첫 관계를 형성할 때부터 관계를 위한 기본 판을 만든다. 우리가 직접 관계를 선택할 수는 없지만 생존을 위해 전적으로 그들에게 의존하는 가장 취약한 나이에 이러한 교훈을 배워야 한다.

관계를 잘 이어나가기 위해 어렸을 때 사용하는 이러한 행동양식은 성인이 되어 맺는 관계에서는 때로 우리에게 훨씬 덜 도움이 될 수 있다.

그러나 인간관계가 길고 행복한 삶에 매우 중요한 요소인 점을 감안할 때, 관계를 개선할 방법을 찾기 위해 (심지어 성인으로서) 어떤 노력을 할 수 있을까?

개별 치료와 부부 치료에서 오는 통찰력은 이런 문제와 관련해 우리에게 도움을 줄 수 있다. 인지 분석 치료Cognitive Analytic Therapy, CAT는 어릴 때 발달하는 관계 패턴과 그것이 성인의 인간관계에서 어떻게 작용하는지를 인식하는 치료법이다. 인지 분석 치료가 가능한 사람에게 이 치료법은 관계에서 자신이 주로 담당하고 있다고 여겨지는 역할과 스스로 갇혔다고 느끼는 주기를 파악하기 위해 보여주는 과정이 될 수 있다.

하지만 인지 분석 치료와 같은 치료를 받을 수 없는 경우, 관계를 더 잘 이해하고 개선하기 위해 무엇을 할 수 있을까?

우선 우리가 상황을 심각할 정도로 잘못 이해하고 있다고 느끼게 할 수 있는, 대중문화가 전파한 몇 가지 신화에 주목하는 것이 중요하다. 이 신화들 대부분은 연인 관계, 친구 및 가족과의 관계를 모두 나타낸다.

관계에 대한 신화

• **사랑은 힘들지 않아야 한다.** 자신과 맞는 사람이 있다면, 두 사람이 함께하는 앞날은 행복해야 하고 항상 모든 것이 잘되리라는 생각은 현실과 아무런 관련이 없으며 대부분의 사람들로 하여금 자신의 관계에 불만을 느끼게 한다. 오래 지속되는 관계는 저절로 부드럽게 떠내려가는 보

트 타기가 아니다. 우리는 노를 들고 어디로 가고 싶은지 각자의 가치관을 바탕으로 선택하고 행동해야 한다. 그런 다음 노력해야 한다. 이러한 과정을 꾸준히 반복해야 한다. 목적의식을 가지고 선택하고 행동하는 것보다 그저 표류하는 데 더 많은 시간을 할애하면 잘못된 방향으로 흘러갈 수 있다.

- **하나가 되어라.** 연인이나 친구 사이에 서로 동의하지 않는 일이 있어도 무방하다. 언제나 모든 일에 같은 마음일 필요는 없다. 나와 상대는 각각 자신만의 감수성과 배경과 경험과 필요, 대응 메커니즘을 가진 서로 다른 두 사람이다. 진정으로 마음을 열고 상대와 교감한다면, 평생의 관계로 키워나가기 위해 서로 받아들이고 감내해야 하는 부분을 틀림없이 발견하게 될 것이다.

- **항상 함께하라.** 연인이든 친구든 떨어져 있는 시간을 즐겨도 괜찮다. 같은 사람 한 명이 둘로 나뉜 것처럼 하지 않아도 된다. 나와 상대는 각각 독립적이고 고유한 개인이며 우리 자신을 타인과 다르게 하는 고유한 면을 기르는 일이 관계를 위협할 필요는 없다. 이 관계 신화는 버림받는 것에 대한 우리의 두려움을 더하고 많은 사람들이 자기 자신 또는 상대가 관계 내에서 개인으로 발전하고 성장하도록 하는 것을 방해한다. 관계에서 안정감을 느낄 때 우리는 분리된 개인이 되는 것을 더욱 마음 편하게 받아들

이고 상대의 삶이 가진 다른 측면 때문에 위협을 느끼지 않게 된다.

- **평생 행복하게 산다는 결말**. 동화부터 할리우드 영화까지, 이야기는 항상 관계가 시작되면서 끝이 난다. 마치 그 여정의 목적이 완벽한 사람을 찾는 데에만 있고 그 이후에는 영원한 행복이 기다리고 있는 것처럼. 관계는 가는 길 위에서 자연스럽게 많은 우여곡절과 굴곡, 충돌을 마주하게 되는 여정이다. 가장 단단한 관계는 좋지 않은 날들, 단절과 의견 충돌의 기간이 있을 것이다. 두 사람 중 한 명 또는 모두가 실패 또는 큰 상실, 병이나 고통에 직면하는 날들이 있을 것이다. 우리 스스로 복잡한 감정이 들거나 예전보다 열정이 떨어진다고 느껴지는 날들이 있을 것이다. 상대가 무엇을 원하거나 필요로 하는지에 대해 한 사람 또는 두 사람 모두 혼란스러워할 때가 있을 것이다. 우리가 이해를 잘못해서 상대에게 고통을 줄 때가 있을 것이다. '평생 행복하게 산다는 결말'이 있으리라는 신화를 믿는다면, 우리는 이 관계가 단지 인연이 아니라고 쉽게 가정해 버리고 모든 관계가 험난한 길을 맞닥뜨리며 가는 것임을 깨닫지 못한 채 끝내게 될 것이다. 길을 걷다 울퉁불퉁한 돌에 걸려 넘어지더라도 다시 일어나 함께 돌아오는 것이 가능하다.

- **성공적인 인간관계란 어떤 대가를 치르더라도 함께하는 것을 의**

미한다. 관계는 우리의 건강과 행복에 큰 영향을 미치지만, 단지 관계를 맺는 것만으로는 충분하지 않다. 만약 관계가 우리 삶에 긍정적인 영향을 미치도록 하려면 그 관계의 질을 향상시키기 위해 노력하고 이에 대해 신중하고 의도적인 선택을 해야 한다. 우리는 자신에 대해 전적인 책임을 질 수 있지만, 상대에게 변화를 강요할 수는 없다. 신체적 또는 정신적 안녕에 해를 끼치는 관계를 끝내는 것은 괜찮다. 관계 안에서 안전하지 않다고 느끼는 모든 사람에게 도움을 제공하는 서비스에 관한 정보를 이 책의 마지막 부분인 참고 자료에 정리해 두었다.

인간관계를 발전시키는 법

우리는 우리 자신을 돌볼 때 우리의 관계를 돌보고, 관계를 위해 노력할 때 우리 자신을 돌본다. 따라서 이 책에서 소개하는 자기 관리에 초점을 맞춘 모든 도구는 우리가 인간관계에서 원하는 사람이 되는 데 도움이 될 것이다.

인간관계에 더 능숙해진다는 것은 상대가 자신이 원하는 일을 하게 하거나 자신이 원하는 사람이 되게 만드는 방법을 배우는 것을 의미하지 않는다. 우리는 부부 치료를 통해 관계를 개선하기 위해 노력할 수 있다. 하지만 자신의 필요와 스스로를 가둔 유형과 주기를 이해함으로써 관계를 개선할 수도 있다. 자신을 더 잘 파악하고 내 삶의 사람들(나 자신 포함)과 소통하고 공감하는 새로운 방법을 연습할 때, 우리는 관계의 질에 진정한 변화를 가져올 수 있다. 스스로 어떤 사람이 되고 싶은지, 내 사람들을 위해 어떤 식으로 존재하고 싶은지, 그러한 관계 속에서 어떻게 경계를 유지하고 자신을 키워나갈지에 대한 이해는 나침반 역할을 할 수 있다. 관계의 기복이 심하고 혼란스럽다고 여겨질 때, 방향감각을 찾기 위해 다른 사람에게 의지할 필요는 없다. 우리는 자기 자신으로 돌아간다. 그림에서 한발 물러서서 현재의 선택이 우리가 만들고자 하는 더 큰 그림과 얼마나 잘 맞는지 본다.

애착

애착 유형은 어린 시절에 형성된다. 이는 선택으로 시작되지 않는다. 뇌는 우리를 안전하게 보호하기 위해 양육자에게 애착을 갖게 되어 있다. 이를 통해 모든 자녀가 부모와의 친밀감을 추구할 수 있고, 필요할 때 안전과 편안함을 얻기 위해 부모에게 갈 수 있으며, 그 관계를 통해 안전한 기반을 구축할 수 있다. 안전한 기반을 갖추게 되면, 아이는 자신이 배운 것을 사용해 세상을 탐험하고 새로운 관계를 형성할 수 있다고 느낀다.

그러나 우연한 일이 발생하고 아이가 애착 안정성을 기르기 위해 필요한 일관된 친밀함과 안정감을 부모가 주지 못하면, 우리는 그러한 불안정한 내적 과정을 성인 관계에 적용할 수 있다(시겔Siegel과 하트젤Hartzell, 2004).

이는 인간관계에서 무엇을 기대해야 하고 어떻게 행동해야 하는지에 대한 개념을 형성하기 위한 모형이기 때문에 우리가 성인으로서 타인과 관계를 맺는 방식에 영향을 미친다. 특정한 애착 유형이 있다는 것은 우리가 다른 사람과 어떻게 관계를 맺어야 하는지를 결정짓는 종신형이 아니다. 그러나 우리가 성인으로서 갇혀 있다고 느끼는 몇 가지 주기를 이해하는 데 도움이 될 수 있다. 우리 두뇌는 적응력이 있으므로 그러한 유형을 이해하고 다른 일을 반복하기 위한 의식적인 선택을 하는 것은 결국 우리의 새로운 규범이 될 수 있다.

불안정 애착

불안정 애착 유형은 사랑받고 있고 다른 사람이 자신을 버리지 않을 것이라는 확신을 자주 받고자 하는 욕구로 나타날 수 있다. 불안정 애착 유형의 사람은 양육자가 돌아올 것이라고 안심하지 못하는 환경 또는 지속적인 애정이나 반응을 얻지 못하고 일관성이 없는 환경에서 자랐을 수 있다.

불안정 애착의 양상은 사람을 기쁘게 하려는 행동에서 나타날 수 있다. 개인적인 욕구를 표현하는 데 어려움을 겪거나 대립과 갈등을 피하며 자신의 개인적인 필요를 해치면서까지 상대의 요구를 충족시키는 데 중점을 둔다.

버림받지 않는 일에 계속해서 초점을 맞추는 것은 자기 충족적 예언이 될 수 있다. 안심을 시켜달라는 끊임없는 요구가 회피성 애착 유형일지 모르는 이들에게는 통제한다는 기분이 들게 할 수 있고 갈등으로 이어질 수 있기 때문이다. 불안정 애착이 형성된 사람은 안심할 수 있도록 일관되게 확신을 주지 않는 상대에게 분노를 키울 수 있지만, 갈등에 대한 두려움 때문에 자신의 욕구를 충분히 표현하기 힘들다고 느낄 수도 있다.

이러한 상황에서의 해답은 끊임없이 안심을 시켜주는 것도, 필요를 무시하고 그것이 사라지기를 바라는 것도 아니다. 불안정 애착을 갖고 있는 사람은 자아감을 쌓고 스스로를 진정시키는 법을 배움으로써 상대로부터 독립적으로 안정감을 기르는 연습을 할 수 있다. 상대는 다른 상대가 도움을 요청할 때까지 기다리지 않고 더욱 일관되게 교감하는 것을 통해 도울 수 있다. 이러한 일들은 우리가 개인적으로나 커플로서나 함께할 수 있는 것들이다.

회피성 애착

회피성 애착 유형은 불안정 애착 유형과 거의 반대로 나타날 수 있다. 친밀함과 친밀감은 여전히 관계에 대한 인간의 필요에도 불구하고 위협적이고 불안하게 느껴질 수 있다. 자립은 안전하다고 느끼며 관계를 유지하기에 충분하지만, 그러한 관계 속에서 불편함과 취약함, 두려움을 경험하고 감정적으로 폐쇄되며 친밀감이나 대립을 피하고 싶은 충동과 씨름한다.

이러한 행동들은 종종 사랑이나 보살핌이 부족한 것으로 오인될 수 있다. 하지만 이는 한때 개인마다 그럴 만한 이유가 있던 것으로 이해될 수 있다. 회피성 애착 유형은 부모가 육체적으로나 감정적으로 연결되지 못하고 자신의 요구에 응할 수 없던 어린 시절을 경험했을지 모른다. 의존성이 거부로 이어졌거나 양육자가 응답하지 않았을 수 있다.

회피성 애착 유형의 사람들은 교감을 원하지 않거나 필요로 하지 않는다는 잘못된 인식이 있다. 회피성 애착 유형은 다른 사람들과 똑같은 인간이지만, 훨씬 더 일찍부터 자신을 보호하기 위해 세운 보호 가드를 쓰러뜨리기 위한 투쟁에서 깊은 교감을 놓치고 있다. 불안정 애착이 있는 사람은 자립의 취약성을 견디기 위해 노력해야 하는 반면, 회피성 애착이 있는 사람은 긴밀한 관계에 마음을 여는 일과 관련한 취약성에 대한 내성을 키워야 한다. 상대는 왜 친밀감이 불안하고 불편한 감정을 일으키는지 이해하고 점차 친밀감을 키우기 위해 그들 곁에서 함께 일하며 도울 수 있다.

안정 애착

부모가 자녀의 정서적, 육체적 요구에 안정적으로 반응해 줄 수 있을 때, 아이는 자신의 감정이 전달되고 응답받을 수 있다는 사실을 시간이 지남에 따라 배울 수 있다. 아이는 자신의 욕구를 표현하는 것이 안전하다고 느끼고 그러한 필요를 충족시키기 위해 세상에 나갈 수 있음을 배운다. 이는 양육이 완벽했다는 것을 의미하지는 않지만, 그 안전 기지를 만들어두기에 충분했으며 실수가 발생했을 때 복구되어 신뢰가 지속되도록 했다.

안전하게 애착이 형성된 아이는 울기 전에 모든 욕구가 예상되어 항상 행복하지만은 않다. 이들은 부모가 떠날 때 자신의 고통스러운 마음을 표현할 만큼 충분히 안전하다고 느낄 테지만, 다시 만났을 때 교감했던 감정이 되살아날 것이다. 안정 애착 유형은 성인이 될 때까지 친밀감을 즐기고 자신의 욕구와 감정을 표현할 수 있으며, 동시에 어느 정도 자립할 수 있는 능력을 유지할 것이다.

안정 애착은 성인이 되어 건강한 관계를 꾸려나가기 위한 견고한 기반이 되지만 이상적인 관계 선택이나 행동을 보장하지는 않는다. 안정 애착 유형의 사람은 다른 애착 유형을 가진 사람과의 관계를 탐색하며 어린 시절 다른 경험을 한 상대를 이해하고 연민을 보이도록 노력함으로써 관계를 개선할 수 있다.

혼란 애착

부모가 신뢰할 수 있고 일관된 보살핌과 정서적 지지를 제공할 수 없거나 그 관계가 학대적인 경우, 이러한 종류의 상호작용은 혼란 애착을 유발할 수 있다. 어린 시절에는 뒤섞인 경험이 혼란스럽고 방향감각을 잃어버리게 하기 때문에 양육자에 대한 회피적이거나 저항적인 반응으로 비칠 수 있다. 안전을 위해 필요한 사람도 무섭고 위험할 수 있다. 이러한 애착 유형은 나중에 성인이 되어서도 감정을 다루는 데 어려움을 느끼며 스트레스에 대한 반응으로 분리에 대한 취약성, 버림받는 일에 대한 극심한 두려움과 관계에 대한 어려움으로 나타날 수 있다.

다른 애착 유형과 마찬가지로 혼란 애착 또한 도움을 받으면 변할 수 있다. 친밀감과 교감에 대한 취약성, 분리에 대한 두려움을 모두 관리할 수 있는 능력을 키우기 위해 해야 할 일이 있을지 모른다.

어렸을 때 경험한 것들이 성인의 인간관계에서 우리 자신을 표현하는 방식에 매우 강력한 영향을 미칠 수 있지만 반드시 평생 가져가는 것일 필요는 없다. 우리 자신 및 자신과 가장 가까운 사람들에 대해 아는 것은 관계의 일이다. 자신의 관계 유형뿐 아니라 관계를 맺고 있는 이들의 유형을 인식하고 이해하는 일은 관계를 개선하기 위해 거쳐야 할 중요한 단계이다. 이는 타인의 행동을 개인화하는 것에서 한발 물러설 수 있도록 하고 두 사람 모두의 삶을 향상시키는 친밀하고 신뢰할 수 있는 관계를 구축하는 데 도움이 되는 의식적인 선택을 할 기회를 늘린다.

그렇다면 이것을 어떻게 실행에 옮길 수 있을까? 오늘 우리의 관계를 개선하기 위해 할 수 있는 일은 무엇일까? 대부분의 경우와 마찬가지로 빠른 해결책은 없다. 오래 지속되는 일을 만드는 것은 모든 것을 잘되게 하는 하나의 거창한 제스처가 아니다. 그것은 겉보기에 사소한 일상의 선택들을 의식적이고 의도적으로 만드는 것이다. 신뢰와 일관성을 가지고 자신의 가치관을 향해 나아가는 것이다. 일상의 행동이 반응이 아닌 의도에 의해 이끌어지도록 하는 방법은 때로는 뒤로 물러나 전체 그림이 어떻게 보이기를 원하는지 되돌아보는 것이다.

관계 연구 전문가 존 가트맨과 낸 실버는 남성과 여성 모두가 관계에 얼마나 만족감을 느끼는지를 결정하는 가장 중요한 요소는 우정의 질이라고 제안한다(1999). 따라서 우정을 발전시키는 방법과 더 좋은 친구가 되기 위해 필요한 일에 집중하는 것은 좋은 생각이다.

우리가 우정의 질을 향상시키고자 한다면 주기적으로 함께 있는 것을 즐기고 상호 연민을 유지하고 서로를 존중할 수 있도록 애쓰며, 서로에 대해 아주 세세한 부분까지 알아가고 일상에서 고마움과 배려를 표현하는 방법을 찾음으로써 그 목표를 실현할 수 있을 것이다. 우리 인생을 친밀함과 우정을 돈독하게 해주는 경험으로 더 많이 채워나갈수록 의견 충돌과 스트레스를 주는 삶의 사건들, 상실 등의 형태로 오는 불가피한 장애물들로부터 그 관계를 보호받게 될 것이다. 서로 협력하는 연습을 하고 서로에 대한 깊은 존중과 감사를 쌓아간다면 오르락내리락하는 인생의 파고를 타는 일이 훨씬 수월해진다.

관계 맺기

이 책에서는 무감각한 감정과 회피의 위험성에 대해 많이 다루고 있다. 연인 관계든 친구 관계든 가족 관계든 상관없이, 모든 관계는 본질적으로 감정으로 엮여 있다. 우리 인간은 상호작용을 할 때 서로에게 무언가를 느끼게 한다. 사랑하는 사람의 몇 마디는 우리의 이성을 흐리게 하거나 무릎을 꿇게 할 수 있다. 감정이 고조되면 한발 물러나거나 발을 빼게 되기 마련이다. 그렇게 하면 두 사람 사이에는 단절이 생긴다. 그럼에도 부부 치료 전문가와 연구 논문은 서로에게 의지하는 것이 신뢰할 수 있는 깊은 관계를 형성하기 위한 기초라고 말할 것이다(가트맨과 실버, 1999).

자기 자신과 자신의 감정, 그리고 사랑하는 사람과의 단절은 인간관계와 정신 건강에 부정적인 결과를 가져온다(하리Hari, 2018). 그러나 우리는 취약한 순간으로부터 도피하도록 유혹하는 것들에 둘러싸여 있다. 끝없는 소셜미디어 스크롤에 무감각해지거나 일에 몰두하느라 너무 바빠서 멈출 수 없기도 한다. 또는 외부 세계가 그렇게 할 것이라고 말하는 것에 따라 스스로를 더 나아지게 만드는 데 집착하느라 우리가 맺고 있는 관계를 외면한다. 완벽에 가까운 무언가를 보이려고 노력하거나 부富가 있는 곳에 더 가까이 가려고 애쓴다. 그 어느 것도 관계가 제대로 유지되는 데 진정으로 필요한 것은 아니다.

그럼 어떤 것이 효과가 있을까? 의미 있고 오래 지속되는 관계를 구축하는 방법에 대해 전문가들은 다음과 같이 이야기한다.

- **자기 인식** 타인이 필요로 하거나 생각하거나 느끼는 것에 항상 접근할 수 있는 것은 아니기 때문에 관계가 어렵다. 하지만 우리 자신의 안에는 접근할 수 있다. 관계를 개선하는 데 가장 효과적인 방법은 자신과의 관계에서 출발

하는 것이다. 자기 비난과 자기 공격으로 점철된 자신과의 십자군 전쟁이 아닌, 호기심과 연민을 가지고 우리가 갇힌 듯 보이는 주기와 우리를 취약하게 하는 요인을 이해하는 것. 이를 통해 그러한 나쁜 주기를 끊는 방법을 찾아낼 수 있다. 우리와 관계를 맺은 상대가 항상 이런 식으로 자기반성을 하는 사람이라고 보장할 수는 없다. 하지만 우리 자신의 행동에 변화를 주기 시작하면 상대도 다르게 반응하도록 유도할 수 있다. 자신이 변화하면서 다른 사람도 바뀌기를 기대하라는 의미는 아니다. 그 관계에서 자신이 어떤 사람이 되고 싶은지, 어떻게 행동할 것이고 관계에 어떤 것을 가져오고 싶은지, 자신의 경계는 어디이며 그 이유는 무엇인지에 초점을 맞춰야 한다는 뜻이다.

• **감정의 반응성** 관계에 문제가 생겼을 때 우리가 느끼는 큰 감정은 비이성적이지 않다. 우리의 생존을 돕는 일을 하는 뇌에게 안전한 정서적 연결은 최우선 과제이다. 소리치고 비명을 지르고 울고 물러나고 침묵할 때, 우리는 모두 같은 것을 다른 방식으로 묻고 있는 것이다. 그 물음은 다음과 같다. '당신은 내 곁에 있는가? 내 곁에 남아줄 수 있을 만큼 내가 당신에게 중요한 존재인가? 나에게 당신이 가장 필요하다면, 당신은 무엇을 할 것인가?' 앞서

다른 애착 유형들은 우리가 그러한 질문들을 다른 방식으로 건넨 것이다. 정서적 연결이 끊겼음을 감지하면, 우리 뇌는 투쟁 도피 경보를 울릴 태세를 갖추고, 우리가 다시 안전하다고 느끼기 위한 모든 일에 착수한다. 공격을 하는 이들이 있는가 하면, 물러서서 숨거나 감정의 셔터를 내리고 자신이 신경 쓴다는 사실을 절대 알리지 않는 이들도 있다. 일단 공격하고 떠나는 악순환 속으로 들어가면, 다시 하나로 돌아가는 일이 거의 불가능하게 느껴진다. 단절이 고통을 초래해 왔음에도 말이다. 임상심리학과 교수이자 정서 중심적 부부 치료Emotionally Focused Couples Therapy, EFT 전문가인 수 존슨은 자신의 책 『날 꼬옥 안아 줘요Hold Me Tight』에서 다시 연결되지 않으면 우리는 계속 고립감과 거리감을 느끼게 될 것이라고 말한다. 되돌아가는 유일한 방법은 감정적으로 가까이 다가가 상대를 안심시키는 것이다. 존슨 박사는 한쪽에서는 감정적 반응을 얻기 위해 상대를 미친 듯이 비난하거나 공격하는 것일지 몰라도, 그 상대는 그것을 둘의 관계가 파국으로 가고 있다는 메시지로 받아들이고 얼어붙거나 더 멀리 후퇴할 가능성이 높다고 지적한다. 이를 해결하기 위해 우리는 관계를 형성하기 위한 상대의 노력과 애착 요구에 귀기울이는 연습을 할 수 있다. 감정에 압도되었을 때는 말처럼 행동이 쉽지 않기 때문에 불가피하게 자기 진정 및 자신의 괴로움을 스스로 관리하는 일이 필요하다. 두 번째로 애착 신호에 민감하고 친절하며 연민의 마음으로 반응하여 상대가 나에게 중요한 존재라는 것을 알리는 일을 포함한다. 이렇게 하는 동안 우리는 멀어지기보다는 계속 관여하고 가까이 있으면서 주의를 기울이는 것이 중요하다(존슨, 2008).

- **정중한 항의** 대부분의 사람들은 어떤 유형의 피드백이 메시지를 받아들이고 배우는 데 도움이 되는지, 어떤 유형의 피드백이 자신을 수치심의 소용돌이로 몰아넣는지 알고 있다. 책임론을 펼치면 아무도 이기지 못한다. 건강한 관계의 구축은 상대의 기분을 맞추기 위해 자신의 필요를 내려놓는 것이 아니라 좌절과 문제 상황과 씨름할 때 자신이 받기를 원하는 연민과 보살핌을 상대에게 주는 데 있다.
  건강한 관계라고 갈등이 없는 것은 아니다. 연결 부위에 생긴 파열을 주의 깊게 수리하는 작업이 필요하다. 특정 갈등마다 품고 있는 세세한 사정이 무엇이든 간에 각각의 개인은 사랑과 소속감을 느끼고자 하는 동일한 기본 욕구와 자신이 하는 실수 또는 도움이 되지 않는 행동 유형과 별개로 자신의 모습 그대로 받아들여지고 싶다는 수용감을 계속 가지고 있다. 자기반성과 기분 전환을 가능케 하는 탄탄한 기반을 만드는 치료의 근본적인 측면 중

하나는, 수용과 판단하지 않음 그리고 무조건적인 긍정적 인식이 있는 관계를 맺는 것이다. 공격당하거나 버림받았다고 느낄 때, 부끄럽거나 인정받지 못했다고 느낄 때, 우리는 앞으로 나아갈 가장 좋은 방법이 무엇인지 명확하게 생각할 수 있는 위치에 있지 않다. 우리는 생존 모드에 있다. 어려운 대화를 풀어나갈 때 이 대화에 어떻게 접근할지에 대해 신중히 생각하고 준비하는 것은 좌절감이 일련의 비판과 경멸의 길로 이끌게 두는 것보다 더 순조롭게 진행될 가능성이 높다. 성격에 대해 퍼붓는 막연한 공격보다는 구체적인 행동에 대해 말로 전달하는 일에 초점을 맞추는 편이 모두가 냉정을 잃지 않도록 하는 데 도움이 된다. 자신의 감정과 필요를 명확히 하는 것은 앞일을 알 수 없어 짐작해야 하는 상황을 피하는 데 도움이 되며, 입장이 바뀌었을 때 내가 받기를 원하는 감사와 존중을 유지하는 것은 좋은 출발점이다. 물론 이 중 어느 것도 쉬운 일은 없다. 특히 감정이 고조되어 있을 때는 더 그렇다. 그래서 우리는 스스로 어떤 상대가 되고 싶은지에 대한 개인의 가치관으로 끊임없이 돌아가야 한다.

• **관계 바로잡기** 관계를 바로잡는 일에서 가장 우선시되는 것은 재접속이다. 이는 일어난 일에 대한 각자의 역할 인정과 두 개인 간의 타협 및 조정을 필연적으로 포함한다. 또한

재접속은 처음 연결고리를 만든 요소, 즉 서로에 대한 수용, 연민, 사랑과 감사를 필요로 한다. 감정이 고조되어 있는 상황에서 이러한 요소에 접근하는 것은 거의 불가능하므로, 당장 해내려고 할 필요는 없다. 좀 더 능숙한 방식으로 다시 접근하기 전에 잠시 뒤로 물러나 진정함으로써 피해를 최소화하는 것이 좋다. 이런 말은 전부 이상적이고, 실제 인생은 늘 그런 식으로 흘러가지 않는다. 오래된 습관은 고치기가 꽤 어렵다. 그러나 관계 완벽주의자가 되어봐야 아무 소용이 없다. 우리는 가끔 틀릴 수 있다. 열쇠는 끈기와 한발 물러서서 재평가하고 문제가 생겼을 때 최선을 다해 바로잡으리라 약속하는 마음에 있다. 충분히 반복된 것은 모두 제2의 천성이 되기 마련이다.

• **고마움으로 시선 돌리기** 이전 장에서는 관심의 초점을 고마움으로 전환하는 일의 가치에 대해 이야기했다. 바쁜 일상 속에서 상대가 나서서 무언가를 바꿔주기를 바랄 때 또는 상대가 우리에게 좌절감을 안겨줄 때, 상대에게 가장 많은 주의를 기울이는 양상에 빠지기 쉽다. 우리가 상대를 좋게 생각하고 감사하는 면에 집중하기 위해 의식적인 결정을 내리는 것은 비교적 간단한 일로, 우리 자신의 감정 상태뿐 아니라 상대를 대하는 행동 방식에도 변화를 줄 수 있다.

- **의미 및 가치관 공유** 우리가 다른 사람과 함께 인생을 보내기로 선택한다면 가치관을 확인하고 더 큰 그림을 보기 위해 한발 물러서는 것은 나 혼자만의 일이 될 수 없다. 우리의 개인적 가치관이 일치하고 상대의 가치관과 겹치는 지점을 찾아내고 서로 다른 부분을 존중하는 것은 삶의 도전을 이겨낼 수 있는 관계를 위한 열쇠이다. 이는 관계 안에서 두 사람이 서로 어떻게 보살피고 보살핌을 받고 싶은지, 의견을 주고받고, 지지하고 지지받기를 원하는지에서부터 시작될 수 있다. 또한 개인의 목표와 함께하는 삶을 위한 공통된 꿈까지 고려하도록 확장될 수도 있다. 우리가 속한 관계와 가정생활의 여러 측면 중 두 사람 모두에게 신성한 영역이 있을 수 있는 한편, 상대에게 얼마나 중요한 의미가 있는지 알기 때문에 다른 사람의 가치관을 인정해 주는 측면도 있을 것이다. 예를 들어, 별로 좋아하지 않는 친척이 오는 반려자의 가족 모임에 함께 참석하는 것은 내가 그를 지지해 주기 위해 거기 있다는 것 자체가 상대에게 얼마나 큰 의미일지를 알기 때문이다. 이전 장에서 설명했듯이 자신에게 가장 중요한 것이 무엇인지 명확하게 파악하는 것은 앞으로 어떻게 나아가야 할지 확신이 들지 않을 때 나침반이자 안내자 역할을 한다. 관계를 맺고 있는 상황에서 상대에게 가장 중요한 것이 무엇인지 이해하는 시간을 갖는 것은 관계를 더

욱 돈독히 하고 두 사람 모두 성장하고 번영할 수 있는 관계로 거듭나게 하는 데 도움이 된다.

도구 상자
어떤 동반자가 되고 싶은지 명확히 하기

다음의 일기 주제 목록은 부부가 공유하는 가치를 탐색하는 데 도움이 될 수 있다. 이 목록을 사용해 인생의 모든 관계를 되돌아볼 수 있다. 타인에게 변화를 강요할 수 없기 때문에 개인으로서 우리가 할 수 있는 일을 이해하고 식별하는 데 중점을 둔다.

- 이 장에서 언급된 애착 유형 중 나는 어디에 속하는가?
- 그러한 애착 유형이 관계에서 어떤 식으로 나타나는가?
- 과거 경험이 낳은 의도하지 않은 결과에 대해 연민을 표현하는 동시에 미래에 대한 책임을 지는 방법은 무엇인가?
- 반려자와, 반려자와의 관계의 어떤 측면에 고마움을 느끼는가?
- 그 관계에서 나는 어떤 반려자가 되고 싶은가?
- 그 방향으로 나아가는 데 도움이 될 수 있는 작은 변화는 무엇인가?

- 행복한 삶에 관한 한, 인간관계는 돈, 명성, 사회적 지위를 비롯해 그 밖에 노력해서 얻으라고 이야기하는 모든 것을 능가한다.
- 우리가 맺고 있는 관계와 그 안에서 느끼는 행복은 전반적인 건강과 별개가 아니다. 이들은 방정식의 핵심이다.
- 자아에 대한 노력은 관계에 도움이 되고, 관계에 대한 노력은 자아에 도움이 된다.
- 어린 시절의 애착 유형은 종종 성인이 되어 맺는 인간관계에 반영될 수 있다.

36장

언제 도움을
구해야 할까?

줄리 박사님께

영상 잘 보았습니다. 치료를 시작하는 계기가 되었어요.

지금까지는 아주 잘 진행되고 있고 상황이 좋아지기 시작했어요.

고맙습니다.

정신 건강에 관해 이야기하는 것이 왜 중요한지 궁금해하는 사람이 있다면 여기 한 가지 이유가 있다. 온라인 정신 건강 교육을 시작한 첫 해에 위와 같은 메시지를 셀 수도 없이 많이 받았다. 사용한 단어들은 각각 다르고 사연은 고유하다. 그러나 거기 담긴 메시지는 똑같다. 나뿐이 아니다. 인터넷에서 사람들은 정신 건강과 치료에 대해 이야기하고 있다. 이는 개인 차원에서 우리가 할 수 있는 일이다.

정신 건강이 불안정하면 결정을 내리고 행동을 취하는 것이 훨씬 더 어려울 수 있다. 따라서 필요한 도움을 구하는 것이 더 어려워진다. 그리고 언제 전문가를 만나야 하는지 알려주는 일련의 규칙도 없다.

언제 정신 건강에 대한 전문적인 도움을 구해야 하는지는 내가 자주 받는 질문이다. 이 질문에 간단히 대답하자면 '정신 건강이 걱정될 때'이다.

세계의 많은 사람들이 전문적인 정신 건강 지원을 받는 데 큰 장벽을 마주하고 있다. 수많은 이들이 문화적 금기와 값비싼 서비스부터 가용성과 자원에 이르기까지 자신에게 도움이 될 수 있는 서비스에 접근하는 것을 힘들게 하는 매우 현실적인 장애물을 앞에 두고 있다. 각각의 장애물을 극복하는 것은 사회가 직면해야 할 거대한 도전이다. 개인의 차원에서 서비스를 이용할 수 있는 기회를 충분히 가지고 있고 어떤 식으로든 자신의 정신 건강이 걱정된다면, 그 조치를 취하는 것이 인생을 바꿀 수 있다. 전문가를 방문하여 대화를 시작하는 것만으로도 자신 앞에 놓인 선택지를 탐색할 수 있다.

치료에 대해 이야기하기 위해 찾아온 이들로부터 종종 듣는 말은 자신은 치료를 받을 자격이 안 된다고 느낀다는 것이다. 다른 사람들은 더 심하게 앓고 있을 거라고 생각한다. 그래서 그들은 한계점까지 기다리다가 치료를 시작한다. 그 무렵에는 넘어야 할 언덕이 산이 되어 있다. 도움을 청하기 전에 임종 직전까지 기다리는 것은 신체적으로나 정신적으로나 건강을 유지하는 데 결코 좋은 전략이 아니다. 항상 더 심각한 상황에 있는 사람이 있다는 것은 사실이다. 하지만 어려움을 겪는 과정에서 전문적인 도움을 받을 기회가 주어진다면, 우리의 정신 건강은 그에 대해 감사할 것이고 현재 머리로 이해하는 것을 뛰어넘을 정도로 인생이 바뀔 수 있다. 정말이다. 내 눈으로 직접 목격했다. 절망의 구렁텅이에서 스스로 빠져나오고 벼랑 끝에서 물러나 인생을 완전히 바꾸는 일을 시작하는 사람들을 보았다. 그런 일은 일어나며, 우리 자신에게도 일어날 수 있다. 하루아침에 또는 일주일 만에 일어나지는 않는다. 그러나 우리가 건강을 위해, 만들어가고 싶은 삶을 위해 헌신하는 수많은 날과 주가 모여 그런 일이 일어날 수 있다.

전문가의 도움을 받을 수 있는 방법이 없을 때, 우리는 그 어느 때보다도 서로가 필요하다. 인터넷은 많은 교육 자원에 더 쉽게 접근할 수 있게 해주었고 정신 건강에 대한 세계적 차원의 대화의 물꼬를 터주었다. 고군분투하며 외로움을 느꼈던 사람들은 신체 건강과 마찬가지로 정신 건강에 오는 파동 또한 인간으로서 겪는 정상적인 삶의 일부임을 이해하기 시작한다.

회복과 치유, 성장에 대한 이야기가 전해지고 있다. 희망의 씨앗이 뿌려지고 있다. 정신 건강이 완전히 우리 손을 벗어나 있는 문제는 아니라는 메시지가 들리기 시작하고 있다. 우리는 우리를 무너뜨리는 감정 상태에 좌우되지 않는다. 우리가 배울 수 있는 것, 우리 자신의 건강을 책임지기 위해 만들어갈 수 있는 변화들이 있다. 그것은 우리 앞에 주어진 이용 가능한 모든 것을 배우고, 시도하고, 실수하고, 다시 시도하고, 조금 더 배우고, 계속하기 위해 열심히 노력하는 것을 포함한다.

이상적인 세상에서는 치료가 필요한 사람이라면 누구나 필요할 때 효과가 있는 모든 치료법에 접근할 수 있다. 하지만 우리가 그런 이상적인 세상에 살고 있지 않다. 따라서 전문적인 서비스를 이용할 수 없다면 가능한 모든 기회를 활용하여 배우고 신뢰할 수 있는 사람들과 공유하라. 인간관계와 교육은 정신 건강에 큰 변화를 가져올 수 있다.

- 정신 건강을 위한 도움을 구할 수 있는 가장 좋은 시기는 정신 건강이 걱정될 때이다.

- 어느 정도의 도움이 필요한지 판단이 서지 않는다면 전문가가 결정을 도와줄 수 있다.

- 이상적인 세상에서는 누구나 치료 서비스를 이용할 수 있을 것이다. 하지만 우리는 그런 이상적인 세상에 살고 있지 않다.

- 치료 서비스를 이용할 수 없는 상황이라면 모든 기회를 활용하여 회복에 관한 모든 것을 배우고, 신뢰하고 사랑하는 이의 도움을 받도록 하라.

참고 문헌

1부 어둠에 관하여

Beck, A.T., Rush, A.J., Shaw, B.F. & Emery, G. (1979), *Cognitive Therapy of Depression*, New York: Wiley.

Breznitz, S., & Hemingway, C. (2012), *Maximum Brainpower: Challenging the Brain for Health and Wisdom*, New York: Ballantine Books.

Brown, S., Martinez, M. J., & Parsons, L. M. (2004), 'Passive music listening spontaneously engages limbic and paralimbic systems', *Neuroreport, 15*(13): 2033-2037.

Clark, I., & Nicholls, H. (2017), *Third Wave CBT Integration for individuals and teams: Comprehend, cope and connect*, London: Routledge.

Colcombe, S., & Kramer, A.F. (2003). 'Fitness effects on the cognitive function of older adults. A meta-analytic study', *Psychological Science, 14*(2): 125-130.

Cregg, D.R., Cheavens, J.S., 'Gratitude Interventions: Effective Self-help? A Meta-analysis of the Impact on Symptoms of Depression and Anxiety', *Journal of Happiness Studies* (2020), https://doi.org/10.1007/s10902-020-00236-6

DiSalvo, D. (2013), *Brain Changer: How Harnessing Your Brain's Power* to *Adapt Can Change Your Life*, Dallas: Benbella Books.

Feldman Barrett, L. (2017), *How Emotions Are Made. The Secret Life of The Brain*, London: Pan Macmillan.

Gilbert, P. (1997), *Overcoming Depression: A self-help guide to using Cognitive Behavioural Techniques*, London: Robinson.

Greenberger, D., & Padesky, C.A. (2016), *Mind over Mood, 2nd Edition*, New York: Guilford Press.

Inagaki, Tristen, K., & Eisenberger Naomi I (2012), 'Neural Correlates of Giving Support to a Loved One', *Psychosomatic Medicine*, 74(1). 3-7.

Jacka, F.N. (2019). *Brain Changer.* London: Yellow Kite.

Jacka, F.N., et al (2017), 'A randomized controlled trial of dietary improvement for adults with major depression (the 'SMILES' trial)', *BMC Medicine*, 15(1), 23.

Josefsson, T., Lindwall, M. & Archer, T. (2013), 'Physical Exercise Intervention in Depressive Disorders: Meta Analysis and Systemic Review', *Medicine and Science in Sports*, 24(2), 259-272.

Joseph, N.T., Myers, H.F., et al. (2011), 'Support and undermining in interpersonal relationships are associated with symptom improvement in a trial of antidepressant medication', *Psychiatry*, 74(3): 240-254

Kim, W., Lim, S.K., Chung, E.J., & Woo, J.M. (2009), 'The Effect of Cognitive Behavior Therapy-Based Psychotherapy Applied in a Forest Environment on Physiological Changes and Remission of Major Depressive Disorder', *Psychiatry Investigation*, 6(4), 245-254.

McGonigal, K. (2019), *The Joy of Movement*, Canada: Avery.

Mura, G., Moro, M.F., Patten, S.B., & Carta, M.G. (2014), 'Exercise as an Add-On Strategy for the Treatment of Major Depressive Disorder: A Systematic Review', *CNS Spectrums*, 19 (6), 496-508.

Nakahara, H., Furuya, S., et al. (2009), 'Emotion-related changes in heart rate and its variability during performance and perception of music',

Annals of the New York Academy of Sciences, 1169: 359-362.

Olsen, C.M. (2011), 'Natural Rewards, Neuroplasticity, and Non-Drug Addictions', *Neuropharmacology, 61*(7). 1109-1122.

Petruzzello, S.J., Landers, D.M., et al. (1991), 'A meta-analysis on the anxiety-reducing effects of acute and chronic exercise. Outcomes and mechanisms', *Sports Medicine, 11*(3): 143-182.

Raichlen, D.A., Foster, A.D., Seillier, A., Giuffrida, A. & Gerdeman, G.L. (2013), 'Exercise-Induced Endocannabinoid Signaling Is Modulated by Intensity', *European Journal of Applied Physiology, 113*(4), 869-875.

Sanchez-Villegas, A., et al. (2013), 'Mediterranean dietary pattern and depression: the PREDIMED randomized trial', *BMC Medicine, 11*, 208.

Schuch, F.B., Vancampfort, D., Richards, J., et al. (2016), 'Exercise as a treatment for depression: A Meta-Analysis Adjusting for Publication Bias', *Journal of Psychiatric Research, 77*, 24-51.

Singh, N.A., Clements, K.M., Fiatrone, M.A. (1997), 'A Randomized Controlled Trial of the Effect of Exercise on Sleep. *Sleep*', *20* (2) 95-101.

Tops, M., Riese, H., et al. (2008), 'Rejection sensitivity relates to hypocortisolism and depressed mood state in young women', *Psychoneuroendocrinology, 33*(5), 551-559.

Waldinger, R., Schulz, M.S. (2010), 'What's Love Got to Do With It?: Social Functioning, Perceived Health, and Daily Happiness in married Octogenarians', *Psychology and Aging, 25* (2), 422-431.

Wang, J., Mann, F., Lloyd-Evans, B., *et al.* (2018), 'Associations between loneliness and perceived social support and outcomes of mental health problems: a systematic review', *BMC Psychiatry*, 18, 156.

Watkins, E.R., & Roberts, H. (2020), 'Reflecting on rumination:

Consequences, causes, mechanisms and treatment of rumination',
Behaviour, Research and Therapy, 127.

2부 동기부여에 관하여

Barton, J., & Pretty., J. (2010), 'What is the Best Dose of Nature and Green Exercise for Improving Mental Health? A Multi-Study Analysis', *Environmental Science & Technology*, 44, 3947-3955.

Crede, M., Tynan, M., & Harms, P. (2017), 'Much ado about grit: A meta-analytic synthesis of the grit literature', *Journal of Personality and Social Psychology, 113* (3), 492-511.

Duckworth, A.L., Peterson, C., Matthews, M.D., & Kelly, D.R. (2007), 'Grit: Perseverance and passion for long-term goals', *Journal of Personality and Social Psychology, 92* (6), 1087-1101.

Duhigg, C. (2012), *The Power of habit; Why we do what we do and how to change*, London: Random House Books.

Gilbert, P., McEwan, K., Matos, M., & Rivis, A. (2010), 'Fears of Compassion: Development of Three Self-Report Measures', *Psychology and Psychotherapy, 84* (3), 239-255.

Huberman, A. (2021), Professor Andrew Huberman describes the biological signature of short-term internal rewards on his podcast and YouTube channel, The Huberman Lab.

Lieberman, D.Z., & Long, M. (2019), *The Molecule of More*. BenBella Books: Dallas.

Linehan, M. (1993), *Cognitive-Behavioral Treatment of Borderline Personality Disorder*, Guildford Press: London.

McGonigal, K. (2012), *The Willpower Instinct*, Avery: London.

Oaten, M., & Cheng, K. (2006), 'Longitudinal Gains in Self-Regulation from Regular Physical Exercise', *British Journal of Health Psychology*, *11*, 717-733.

Peters, J., & Buchel, C. (2010), 'Episodic Future Thinking Reduces Reward Delay Discounting Through an Enhancement of Prefrontal-Mediotemporal Interactions', *Neuron, 66*. 138-148.

Rensburg, J.V., Taylor, K.A., & Hodgson, T. (2009), 'The Effects of Acute Exercise on Attentional Bias Towards Smoking-Related Stimuli During Temporary Abstinence from Smoking', *Addiction, 104*, 1910-1917.

Wohl, M.J.A., Psychyl, T.A., & Bennett, S.H. (2010), 'I Forgive Myself, Now I Can Study: How Self-forgiveness for Procrastinating Can Reduce Future Procrastination', *Personality and Individual Differences, 48*, 803-808.

3부 감정적 고통에 관하여

Feldman Barrett, L. (2017), *How Emotions Are Made. The Secret Life of The Brain*, London: Pan Macmillan.

Inagaki, Tristen, K., & Eisenberger, Naomi I. (2012), 'Neural Correlates of Giving Support to a Loved One', *Psychosomatic Madicine*, 74(1), 3-7.

Kashdan, T.B., Feldman Barrett, L., & McKnight, P.E. (2015), 'Unpacking Emotion Differentiation: Transforming Unpleasant Experience By Perceiving Distinctions in Negativity', *Current Directions In Psychological Science, 24* (1), 10-16.

Linehan, M. (1993), *Cognitive-Behavioral Treatment of Borderline Personality Disorder*, London: Guildford Press.

Starr, L. R., Hershenberg, R., Shaw, Z. A., Li, Y. I., & Santee, A. C. (2020), 'The perils of murky emotions: Emotion differentiation moderates the prospective relationship between naturalistic stress exposure and adolescent depression', *Emotion*, *20*(6), 927–938. https://doi. org/10.1037/emo0000630

Willcox, G. (1982), 'The Feeling Wheel', *Transactional Analysis Journal*, *12* (4), 274-276.

4부 상실의 슬픔에 관하여

Bushman, B.J. (2002), 'Does Venting Anger Feed or Extinguish the Flame? Catharsis, Rumination, Distraction, Anger, and Aggressive Responding', *Personality and Social Psychology Bulletin*, *28* (6), 724-731.

Kubler-Ross, E. (1969), *On Death and Dying*, New York: Collier Books.

Rando, T. A. (1993), *Treatment of complicated mourning*, USA: Research Press.

Samuel, J. (2017), *Grief Works. Stories of Life, Death and Surviving*, London: Penguin Life.

Stroebe, M.S. & Schut, H.A. (1999), 'The Dual Process Model of Coping with Bereavement: Rationale and Description', *Death Studies*, *23*(3), 197-224.

Worden, J. W., & Winokuer, H. R. (2011). 'A task-based approach for counseling the bereaved.' In R. A. Neimeyer, D. L. Harris, H. R. Winokuer, & G. F. Thornton (eds.), *Series in Death, Dying and Bereavement. Grief and bereavement in contemporary society: Bridging research and practice*, Abingdon: Routledge/Taylor & Francis Group.

Zisook, S., & Lyons, L. (1990), 'Bereavement and Unresolved Grief in Psychiatric Outpatients', *Journal of Death and Dying*, *20* (4), 307-322.

5부 자기 회의에 관하여

Baumeister, R.F., Campbell, J.D., Krueger, J.I., & Vohs, K.D. (2003), 'Does High Self-esteem Cause Better Performance, Interpersonal Success, Happiness, or Healthier Lifestyles?', *Psychological Science in the Public Interest*, *4* (1), 1-44.

Clark, D. M., & Wells, A. (1995), 'A cognitive model of social phobia'. In R. R. G. Heimberg, M. Liebowitz, D. A. Hope & S. Scheier (eds.), *Social phobia: Diagnosis, Assessment and Treatment*, New York: Guilford Press.

Cooley, Charles H. (1902). *Human Nature and the Social Order*, New York: Scribner's, 183-184 for first use of the term 'looking glass self'.

Gilovich, T., Savitsky, K., & Medvec, V.H. (2000), 'The spotlight effect in social judgment: An egocentric bias in estimates of the salience of one's own actions and appearance', *Journal of Personality and Social Psychology*, *78* (2), 211-222.

Gruenewald, T.L., Kemeny, M.E., Aziz, N., & Fahey, J.L. (2004), 'Acute threat to the social self: Shame, social self-esteem, and cortisol activity', *Psychosomatic Medicine*, *66*, 915-924.

Harris, R. (2010), *The Confidence Gap: From Fear to Freedom*. London: Hachette.

Inagaki, T.K., & Eisenberger, N.I. (2012), 'Neural Correlates of Giving Support to a Loved One', *Psychosomatic Medicine*, *74*, 3-7.

Irons, C., & Beaumont, E. (2017), *The Compassionate Mind Workbook*, London: Robinson.

Lewis, M., & Ramsay, D.S. (2002), 'Cortisol response to embarrassment and shame', *Child Development*, *73*(4), 1034-1045.

Luckner, R.S., & Nadler, R.S. (1991), *Processing the Adventure Experience: Theory and Practice*, Dubuque: Kendall Hunt.

Neff, K.D., Hseih, Y., & Dejitthirat, K. (2005), 'Self-compassion, achievement goals, and coping with academic failure', *Self and Identity, 4*, 263-287.

Wood, J.V., Perunovic. W.Q., & Lee, J.W. (2009), 'Positive self-statements: Power for some, peril for others', *Psychological Science, 20* (7), 860-866.

6부 두려움에 관하여

Frank, V. E. (1984), *Man's Search for Meaning: An Introduction to Logotherapy*, New York: Simon & Schuster.

Gesser, G., Wong, P.T.P., & Reker, G.T. (1988), 'Death attitudes across the life span. The development and validation of the Death Attitude Profile (DAP)', *Omega, 2*, 113-128.

Hayes, S.C. (2005), *Get Out of Your Mind and Into Your Life: The New Acceptance and Commitment Therapy*, Oakland, CA: New Harbinger.

Iverach, L., Menzies, R.G., & Menzies, R.E. (2014), 'Death anxiety and its role in psychopathology: Reviewing the status of a transdiagnostic construct', *Clinical Psychology Review, 34*, 580-593.

Neimeyer, R.A. (2005), 'Grief, loss, and the quest for meaning', *Bereavement Care, 24* (2), 27-30.

Yalom. I. D. (2008), *Staring at the Sun. Being at peace with your own mortality*, London: Piatkus.

7부 스트레스에 관하여

Abelson, J.l., Erickson, T.M., Mayer, S.E., Crocker, J., Briggs, H., Lopez-Duran, N.L., & Liberzon I. (2014), 'Brief Cognitive Interviention

Can Modulate Neuroendocrine Stress Responses to the Trier Social Stress Test: Buffering Effects of Compassionate Goal Orientation', *Psychoneuroendocrinology 44*, 60-70.

Alred, D. (2016), *The Pressure Principle*. Penguin.

Amita, S., Prabhakar, S., Manoj, I., Harminder, S., & Pavan, T. (2009), 'Effect of yoga-Nidra on blood glucose level in diabetic patients', *Indian Journal of Physiology and Pharmacology, 53*(1), 97-101.

Borchardt, A. R., Patterson, S. M., & Seng, E. K. (2012), 'The effect of meditation on cortisol: A comparison of meditation techniques to a control group', Ohio University: Department of Experimental Health Psychology. Retrieved from http://www.irest.us/sites/default/files/Meditation%20on%20Cortisol%2012.pdf

Crocker, J.,Olivier, M., & Nuer, N. (2009), 'Self-image Goals and Compassionate Goals: Costs and Benefits', *Self and Identity, 8*, 251-269.

Feldman Barrett, L. (2017), *How Emotions Are Made. The Secret Life of The Brain*, London: Pan Macmillan.

Frederickson, L.B. (2003), 'The Value Of Positive Emotions', *American Society*, USA: Sigma.

Huberman (2021). Talks by Professor Andrew Huberman on his podcast The Huberman Lab can be accessed on YouTube.

Inagaki, T.K., & Eisenberger, N.I. (2012), 'Neural Correlates of Giving Support to a Loved One', *Psychosomatic Medicine, 74*, 3-7.

Jamieson, J.P., Crum, A.J., Goyer, P., Marotta, M.E., & Akinola, M. (2018), 'Optimizing Stress responses with reappraisal and mindset interventions: an integrated model', *Stress, Anxiety & Coping: An International Journal, 31*, 245-261.

Kristensen, T.S., Biarritz, M., Villadsen, E., & Christensen, K.B. (2005), 'The Copenhagen Burnout Inventory: A new tool for the assessment of burnout', *Work & Stress, 19* (3), 192-207.

Kumari, M., Shipley, M., Stafford, M. & Kivimaki, M. (2011), 'Association of diurnal patterns in salivary cortisol with all-cause and cardiovascular mortality: findings from the Whitehall II Study', *Journal of Clinical Endocrinology and Metabolism, 96*, (5), 1478-1485.

Maslach, C., Jackson, S.E., Leiter, M.P (1996), *Maslach Burnout Inventory.* (3rd ed), Palo Alto, CA: Consulting Psychologists Press.

McEwen, B.S. & Gianaros, P.J. (2010), 'Stress- and Allostasis- induced Brain Plasticity', *Annual Review of Medicine, 62*, 431-445.

McEwen, B.S. (2000), 'The Neurobiology of Stress: from serendipity to clinical relevance', *Brain Research, 886*, 172-189.

McGonigal, K. (2012), *The Willpower Instinct*, London: Avery.

Mogilner, C., Chance, Z., & Norton, M.I. (2012), 'Giving Time Gives You Time', *Psychological Science, 23* (10), 1233-1238.

Moszeik, E.N., von Oertzen, T. & Renner, K.H., 'Effectiveness of a short Yoga Nidra meditation on stress, sleep, and well-being in a large and diverse sample', *Current Psychology* (2020), https://doi.org/10.1007/s12144-020-01042-2

Osmo, F., Duran, V., Wenzel, A., et al. (2018), 'The Negative Core Beliefs Inventory (NCBI): Development and Psychometric Properties', *Journal of Cognitive Psychotherapy, 32* (1), 1-18.

Sapolsky, R. (2017), *Behave. The Biology of Humans at Our Best and Worst*, London; Vintage.

Stellar, J.E., John-Henderson, N., Anderson, C.L., Gordon, A.M., McNeil, G.D., Keltner, D. (2015), 'Positive affect and markers of inflammation: discrete positive emotions predict lower levels of inflammatory cytokines', *Emotion 15* (2), 129-133.

Strack, J., & Esteves, F. (2014), 'Exams? Why Worry? The Relationship

Between Interpreting Anxiety as Facilitative, Stress Appraisals, Emotional Exahaustion, and Academic Performance', *Anxiety, Stress, and Coping: An International Journal*, 1-10.

Ware, B. (2012), *The Top Five Regrets of the Dying*, London: Hay House.

8부 의미 있는 삶에 관하여

Clear, J., *Atomic Habits* (2018), London: Random House.

Feldman Barrett, L. (2017), *How Emotions Are Made. The Secret Life of The Brain*, London: Pan Macmillan.

Fletcher, E. (2019), *Stress Less, Accomplish More*, London: William Morrow.

Gottman, J. M., & Silver, N. (1999), *The Seven Principles for Making Marriage Work*, London: Orion.

Hari, J. (2018), *Lost Connections*, London: Bloomsbury.

Johnson, S. (2008), *Hold Me Tight*. London: Piatkus.

Sapolsky, R. (2017), *Behave. The Biology of humans at Our Best and Worst*. London: Vintage.

Siegel, D.J. & Hartzell, M. (2004), *Parenting from the Inside Out: How a deeper self-understanding can help you raise children who thrive*, New York: Tarcher Perigee.

Thomas, M. (2021), *The Lasting Connection*, London: Robinson.

Waldinger, R. (2015), *What makes a good life? Lessons from the longest study on happiness*, TEDx Beacon Street. https://www.ted.com/talks/robert_waldinger_what_makes_a_good_life_lessons_from_the_longest_study_on_happiness/transcript?rid=J7CiE5vP5I5t

Ware, B. (2012), *The Top Five Regrets of the Dying*, London: Hay House.

도표

그림 1은 다음의 내용을 바탕으로 변형하였다.

Clarke, I., & Wilson, H. (2009), *Cognitive Behaviour Therapy for Acute Inpatient Mental Health Units: Working with Clients, Staff and the Milieu*, Abingdon: Routledge.

그림 2는 다음의 내용을 바탕으로 변형하였다.

Greenberger, D., & Padesky, C. A. (2016), *Mind Over Mood*, 2nd Edition, New York: Guilford. Press.

그림 3은 다음의 내용을 바탕으로 변형하였다.

Clarke, I., & Wilson, H. (2009), Cognitive Behavioural Therapy for Acute Inpatient Mental Health Units, Sussex: Routledge.

참고 자료

이 책은 우리의 정신 건강과 행복을 향상시키거나 증진하기 위해 사용하는 도구 상자다. 특히 도움이 되는 특정 도구나 접근법을 찾거나 그러한 접근법에 대해 더 알고 싶다면, 관련된 자기 계발서 및 지원을 제공하는 기관의 목록을 참고하라.

Isabel Clarke, *How to Deal with Anger: A 5-step CBT-based Plan for Managing Anger and Frustration*, London: Hodder & Stoughton, 2016.

Paul Gilbert, *Overcoming Depression: A self-help guide using Cognitive Behavioural Techniques*, London: Robinson, 1997.

John Gottman & Nan Silver, *The Seven Principles for Making Marriage Work*, London: Orion, 1999.

Alex Korb, *The Upward Spiral: Using neuroscience to reverse the course of depression, one small change at a time*, Oakland, CA: New Harbinger, 2015.

Professor Felice Jacka, *Brain Changer: How diet can save your mental health*, London: Yellow Kite, 2019.

Dr Sue Johnson, *Hold Me Tight*, London: Piatkus, 2008.

Helen Kennerley, *Overcoming Anxiety: A Self-Help Guide Using Cognitive*

Behavioural Techniques, London: Robinson, 2014.

Kristin Neff & Christopher Germer, *The Mindful Self-Compassion Workbook*, New York: Guilford Press, 2018.

Joe Oliver, Jon Hill & Eric Morris, *ACTivate Your Life: Using Acceptance and Mindfulness to Build a Life that is RIch, Fulfilling and Fun*, London: Robinson, 2015.

Julia Samuel, *Grief Works*, London: Penguin Life, 2017.

Michaela Thomas, *The Lasting Connection: Developing Love and Compassion for Yourself and Your Partner*, London: Robinson, 2021.

지원을 제공하는 기관

NHS Choices (UK)	www.nhs.uk
Mind	웹사이트 및 지역 지원 이니셔티브에 대한 정보를 제공하는 자선단체. 자세한 사항은 www.mind.org.uk 참조.
Young Minds	어린이, 청소년 및 부모에게 정보를 제공하는 자선단체. 자세한 사항은 www.youngminds.org.uk 참조.
Nightline Association	대학을 통해 학생이 학생을 위해 운영하는 서비스. 무료로 기밀 청취 서비스 및 정보를 제공한다. 자세한 사항은 공식 웹사이트 www.nightline.ac.uk 참조.
Samaritans	위기에 처해 도움이 필요한 사람을 위해 이 서비스는 하루 24시간 연중무휴로 지원과 조언을 제공한다. 자세한 사항은 공식 웹사이트 www.samaritans.org 참조.

감사의 말

이 책에 생명을 불어넣기까지 수많은 훌륭한 사람들의 도움이 있었다. 이 험난한 여정에 필요한 모든 역할을 발 벗고 나서 맡아준 남편 매튜에게 그 누구에게보다 먼저 감사의 말을 전한다. 연구자이자 크리에이티브 디렉터, 비디오 그래퍼, 아이디어맨, 에디터, 비즈니스 파트너, 자문, 홈스쿨러 부모, 친구, 팬, 평론가 등을 비롯한 모든 일을 맡아 해주었다. 내가 나 자신을 믿지 않았을 때도 끝까지 나를 믿어주었다.

인내하는 마음으로 기다려준 사랑하는 아이들 루크, 시에나, 레온에게 고마움을 전한다. 글을 쓰는 동안 아이들이 너무 보고 싶었다. 이 작업의 어느 한 부분은 아이들이 꿈을 향해 나아가는 데 영감이 되었기를 바란다. 책을 떠나서 아이들 한 명 한 명은 내 인생의 가장 위대한 업적이자 내가 하는 어떤 일보다 더 큰 자부심을 느끼게 해주는 원천이다.

내가 글을 써야 할 때 아이들에게 가장 따뜻한 울타리를 마련해 주기 위해 늘 그 이상으로 애써주신 부모님께 감사드린다.

내가 이룬 모든 것은, 두 분은 가져보지 못한 기회를 내가 누릴 수 있도록 열심히 일하신 부모님이 계셨기에 가능했다. 그 헌신과 사랑에 매일 감사한다. 항상 나를 응원해 주고 격려해 주는 패트와 데이비드에게 고마움을 전한다.

나에게 전화를 걸어 기회를 준 프란체스카 스캠블러에게 감사를 표한다. 처음부터 영감을 불어넣어준 나의 작가 대리인 애비게일 버그스토롬에게도 고마움을 전한다. 함께 일할 수 있어 영광이었다.

나의 매니저 자라 머독에게 특별한 감사를 표한다. 그녀는 훌륭한 안내자이자 멘토이자 만능 슈퍼히어로였다. 더불어 드림팀을 완성하고 이 모든 것을 가능하게 해준 그레이스 니콜슨에게도 무한한 감사를 올린다.

이 글이 자랑으로 여길 만한 책으로 나올 수 있도록 도와주신 이온 월더 편집자께 감사 말씀을 드린다. 내 제안서에서 가능성을 발견해 주고 펭귄랜덤하우스와 함께 작업할 수 있도록 영감을 주신 대니얼 번야드 출판 책임자께도 감사드린다. 펭귄 출판사의 보이지 않는 곳에서 활약해 주신 엘리 휴즈, 클레어 파커, 루시 홀, 비키 포토이우, 폴라 플래너건, 애지 러셀, 리 모틀리, 베스 오라퍼티, 닉 론데스, 엠마 헨더슨, 제인 커비에게도 고마움을 표한다.

처음 시작할 때부터 나를 응원해 주고, 이 엄청난 기회가 얼마나 피곤한지 불평을 밖으로 내뱉어야 할 때마다 판단 없이 묵묵히 들어준 아만다 하디와 제시카 메이슨에게도 고마움을 전한다. 또한 내 눈을 똑바로 바라보며 꼭 필요한 순간에 해낼 수 있다고 말해 주고, 내가 모든 것을 다 하지 않아도 다 가질 수 있도록 해준 재키에게 깊은 감사를 표한다.

수년간 나를 찾아준 내담자분들에게 감사의 마음을 전한다. 내가 아는 것을 전수한 것보다 오히려 더 많은 것을 상담 과정에서 배웠으며, 내담자 분들과 그 여정을 함께할 수 있었음을 영광으로 생각한다.

그리고 내 소셜미디어 계정을 구독해 주신 모든 분들에게 고마움을 전한다. 우리는 그토록 친절하고 영감을 주는 커뮤니티를 구축해 왔다. 이 책이 독자 여러분이 필요한 도구로 무장한 채 삶을 마주하는 데 도움이 되기를 바란다.

증거에 기초한 심리치료법을 개발하기 위해 심혈을 기울여 연구해 왔고 그 결과 수많은 이들이 그 혜택을 받도록 해준 훌륭한 연구자들에게 공로를 돌려야 한다. 번역하는 과정에서 오역이나 누락이 있다면 너그러이 이해해 주시길 바란다.

내 인스타그램 계정인 @DrJulie를 방문하여 이 책의 주제를 바탕으로 만든 영상을 확인할 수 있다.

찾아보기

영화

도서

예비 도구 모음

다음은 우리 각자가 직접 작성해 볼 수 있도록 이 책의 곳곳에 소개된 도구들을 빈칸으로 옮겨놓은 것이다.

단면 공식

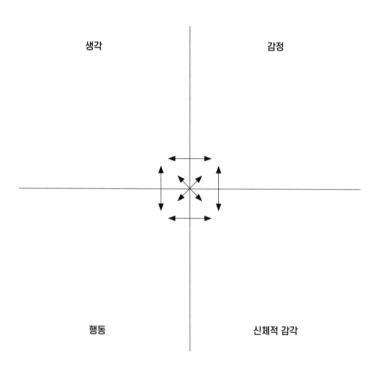

우울감 공식 빈칸(68쪽, 그림 5 참고).

단면 공식

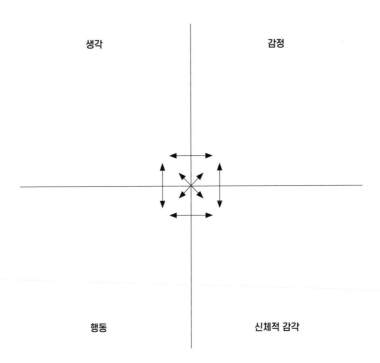

생각 | 감정

행동 | 신체적 감각

더 나은 날을 위한 공식 빈칸(70쪽, 그림 6 참고).

가치관 표

다음의 빈 격자 표를 활용하여 인생의 각 영역에서 자신이 가장 가치 있다고 여기는 것이 무엇인지 성찰해 보자(337쪽 참고).

가치관, 목표, 행동

　다음 표의 빈칸을 활용하여 자신의 가치관이 목표와 일상 행동으로 전환될 수 있도록 해보자(336쪽, 그림 11 참고).

가치관	목표	일상 행동

가치관	목표	일상 행동

가치관 별

다음은 340쪽의 그림 12를 활용하여 빈칸에 각자 자신의 가치관을 채워 넣을 수 있는 가치관 별 도표다.

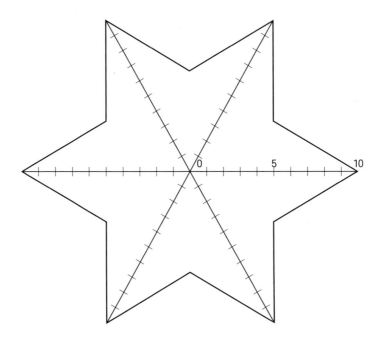

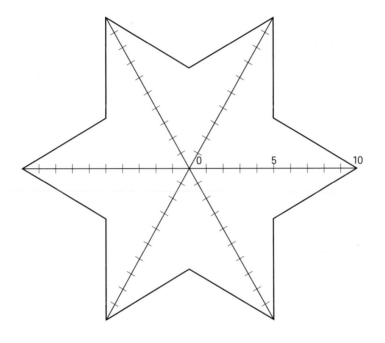

왜 아무도 알려주지 않은 거죠?

초판 1쇄 발행 2024년 7월 10일

지은이 줄리 스미스
옮긴이 권혜림

펴낸이 이진숙
펴낸곳 지식서가
출판등록 2020년 11월 18일 제2020-000158호
주소 서울시 영등포구 경인로 775 에이스하이테크시티 2동 1201-106호
팩스 02-6305-0345
이메일 ideashelf@naver.com
블로그 blog.naver.com/ideashelf
인스타그램 instagram.com/ideashelf_publisher

ISBN 979-11-981717-1-9 03180

이 책은 『마음을 어떻게 다룰까』의 개정판입니다.

• 책값은 뒤표지에 있습니다.
• 파본은 구입하신 서점에서 교환해드립니다.